山东女子学院优秀学术著作出版资金资助

解释学与语文教学范式重建

张曙光　著

山东人民出版社·济南

国家一级出版社　全国百佳图书出版单位

图书在版编目（CIP）数据

解释学与语文教学范式重建／张曙光著 . —济南：
山东人民出版社，2024. 2
ISBN 978 - 7 - 209 - 11823 - 1

Ⅰ.①解… Ⅱ.①张… Ⅲ.①语文课—教学研究—中
小学 Ⅳ.①G633. 302

中国国家版本馆 CIP 数据核字（2023）第 059447 号

解释学与语文教学范式重建
JIESHIXUE YU YUWEN JIAOXUE FANSHI CHONGJIAN

张曙光 著

主管单位 山东出版传媒股份有限公司
出版发行 山东人民出版社
出 版 人 胡长青
社 址 济南市市中区舜耕路 517 号
邮 编 250003
电 话 总编室（0531）82098914
市场部（0531）82098027
网 址 http：//www. sd - book. com. cn
印 装 山东蓝海印刷科技有限公司
经 销 新华书店

规 格 16 开（169mm×239mm）
印 张 18. 5
字 数 270 千字
版 次 2024 年 2 月第 1 版
印 次 2024 年 2 月第 1 次
ISBN 978 - 7 - 209 - 11823 - 1
定 价 46. 00 元
如有印装质量问题，请与出版社总编室联系调换。

曙光的《解释学与语文教学范式重建》，以解释学视角探索语文教学前沿问题，通过对语文教学解释学的理论建构和实践探索回应语文教学的时代要求，拓展语文教学研究的新领域，为深化语文教学改革提供新理念、新思路、新方法。

第一，该书面向现实，坚持以问题为导向，体现出解决问题的新思维。聚焦、解决现实问题，探索问题解决的出路和方法，是教学研究的生命力之所在。在研究和写作过程中，曙光不仅关注、分析语文教学问题，而且在深层思维方式上探求问题产生的根源。在他看来，语文教学的实体性、对立性、相对性等思维方式制约了语文教学的生命活力，是造成语文教学高耗低效的根本原因。解决问题既可以借助具体的方法即一种解决问题的"技"，也可以寻求形而上的"道"即转换或重建问题分析和解决的哲学根基。曙光强调的是后者。他基于生存论哲学、哲学解释学理论，阐发语文课程、言语活动与学生发展的关系，揭示语文教学中课程知识与学生经验、课程文本与学生理解、教师引导与学生发展等要素的交互作用、循环发展的复杂关系，将解决问题的思路定位在关系性、生成性、过程性、复杂性等思维方式上。在他看来，语文教学就是教师引导学生以语言的方式开启一个意义世界，在这一意义世界中，语文知识、课程文本不再是外在于学生的客体，而是与学生沟通、对话并不断扩展的经验综合体。学生的个体经验——无论是其生活经验还是言语经验，都是构成其学习知识、理解文本、建构意义世界的基础和动力；而课程文本及其承载的课程内容与学生的经验经由教师的教学引导而实现不断交融、扩充和提升。这是曙光对解释学"视域融合"理论的深度理解和灵活运用。这样，解决现实的语文教学问题就不再是单纯的教学手段、教学方法、教学技术的改革，而是致力于哲学根基的转换，即换一种思维方式来看待课程、看待教学、看待语言、看待知识、看待学生，以此激发教学的生命力和学生在知识学习、意义建构、精神充盈中的理解力和创造力。

第二，该书面向未来，聚焦核心素养发展，体现出教学研究和实践的未来意识。教学是为未来社会培养新人的活动，它通过培养新人，实现对社会发展和变革的引领。就此来说，语文教学以其丰富的文化内涵在促进学生个性发展、自主发展，培养其思维品质、创新素养以及文化传承和创造力量等方面具有不可替代的作用。曙光在书中强调学生自我发展的经验基础和内在动力，阐述教师引导学生自我理解、自我教育、自主创造的重要性及其实施路径。他提出：知识学习是学生以经验为基础的自主建构、自我发展；阅读不只是提取文本的信息，更是以个性化理解和深度体验生成或创造新的意义，甚至以自己的眼光对文本提出质疑、批判或重新建构文本的意义；写作教学不只是训练言语表现技能，更是引导学生对生活、对社会、对自我的认识、理解和重新发现，在充分自我理解基础上进行个性化、创意性表达。教学离不开它置身于其中的文化传统以及由文化传统所赋予的"理解前见"，但是这并非意味着师生只能听从于传统而难以创新。曙光以作品解释为例说，文化传统作用于学生，学生带着由传统赋予的"理解前见"阅读作品、解释作品，而作品以其内在的意义影响、作用于学生，在交互作用中产生的新意义、新思想累积成为文化传统变革的启发性力量。因此，解释作为一种创造性力量经由学生的言语活动而实现对社会的引领。曙光还特别关注语文学习评价，探讨过程性、增值性评价方式，强调评价的引领作用，即通过评价学生的语言文学运用能力引领学生的思维品质、文化创造、审美能力等核心素养的发展，从而培养具有主体意识、创造思维和批判精神的建设未来社会的新人。语文教学在引导语言文字运用的过程中通过激发和培养学生的主体意识而具有了推动社会变革的力量。"未来意识"作为为未来社会培养新人的意识，赋予语文教学新的价值理念和要求。

第三，该书面向师生，根植于实践，体现出推动教学范式转换的方向引领。教学范式是人们对教学活动的基本观点和采取的教学方式方法的总和。针对语文教学问题，书中提出重建语文教学范式的思路：教学过程、教学成果与社会影响要交互作用、相互适应，教学过程中学生、知识、教师也要交互促进、循环提升等。社会影响、教学过程、教学成果构成教学与社会的外部循环关系。在书中，曙光清晰地阐发了这两组关系的内涵及运行过程。文化传统、社会发展、时代特点等作为社会影响因素构成教学理解、运行的要求和外部动力；教学过程产生相应的教学成果，比如学生核心素养发展、教师教学能力提升，以及表现为课程文本、教学文本等形式的作品等；教学成果反馈、作用于新一轮教学过程，经优化和调整后的教学过程又回应社会和时代的需求，引发文化传统的更新和社会对教学的新影响。曙光还以解释学视域融合的观点理解教学内部诸要素的关系，阐述了知识、学生、教师三个要素的交互作用及其在交互作用中不断拓展、提升的循环过程。曙光关于语文教学范式重建的思路，体现的是教学及教学研究的关系性思维、生成性思维、复杂性关系，这就打破了传统的实证思维方式，也打破了以学生为中心或以其他某个要素为中心的封闭、僵化思维方式。学生与知识、知识与教师、教师与学生，都不是主客二分意义上的认识与被认识、支配与被支配的关系，而是你中有我、我中有你的交互作用、彼此渗透的关系。在教学过程中，任何一个要素都既是目的，也是促进其他要素发展的手段，不同的要素在交互作用中交织融合成为更宽广的视域。正是在这个意义上，书中提出的不同要素之间的交流、融合关系，如学生与文本、学生与教师、学生与学生等之间的对话关系，文本与文本之间构成的"互文性"以及在此基础上构成的知识学习、群文阅读、创意性写作、跨媒介言语活动等，都体现了曙光在关系性、生成性、辩证性、复杂性思维中追求语文教学理想境界的新思路。

曙光有过多年的中学语文教学经历，当过班主任，从事过基础教育管理，积累了丰富的实践经验。他将这些经验用于语文教学解释学研究，并以此作为硕士、博士论文以及博士后出站报告的选题，不断拓宽、挖掘学术研究的广度和深度。在读硕、读博期间，他对我的"文学解读学""语文教育文化学"等课程产生了浓厚的兴趣，经常在课上参与讨论，也能讲出一些具有新意的见解。他作为课题组主要成员参加相关课题研究，参与编著《语文教学解释学》《语文教育文化学》等图书，为研究生、本科生开设相关课程。教学相长，他得到了快速成长。他试图在语文教学研究与文学解读学、本体解释学之间建立一种关联，以解释学的视角研究语文教学、指导教学实践，拓展语文教学研究领域，构建语文教学解释学的新框架。这些年来，他关注一线教学，从一线教学实践中汲取研究的滋养和智慧，从语文教学实践的沃土中取得了具有生命力的研究成果。书中提供的贯穿于他深度思考的教学案例，无论是来自文献，还是来自他对实践经验的总结，以及他对学生学习评价的关注和建议，无论是对中考、高考命题的分析，还是对过程性学习评价的思考，都留下了他扎实的实践痕迹，具有教学指导的针对性和启发性。

实际上，语文教学解释学、语文教育文化学是曙光和我一起具体参与、深入探索而开辟的两个领域，这些年来他一直在这两个领域里深耕细作、播种收获，表现出对这一学术研究方向的专注和执着，这让我非常欣慰。手头的这部著作，就是他在语文教学解释学这一领域的研究成果，有理论开拓，也有新的实践探索。从该书的字里行间，我们可以感受到他对语文教学和研究的敬畏和挚爱、对语文教学解释学理论建构的深刻和创新。我相信这部著作的出版能够为语文教学研究注入新的力量，开启语文教学实践的新思路，激发语文教师的教学智慧，推动新时代语文教学的创新和发展！希望曙光沿着这个方向持之以恒地努力，推出更多新成果！是为期待。

曹明海

2023 年 7 月于泉城师大新村

语文教学的解释学路向

语文教学需要追问其哲学根基。无论是"教什么"的内容建构，还是"怎么教"的方式选择，总是需要一种教学哲学的支撑。解决语文教学的现实问题，激发语文教学的生命活力，需要一种哲学根基的支撑，需要重建一种教学范式。

一、语文教学问题的提出

自吕叔湘先生 1978 年对"语文课教学内容少、进度慢、效果差、费时多"问题的原因追问，直到现在，关于语文课程与教学种种弊端的指责就没有平息过，"误尽苍生是语文"的标签似乎总是难以撕掉。一位教了 20 年的语文教师跟着课程专家一路走来，发现自己不会教语文了：专家说学生是主体，于是便让学生七嘴八舌地说，最后再把答案呈现给学生；专家说这样教落伍了，于是就把语文课上成练习课；再后来，专家说这也落伍了，应当让语文课焕发鲜活的生命力，于是就让学生进行个性化解读，对学生的各种解读一概表扬；再后来跟着"分组讨论热"赶时髦……最后，他无限感慨地说：

> 我们天天学习，可愣是赶不上教授专家的惊世之语。我们天天给学生讲课、给学生批改作业，到头来却被骂作"误尽苍生

是语文"。我真不明白，为什么我们越来越多的语文教师有不会讲语文课的感受。是专家教我们不会讲了，还是我们自己变傻了？①

有一位从事了30年语文教学研究的教研员，随着对语文教学现状的了解，特别是每年看到大量不合格的中考试卷，产生一种无以言说的恐慌和挫败感，并且为此而"羞愧""震惊"："我们一直在寻找语文教育的确定性，却弄成极度的混乱；我们追求单纯的语文，却发现它是支离破碎、自相矛盾的；我们渴望语文带来对人生深刻的理解，却只是看到了残酷的考试以及文字变成答案的唯一价值。"② 有教师说，花费12年、3600多课时学习语文，但到高中毕业时，部分学生仍旧不爱读、不爱写。③ 这是语文教师对语文教育的反思。

在语文教师反思、争论的同时，语文教学也不断地受到外界批评。叶开认为，语文教学处于一种"闭环语文空间"，造成了"语言的溃败"。这种闭环空间"使语文的学习与运用被各种规则严格地约束着，从而形成死语，无法灵活运用，更难以推陈出新"，"很难出现有趣的、不走寻常路的表达"，"造成了社会语用的恶劣效果，社会语言表达上充满了陈词滥调、趣味低俗，而无法自我更生"。④ 他认为"中国语文教育笼罩着"的机械思维以及"标准化答案和僵化教学规范"不能不承担起这样的责任。经过十几年的语文学习，到了大学阶段仍然不会写文章、不会"好好说话"的学生仍然不在少数，甚至到了研究生阶段，写出的文稿也随处可见错别字、病句。这的确也是存在的事实。

造成语文教学问题的原因究竟是什么？专家学者、一线教师等归结出各种原因，比如：语文知识与技能训练体系没有形成，教材编写体例不够科学，教学方式、方法存在问题，学习评价与考试制度的影响，等等。解决问题的路径在哪里呢？大家纷纷提出言语形式说、语言文化论、言语生命动力学、语文教

---

① 韩丛文：《谁让我们不会教语文了》，《语文学习》2011年第7—8期。
② 刘丹：《语文教育当回归本道》，《语文学习》2017年第12期。
③ 黄玉峰：《3600多课时的语文课，教的不应只是知识点》，《文汇报》，2021年9月17日。
④ 叶开：《母语之殇：语文教育的失败》，《华南师范大学学报(社会科学版)》2016年第4期。

育语用观等等。各种尝试、探索、改革仍然在进行：有着眼于语文教材的改写与改编的，如从"一纲多本"到全国统编教材；有强调课程与教学目标的改革与探索的，如从"三维目标"的确立到"核心素养"的提出；有立足于教学方式、方法改革的，如从以教师为中心的讲授到以学生为中心的交往对话、从简单的教具使用到复杂的教育技术融合；有侧重于学生学习活动变革的，如从综合性学习到自主探究性学习；有探索某类单项语文技能训练和改革的，如阅读中的单篇阅读、群文阅读以及"整本书阅读"；有强化学习评价方式改革的，如从单纯的纸笔测试到评价主体多元化、评价方式多样化、评价内容情境化的命题方式改革；等等。对于语文教学问题原因的探讨，各种说法不无道理，提出解决问题的各种思路也具有某些方面的启发，但这些问题以及提出的解决思路仍然是浅层次的，还缺少对问题产生深层次根源的追问以及对解决问题的哲学根基的探讨。实际上，语文教学问题的产生与存在是综合性因素相互作用的结果，而非单纯某一个方面的原因，解决语文教学问题的思路、方式也应当是综合性的、多维度的，尤其需要哲学根基、思维方式、教学范式的转换。

追问语文教学问题的根源，不得不提到语文教师。有报道称，语文课已成为学生最不喜欢的课。① 但根据我们的调查与访谈，并不是学生不喜欢语文课，而是不喜欢某些语文教师所教的语文课。应当说，语文作为具有丰富文化内涵的课程，为学生带来了不少的快乐。包括大学生、中学生和小学生在内的受访者，"非常讨厌"与"比较讨厌"语文课的毕竟很少见，而"非常喜欢""比较喜欢"的学生仍然居大多数。调查发现，学生"喜欢语文课的直接原因"和"讨厌语文课的直接原因"，占比最高的都是"语文老师"，甚至"促使你从讨厌语文转向喜欢语文"或者"从喜欢语文转向讨厌语文"的首选项仍然是"语文老师"。可以看出，学生对语文课程的兴趣以及语文学习的效果与语文教师直接相关。应当说，任何课程设计、课程文本，任何教育理念、课

---

① 任翔:《中小学语文教育改革之意义》,《语文建设》2013 年第 5 期。

程思想，都要由教师来实施，教师是语文教学改革必不可少的参与者、实践者和推动者。无论是国家层面的课程设计，还是专家层面的教育理想，抑或是学校层面的课程改革，都只有经过教师的教学设计、教学实践，才能真正化为学生的语文素养，化为学生成长的动力。教师即课程，只有教师理解了的课程、经历了的课程、创生出的课程，才真正成为学生需要的课程。一方面，我们为语文教学改革创设好的环境和条件，比如推进语文教材改革，使之既具有作为母语教材的文化厚重，又留给师生教学以更大的弹性空间，比如推进语文考试改革，发挥考试"指挥棒"对发展学生核心素养的引领作用等；另一方面，语文教师要以其课程自觉、教学自觉、文化自觉推动语文教学的深度改革，毕竟语文教师是在属于自己的这片田地里耕作，完全可以通过发挥自身主动性、积极性和创造性建设一门高质量的、属于自己也属于学生的语文课程。

语文教师作为一个学科教师群体，继承了语文教学的优秀文化传统，辛勤耕耘、负重前行，不少教师把语文教育作为毕生追求的事业，进行着一种"我即语文"式的不懈探索，以自身实践开拓语文教学的新天地。但同时有些教师因沿袭了陈旧的惯性思维，在自觉不自觉中形成了某些僵化的思维方式，陷入某些思维误区。爱得越深，陷得就越深，也就导致一些教师以爱的名义在打击学生语文学习的兴趣和信心。学生说："成天抄抄抄，写写写，背背背，烦都烦死了！"① 因此，直击语文教师存在的教学问题，挖掘问题背后的思维方式偏差，转换语文教师的教学思维方式，应当是解决语文教学现实问题、推进语文课程与教学深度改革的重要突破口。

二、语文教学的问题表现

这里，从语文教师的角度反思教学实践，至少可以概括出以下几个方面的问题。

---

① 江月华：《孩子为什么会不喜欢语文》，《光明日报》，2018 年 10 月 25 日。

关于语文课程性质。对"语文课程是什么"的课程理念我们还需要更新。关于语文课程工具性、人文性、文化性、实践性、言语性、语用性等性质属性的主张，尽管从不同的角度带给我们以不同方面的启发和思考，但又往往各执一端，导致课程理念上的困惑。课程标准关于"语文课程是工具性与人文性的统一"的定性，更多的是在折中意义上搁置争议，并没有从根本上解决我们的课程观问题。"生命语文""生活语文""情感语文""陶冶语文""文化语文""正道语文""本色语文""诗意语文""品味语文""语用说""语感说""真语文"等等不同的主张，体现了课程专家和教师对语文课程性质和教学规律的探索精神，但往往只是"各领风骚三两年"，或者是"我以为"式的自说自话。课程理念不同，教学实践自然也就不同。持有"生命语文""文化语文"主张的教师，更多关注提升学生的人文素养，但有时会走向"只见精神不见文字"的极端，甚至走向脱离语言文字运用的"泛语文""伪语文"；而持有"真语文""语文味""语用说""言语形式说"等主张的教师，重视学生语言文字的运用和训练，避免"泛语文""伪语文"的倾向，但有时会陷入"只见文字不见人"的误区，导致字词句篇等知识点被打碎。因而，我们要全面、辩证、深刻地理解和把握语文课程性质，更新我们的课程理念。

关于课程内容。应当为学生选择和建构什么样的"语文课程内容"，我们还存在理解上和实践上的误区。语文课程内容，实际上就是广义上的语文知识，是能够体现语文课程特质和言语活动规律的言语经验，但在教学实践中对它的特质是什么、应当建构什么样的语文知识体系，还是存在不少的困惑。有人主张像自然科学、社会科学课程那样构建语文课程知识体系，形成语文知识学习和技能训练的科学体系。应当说，追求科学的知识体系，体现了教师对语文高效教学的探索精神，但是作为具有丰富人文内涵和文化特质的语文课程，在字词句篇等事实性知识、如何进行言语活动的方法性知识之外，还有体现在言语作品、言语活动之中诉之于个体体验的人文性知识、价值性知识。而这类知识很难作为考试知识点、技能训练点纳入所谓的语文知识体系。

关于教科书使用。对教科书地位、作用及使用方式的认识，我们还不够清晰。"用教科书教"与"教教科书"的关系，原本不难理解，但在现实教学中似乎只有"用教科书教"才是课程与教学改革唯一正确的出路，致使"教教科书"的声音越来越没有了底气。曾经以来，我们视教科书、教课文为"真理的化身"，过度依赖、忠实执行。这显然忽视了教师和学生作为课程主体作用的发挥，但"用教科书教"的改革导向是否意味着教科书、课文仅仅是作为语言学习的工具、"例子"在发挥作用？这显然又弱化了教科书、课文以其特定的文化内涵和经典性课程内容在促进学生生命建构和精神发展中不可替代的作用。

关于教学方式。对什么是启发式、讨论式教学，我们的理解还不够深入。曾经以来，教师是教学过程的主控因素，以教师为中心的教学设计、单向传递的教学独白控制了学生的学习活动，控制了学生的思维过程和方式；但是一味地顺应学生、肯定学生的教学，同样会因为引导的缺失而导致低效或无效。教学中的问答、谈话、讨论，有时并不能体现师生的平等对话，甚至不过是将学生的思维和言说引导向教师事先预设的框架，以表面上的热烈交流掩盖了事实上的"请君入瓮"。追求标准答案、固定结论的教学方式更多地培养了学生的认同性思维，同时也抑制了学生的创新意识和批判性思维。

关于学习评价。对评价主体、评价内容、评价方式等的理解和把握，我们还存在偏颇。在教学实践中，占据主导地位的仍然是教师对学生的评价，学生的自我评价、相互评价一般难以有效落实。知识与技能，仍然是评价的主要内容，而渗透在学习过程中的动机、态度、方法、思维方式因为缺少评价的载体而难以纳入评价的范围。尽管在理念上我们认同过程性评价的方式，但在实践上如何将评价贯穿于教学过程，实现教、学、评的一体化往往缺少具体的操作方式。过程性评价的激励、引领作用远未能有效发挥。

三、教学的思维方式偏差

尽管表现在课程理念、教科书使用、教学方式、评价方式等方面的理解和实践不尽相同，但揭示其根源即从隐含在教学过程中的思维方式来看，不外乎存在以下几个方面的偏差：

第一，语文教学的实体性思维方式。在这种思维方式的支配下，语文课程被视为具有客观性、普遍性、精确性的"科学"，在教学实践中，我们往往将引导学生追求客观知识、普遍规律和精确结论作为语文教学的根本任务，以至于教学被视为教师为学生提供"最佳"求知路径和"标准"答案的模式化过程。作为语文知识的课程内容被视为客观存在的东西，需要学生原原本本接受和掌握。尽管也有的教师对教材、课文作出了具有创意的个性化解读，但由于受实体性思维方式的影响，他在教学中又往往不自觉地以自己的教学设计、教学活动框住学生的思维。他期待的教学效果就是，学生的活动符合教师的教学设计，学生的回答符合教师的教学意图，以至于将引导学生获取他想要的结论作为教学成功的标志。

第二，语文教学的对立性思维方式。受主客二分思维方式的影响，语文教学存在非此即彼式的二元对立思维倾向。语文课程的工具性与人文性、言语形式与言语内容、"教教科书"与"用教科书教"、教师"教"与学生"学"、教学与评价等一系列的二元对立，都是这种思维方式的具体表现。比如，关于文本解读，我们曾经倾向于作者中心论，把追寻作者的创作意图作为唯一目标，但随着课程改革的深入，读者中心论代替了作者中心论，以至于我们把任何个性化理解都作为一种独特的理解方式加以肯定。即便是教学中的教师、学生、知识这三者的关系，不是教师中心论，就是学生中心论，要不就是知识中心论，总之非要确立一个中心。教学中的这些表现说明，我们缺少一种关系性思维方式，有时难免偏执一端，割裂各要素之间的有机关系。比如课程内容（广义上的知识）与学生经验的关系，如果固执地认为课程内容就是外在于学生经验的学科固有知识，就会人为地将课程内容与学生经验作出区分。再比如教学与评价的关系，如果认为评价是教学结束之后对学习结果的分析和判断，同样会造成教学与评价的二元对立。语文教学行为中的这些思维方式偏差，与教学研究中存在的对立性思维的影响不无关系。就语文教学研究看，课程与教学、课程内容与教学内容、言语形式与言语内容、"教教科书"与"用教科书教"在某些课程专家那里都具有明确的区分，比如，执着于"言语形式""用教科书教"的主张割裂了各要素之间的有机联系。

第三，语文教学的相对主义思维方式。与追求客观、本质、绝对的思维方式相反，相对主义思维方式不追求统一答案，不区分是非对错，对多种答案或不置可否，或一概肯定。比如，关于语文课程人文知识，不同的学生当然具有独特理解、个性化、多元化理解，但当对学生的不同回答甚至相互矛盾的回答都倾向于一概肯定时，就带有了不置可否的相对主义倾向，即便以"一千个读者就有一千个哈姆雷特"来解释也未免牵强。课堂教学中的浅浅提问、浅浅回答、浅浅肯定是一种平庸，而对游离文本的曲解、牵强附会的"误解"和"过度解释"的一概肯定，也逃脱不了相对主义思维的误区。

第四，语文教学的"唯科学主义"思维方式。伴随实体性思维方式而带来的，是追求体系化、技术化的科学主义思维方式。教师追求课程知识体系、技能训练体系的做法，对于探索解决语文教学规律、提高学生语言运用能力无疑具有重要意义，但也因为对"科学"的误解和盲目推崇而走向科学的反面，甚至走向对自然科学方法的"奴性模仿"。比如有人提出，数学、物理、化学等自然科学课程，如果缺少了一次课不能够及时补课的话就难以继续学习新知识，但是"语文课少上一节课，或者少上一个星期课，甚至少上一个月的课，却看不出有什么问题，并没有产生大的差距，这是否同语文缺乏体系，或者体系不够严谨，从而影响学习的连贯和学习的效果有关"[1]？为了追求语文知识和技能的科学体系，有的教师对语文课程内容作了分门别类的整理，比如，围绕每一册教材建立起包含拼音、识字、写字、词语、成语、句子、默写、阅读理解、口语交际、综合性学习、写作等项目的"知识清单"，并依此构建起一套语言训练体系，以此来证明语文课程与教学的"科学性"。还有的语文教师针对高考、中考以至中小学语文各类测试评价建立"直击考点"的知识体系，

---

[1]　刘永和：《期待语文教学改革的新突破》，《人民教育》2013 年第 5 期。

力求知识点与考点的一一对应。这些教学理念和教学行为已经表明，我们陷入了"科学—实证"的思维误区。像整本书阅读教学，本来为的是拓展学生阅读视野、提升阅读理解能力、丰富人文精神、指导读书方法，但是在"唯科学"思维方式的支配下，却形成了一套简单化、"直击考点"式的阅读模式。比如，有的教师对《水浒传》整本书阅读的教学模式概括为这样几个步骤：走进作者——背景介绍——全书梗概——人物特写——典型情节——习题训练。教师根据考试可能出现的题型为学生整理出了一个实用性的"知识清单"，"坚决反对招安的将领"是谁，"主张招安的将领"是谁，"身怀绝技"的几个人物的名字、绰号及其"绝技"等，都被纳入知识清单之中。本来对学生具有强烈吸引力的经典作品，一旦成为学生要背诵、默写、提高分数的工具，也就成为外在于学生、束缚学生思维的异化了的东西，以至于让学生对阅读产生恐惧感、厌恶感。最能反映学生创造思维、批判精神的作文，在"唯科学"的思维方式支配下也按照高考、中考作文的考点要求建立起了作文技能训练体系，比如针对热点话题进行整理的作文素材及训练体系，经过不同形式的命题包装来对学生进行"科学化训练"。对于某一类作文，我们也可以总结出某些"科学规律"，比如时评类作文的"引—议—联—结"的结构模式以及常用语句的"精华集锦"。实际上，教师打着"科学"旗号提炼出的知识体系、操作模式，并不能反映母语教育的内在规律和要求，而是简单化教学思维方式的体现。语文教学的固化、程式化已经束缚了学生的思维。

四、范式重建的理论基础

语文教学存在的种种问题，根源在于原有教学范式的失效。"范式"，是美国科学哲学家库恩在《科学革命的结构》一书中提出的一个概念。"'范式'一词有两种意义不同的使用方式。一方面，它代表着一个特定共同体的成员所共有的信念、价值、技术等等构成的整体。另一方面，它指谓着那个整体的一种元素，即具体的谜题解答；把它们当作模型和范例，可以取代明确的规则以作为常规科学中其他谜题解答的基础。"① 尽管库恩未能给"范式"一个明晰的定义，但他所说的"信念、价值、技术等等构成的整体"已经成为范式概念的"核心要素"，也就是人们在研究与实践中所应坚持的信念、价值观以及具体操作方式、方法的总和。由此，可以认为，语文教学范式就是从事语文教学实践和研究的群体对语文教学活动的基本理解或看法，以及在此基础上所采取的策略、方法、技术等等的总和。

对语文教师来说，无论在其具体的教学实践中是否意识到，他都会具有关于语文教学活动的基本观点以及在此基础上所采取的教学行为、教学方式与方法等。关于教学理解，既包括教师对"语文教学是什么"的界定，也包括语文教学"应当何为"的方法论解释。教学行为，就是在真实情境中教师的教学表现，包括教学设计、课堂教学、课下指导、学习效果测评等教学行为。教师的教学行为，是情境性的、流动的、富有变化的，但是无论如何变化，总有其内在的逻辑依据。教师的逻辑依据与其课程观、教学观、学生观、评价观是分不开的，是他在具体的教学情境中平衡学生、教师、文本等教学关系，进行教学设计、选择和构建教学策略、处理教学问题时自觉或不自觉所遵循的相对稳定的内在要求。教学行为是建立在教师内在的教学逻辑基础之上的行为，教师内在教学逻辑发生变化，教学行为就会发生相应变化。占据教学逻辑核心地位并发挥支配作用的是思维方式。那就是说，语文教师的教学范式，表现在外的是可以被察觉到的教学行为，而内在逻辑支撑则是隐含于教学行为之中的思维方式。

当然，作为语文教师的群体并非只有某一种教学范式，从不同年代成长起来、生活在不同区域的教师，他们对语文教学有不同的认识和理解，也就相应地具有不同的语文教学行为和表现。但是，我们研究的重点不在于区分不同年代、不同地域的教学范式，也不是探讨作为个体的教师教学行为表现或风格，而是着眼于新时代语文教学要求，从总体上把握和分析语文教师群体在教学理

---

① ［美］托马斯·库恩:《科学革命的结构》(第4版),金吾伦、胡新和译,北京大学出版社2012年版,第147页。

念、教学行为、教学方式等方面所表现的共同倾向性。判断和分析其共同倾向性的依据就是教师的教学逻辑，即一种内在的教学理念、思维方式。尽管外在的教学行为表现是千差万别的，但其内在的教学逻辑、教学思维方式则具有某种类型的相似性。在语文教学中，如果教师把语言作为外在于学生的"工具"，将人与语言，进而将人与课程内容、与语文知识乃至与教材、课文等作为一种对立关系来看待，那么教学就成为教师向学生传授作为客体的知识、灌输某个他认为正确结论的单向传递过程。其背后的根由就是追求实证的、主客二分的思维方式。还有那些以"科学"的名义构建的"知识清单""技能训练模式"，并没有为学生创设一种复杂、丰富而又充满活力的言语情境，而仅仅把语言作为学生要掌握的"工具"，其教学逻辑同样是追求实证、"科学"的简单化思维方式。

事实上，我们需要换一种思维方式来看待人与语言的关系，进而探讨和分析学生、知识与教师之间的关系。海德格尔的生存论哲学、伽达默尔①的哲学解释学，作为理解语文教学的一个理论视角，有助于转换语文教学范式。我们可以把"视域融合"作为转换语文教学范式的切入点。视域，也称视野，本意是指"地平线"，表示人在理解过程中由传统而来的"前见"。这种视域，无论是否被意识到，它总是存在的，并且作为一种潜在的因素参与人的理解活动。随着理解过程的不断深入，理解者由过去而来的视域不断地融入前方视域，与被理解对象的视域融合成为一种新的更大视域，此即所谓"视域融合"。在语文教学过程中，教师、学生、文本三大教学要素，各有其既定的视域，就每一方的视域来说，都有一个自身视域源源不断地融入前方视域的过程。比如，学生理解文本的过程就是其既有视域与文本视域相融合的过程，也是文本自过去而现在、自现在而未来意义不断丰富的过程。但视域融合的发生并不是一件简单的事情，既有可能纠正理解者自己既有的"偏见"，使原有的视域得以调整、扩充和提升，也有可能以自己独特而深刻的见解纠正他人的偏

---

① 有的学者译为"加达默尔"，为表述统一,本书统一为"伽达默尔"。

见，甚至通过对他人的批判生成新的意义。在这样一个复杂、开放的理解过程中，各方都有可能形成一个新的视域，以至于不必区分哪儿是"你"的视域、哪儿是"我"的视域，而是彼此融合成为一个共同的新视域。

视域融合的解释学理论，与语文教学存在高度的契合。理解是人的基本存在方式，也是教学的存在方式，具有根本性和普遍性。语文教学实际上就是学生在教师指导下理解课程文本进而理解自我、提升自我的活动。学生经验是理解课程文本的前提，课程文本是课程内容的载体，教师的引导作用在于达成学生经验与课程文本间的视域融合。从学生的角度看，学习过程就是以自我经验扩充和更新为目的的视域融合。"人是这样一种存在物，他不仅现实地存在着，而且能够意识到自己的存在，具有关于自己存在的自我意识；在这种自我意识的基础上，他还力图对自己的存在进行自我认识并做出解释。在这个意义上可以说，人是一种对自己的存在不断进行自我认识、自我探究的存在物。"[①] 按照哲学解释学观点看，"一切理解都是自我理解"，这种"自我理解"实际上就是学生在特定教育情境之中，将他们的生活与学习，过去、现在与未来，陌生与熟悉，他人与自我的联系，进而不断修正自己、解放自己、扩展自己、超越自己和向着未来前进的过程。对语文教学来说，自我经验的扩充与更新，就是在语言运用中认识自我、理解自我、发展自我的生命成长过程。

当然，解释学理论是一个包容范围很广的概念，保守解释学、中庸解释学、激进解释学、批判解释学是美国教育学者肖恩·加拉格尔概括出的四个解释学流派，各个流派观点并不相同，甚至相互冲突，也不乏批判与反批判。但从总体上讲，不同解释学流派的共同特点是"为己之学"，用黄勇教授的话来说就是"我们从事解释活动的目的主要是想丰富我们自身，使我们自己变得更加完满，我们的生活变得更加丰富"[②]。我们认为，伽达默尔的哲学解释学（即肖恩·加拉格尔所说的中庸解释学），揭示了理解与解释的本体意义，把理解与解释视为人的基本存在方式，指出人在理解与解释过程中不断发生的视

---

① 夏甄陶：《人是什么》，商务印书馆 2000 年版，第 1 页。
② 黄勇：《解释学的两种类型：为己之学与为人之学》，《复旦学报（社会科学版）》2005 年第 2 期。

域融合实际上就是自我人生意义的丰富或提升。这可以作为研究语文教学问题的一个视角。同时，哲学解释学具有辩证法的性质和特点，具有关系性、生成性、过程性思维方式，这也应当成为研究语文教学问题的思维方式。在伽达默尔看来，理解者与理解对象之间的关系在理解过程中具有优先地位，在理解与解释活动中我们既不能忽略理解者自身情境与经验的作用，也不能忽略理解对象的"真理性要求"，理解的意义是在交互作用中不断建构、生成和发展的。这也应当成为语文教学研究所应持有的基本思维方式。当然，其他解释学流派，无论是保守解释学还是激进解释学、批判解释学，无论是认识论解释学还是方法论解释学，对重建语文教学范式来说，都是可以为我们所用的。基于解释学理论的语文教学范式重建，并不是将某个理论流派观点套用在语文教学实践上或者亦步亦趋地模仿，而是另辟一个解读、思考和解决语文教学问题的维度，开拓语文教学的解释学路向，启发语文教学的新思维，构建具有中国特色的母语教育新范式。

五、问题研究的逻辑框架

语文教学，从解释学的角度看，就是教师引导学生理解语言文字，通过理解语言文字来理解自我、理解他人、理解世界，进而将自我理解表述为语言文字并借以寻求与他人理解相融合的过程。这里，理解中的"关系"，无论是相对于学生、教师，还是相对于理解的对象（文本、他人、世界或者自我等），都具有本源的优先地位。语文教学本身即是一种关系性存在：教师、学生以及以课程文本为载体的课程内容，作为三个基本要素在有机联系中共同构成多层次、复杂化、生成性的教学过程。因此，揭示、阐发不同教学要素之间的关系及其在交互关系、动态过程中的意义生成，即构成语文教学范式重建的逻辑框架。

第一，从学生及其经验方面探讨语文教学对学生语言能力及其精神发展的意义和要求。教师、学生、知识这三个要素中的每一个要素，都可以作为教学过程的起点，但将学生及其经验作为语文教学的逻辑起点，能够更好地体现学生作为知识自我建构和精神自我发展的主体地位。学生经验作为起点，不仅指学生经验在其语文学习中发挥基础性作用，而且也意味着经验可以作为一种动力性因素助推新的经验产生。生活是语文学习的延伸，学生的生活经验是其学习语文的基础。作为个体的生活经验因为教师有意识的教育活动而具有追求完满、追求超越的品格，经过教学引导可以作为言语经验的形式实现与"类经验"的融通，实际上也是言与意之间的转换与生成。学生的语文学习，本质上就是一种言语实践，也就是他以言语活动的方式理解他人、理解自我、表现生活、表现自我的实践过程。学习语文知识就是在具体的言语情境中将语文知识内化为自我经验的建构活动，而作为"人文化成"的语文教学要以母语内在的文化力量促进学生的精神成长与生命建构。由于自我经验的参与和作用，学生的个性化阅读、个性化表达可以上升为创造性言语活动。创造性言语活动既是自我经验动力性特征的表现，也具有理解异质文化、多元文化的包容性。

第二，从课程文本及其特征方面探讨课程内容的构建、师生的课程意识以及课程文本的教学意义。课程作为文本具有两个方面的意义：一是语文课程要以其内在的意义要求承担起学生精神教育与言语能力培养的责任，二是语文课程的理解范式决定了课程意义在师生的理解与解释中建构生成。语文课程文本的隐喻结构表现在三个方面：未定性、新异性、否定性。未定性召唤学生参与课程意义的建构，新异性引发学生惊奇感，否定性让学生超越熟悉的经验而产生面向未来的超越意识。课程文本以其负载的课程内容发挥作用："用文本教"意味着师生凭借课程文本选择或生成课程内容，"教文本"意味着课程文本负载的基础性与典范性、文化性与生命性、未来性与超越性的课程内容，成为学生精神发展和能力提高不可替代的滋养和范例。经典作品教学既要遵从其内在的意义要求，引导学生感受内含其中的持久文化影响力，也要将经典作品的意义引申到当下生活，融入学生的自身情境。

第三，从视域融合的基本理论方面探讨语文教学理解的特点及语文教学的过程属性。语文教学是师生、文本等教学要素自身视域的纵向延伸，也是彼此交互作用、相互影响的横向交织、拓展。视域融合意味着学生不是被动地接受来自文本或教师的结论，而是让文本意义在彼此的对话、交流中涌现。"互文本"是不同文本间的视域融合，无论是知识学习，还是单篇文本或"群文本"的阅读，抑或是语言表达，都是基于言语情境的语文知识的融会贯通、思想观念的对话交流和跨媒介的"互文见义"。语文课程的言语实践性决定了语文教学的过程属性，语文教学需要在丰富的言语实践中引导学生从掌握语文知识向形成语文智慧转变，顺应言语情境和教学情境的复杂性以发展学生自由灵活运用语言的能力并进而提升教师的教学智慧。

第四，从理解的"问答结构"方面探讨语文教学的对话理念和策略。从目的看，教学对话要达成相互理解和自我理解；从过程看，教学对话具有意义生成的开放性和无限性；从媒介看，教学对话要达成对话双方、各方的语言融合。教学对话有效性的内在标志是基于视域融合的理解与自我理解，而其外在标志则是对话各方的语言融合。学生的深度学习离不开教学中的深度对话，而深度对话必然寻求对话各方的视域融合和语言融合。深度对话可以从四个方面推进。依据文本，即着眼于文本自身的意义空白以引导学生的创造性填补；聚焦主题，即始终立足语言运用的根本任务，把握好对话方向；依据学生经验，即激发学生参与对话的动力，引导其创造性超越；顺应趋势，即在对话"不得不然"的发展趋势中引导学生加深理解。

第五，从教学、评价的一体化方面探讨促进学生发展的学习评价理念及评价方式。以促进学生发展为目的的评价应当贯穿于教师教学过程、学生学习过程，以过程性评价促进学生的知识学习、能力发展和综合素质的提升。过程性评价，是在教学活动中对学生学习的各类信息加以即时、动态地解释，以揭示、判断和生成教学价值的活动。语文学习评价，在关注知识、方法、能力等显性目标的同时，也关注情感体验与思维方式等隐性目标，强调评价主体的多元化、评价内容的综合化和评价方式的多样化。学习评价的改革方向是，超越单纯的"言语信息"评价，走向事实性知识、程序性知识、概念性知识和元认知知识的综合评价；超越"认同思维"，走向创造性、批判性思维的评价和引领；超越"现实生活"，发挥评价激发学生构建"可能生活"的想象能力。渗透、贯穿于教学过程的评价，是与教学一体化的评价，评价即教学，教学即评价，它们共同作用于学生的核心素养发展。

概括讲，学生及其经验、文本及其承载的知识、教师及其教学引导是教学的三个基本要素，也是构建本书逻辑框架的支撑要素。作为个体的学生经验是教学的逻辑起点，课程文本承载着语文知识或课程内容，教师的教学引导在于达成个体经验与课程文本的视域融合。作为视域融合的教学，需要一种对话范式和对话策略。作为促进发展的学习评价，不是外在于或滞后于教学过程的纯粹价值判断行为，而是贯穿于教学过程中生成教学价值、丰富教学意义的引领性行为。

从教学过程的内部运行看，作为由学生、知识、教师三个基本要素构成的教学运行系统，既不是以学生为中心，也不是以知识或教师为中心，"中心论"应当为"关系论"所替代。相对于每一个要素来说，要素之间的"关系"更具本源性和根本性作用，它推动形成"学生—知识—教师"之间的交互作用和内部双向循环，使每一个要素在作用于其他要素发展的同时也实现自身的更新和发展。从教学过程与社会、文化、环境等外部要素的关系看，文化传统、社会需求、时代发展等对教学提出要求，成为教学运行的外部推动力（简称"社会需求"），比如国家着眼于"立德树人"根本任务对学生语文学科核心素养发展的要求等；教学运行要适应社会需求，在学生、知识、教师的交互作用的内循环中促进学生语文核心素养发展、教师的自我发展，推出学生的言语作品、教师的教学作品，知识内容的更新和发展等一系列教学成果（简称"教学产出"），教学产出反馈、作用于教学运行，引起新一轮教学运行的调整、优化，进而反馈、作用于社会需求，成为文化传统更新的力量，引发新的社会需求。这就是"社会需求—教学过程—教学产出"的外循环。语文教学中学生经验的更新、课程内容的建构、教学与评价的改革既是对社会需求的响应，也会以其新的产出、新的成果推动文化传统和社会需求的更新。

第一章

个体经验论

在哲学解释学看来，经验是一个等同于"存在"的概念。经验，既意味着理解行为的发生、个体经历的过程，也意味着理解行为、个体经历的结果性积淀。"一切真正的教育是来自经验的"，教育是"在经验中、由于经验和为着经验的一种发展过程"。[①] 对学生来说，他的经验构成了他在言语活动中自我理解、自我塑造、自主发展的内在动力。因此，语文教学应当基于经验、通过经验、为了经验。学生经验，是语文教学的逻辑起点、必经过程和最终目的。

第一节　生活经验与言语经验

学生的个体经验，从广义上讲，就是学生作为个体所经历的一切，既包括学生在生活经历中对生活、对社会、对自我的认识和思考，也包括其在学习过程中对知识的理解和领会。尽管对经验的理解不尽相同，但作为动词意义上的"经验"即"正在做""正在经历"的过程性、亲历性，正逐渐被人们所接受。学生的个体经验，是学生"做"的过程和"亲历"行为，也是这一行动过程在其"意识层面上的凝集"。

---

① ［美］杜威:《我们怎样思维·经验与教育》,姜文闵译,人民教育出版社 2005 年版,第 248、250 页。

一、个体生活经验的超越品格

生活经验是学生语文学习的基础，也是其语文知识的来源。什么是生活经验？根据教育家鲁洁先生的说法，就是"人类生活历程在意识层面上的凝集"①。当然，这是就"经验"的结果而言，而在更广泛的意义上，"生活经验"既可以理解为作为过程的"生活经历"，也可以理解为作为结果的"生活历程在意识层面上的凝集"。在动态意义上，个体生活经验既表现为个体"亲历""尝试"的主动经历过程，也表现为个体"承受""经受"的被动经历过程；在静态意义上，生活经验是个体对生活的认识、理解和思考后的结果。语文教学的根基在生活，生活经验是语文教学的逻辑起点，也应当贯穿于语文教学的始终。

生活经验对于教育教学的价值在于其超越品格，对语文教学来说，我们要善于把握生活经验的超越品格，借以促进学生语文能力的提升和生命发展。具体来说，生活经验的超越性表现在三个方面：完满性、开放性和否定性。

第一，把握生活经验的完满性，引导学生构建生活事件的"格式塔"。生活经验，在人们看来，似乎是单调的、零碎的、无序的，但无论是单调还是丰富，零碎还是完整，无序还是有序，都是人们必然要经历的生命过程。对学生来说，它都是语文学习不可或缺的课程资源。不仅如此，这些生活经验一旦与教育相结合，就具有了在意识层面追求"完满"的特性。作为具有自我意识的人，个体学生对"我是谁""我的生活是什么""应当过一种什么样的生活"有自己的理解和思考，在意识层面上具有一种使之完整的内驱力。比如，当我们有意识地引导学生反省生活经历，他们就有可能赋予某个生活片段或生活事件以相对完整的意义。正如格式塔心理学派所讲的那样，"人的诸种心理能力在任何时候都是作为一个整体活动着，一切知觉中都包含着思维，一切推理中

---

① 鲁洁：《道德教育的当代论域》，人民出版社 2005 年版，第 289 页。

都包含着直觉，一切观测中都包含着创造"①，学生在回忆、描述、思考其生活经验时也会凭着思维、直觉"构建"起一个个具有"完满意义"的生活"事件"。

教育家、心理学家杜威在《艺术即经验》一书中说过这样一段话："一件作品以一种令人满意的方式完成；一个问题得到了解决；一个游戏玩结束了；一个情况，不管是吃一餐饭、玩一盘棋、进行一番谈话、写一本书，或者参加一场选战，都会是圆满发展，其结果是一个高潮，而不是一个中断。这一个经验是一个整体，其中带着它自身的个性化的性质以及自我满足。"② 尽管杜威谈的是艺术生活经验，但对语文教学来说，同样具有启发意义。学生生活经历中的"事件"，比如一次聚会、一次旅游、一餐饭、一件事的处理等等，之所以成为一个生活经验，就在于他在追求"相对完整"的动力中赋予生活事件以某种意义。杜威举例子说，"我们读小说读到紧要处不愿被打断，看戏看电影不愿只看一半，都基于获得'一个经验'的要求"③。学生的生活经验同样具有这种"延续性"的要求，这种"延续性"，不只是时间、空间的延续，即要构成一个相对完整的时空片段，而且也要融入他的认识、思考或者联想、想象，融入他的生活态度、信念、价值判断，可以这样认为，这"一个经验"是不同因素相融合的综合体。因此，学生对"这一个"完满经验的追求，在好的教学引导下，有可能让他带有一种在有限中追求无限、于片段中透视整体的倾向，甚至在直觉感悟中抵达一种可以意会而难以言传的生命体验，进而上升为"意义的瞬间生成"。

教育家叶圣陶先生谈到学生作文时说："一个人在实际生活中，本来就该求经验和意思的精当，语言的周密。这为的并不是写文章，为的是生活。生活中有这样修养的人往往会觉得有许多文章要写，而写出来的往往是好文章。生

---

① ［美］鲁道夫·阿恩海姆:《艺术与视知觉》,滕守尧译,四川人民出版社 2019 年版,"导言"第4—5页。
② ［美］杜威:《艺术即经验》,高建平译,商务印书馆 2011 年版,第41页。
③ ［美］杜威:《艺术即经验》,高建平译,商务印书馆 2011 年版,第12页。

活就如泉源，文章犹如溪水，泉源丰盈而不枯竭，溪水自然活泼泼地流个不歇。"① 叶圣陶所讲的，"经验和意思"的精当，可以理解为学生对生活经验"完满意义"的追求。有了生活的认识和思考，然后求助于言语表达，才会有作文如溪水般活泼泼地"流个不歇"。学生并不是为了写文章，才去追求"经验和意思"的精当，而是生活经验本身可以经由学生的思考、联想、想象等构成一个具有"完满意义"的事件，由此文章才会成为从源头里流出来的活水，"丰盈而不枯竭"，"活泼泼地流个不歇"。

语文教育家李吉林的教学就是这样，她引导孩子们感受、体验丰富多彩的生活，让孩子们发现一个个生活事件的意义：孩子们"睁大眼睛看着这五彩斑斓的世界，发现了世界竟是如此美丽、神秘"，"兴奋得如同小鸟从笼中飞回了林间，幼小的心灵竟装得下浩瀚的宇宙。由此，我发现了儿童学习的巨大智库，找到了天赐的儿童学习的活的、永不枯竭的源泉，深感大自然是本不可随意掩卷的天书。儿童感动其中，激动其中，周围世界中智慧的源泉汩汩地在其心中流淌"。② 为什么"儿童感动其中""激动其中"，因为生活触动了儿童的心灵，同时儿童也发现和生成了一个个"完满"的生活经验。阅读也一样，生活经历会因为阅读的体验而升华为具有意义的、值得反思的经验，阅读也会因为生活阅历的丰富而深化对文本的理解，文本中的词语、句子，因为学生丰富的生活经验而鲜活起来。这样，生活经验与文本阅读之间建立起了一种关联，那些生活经历中未必具有意义的零碎片段，可能因为文本意义的启发而在学生的心灵中构建为一个完整的"生活事件"，他们用联想和想象来填补生活中的空缺，从而构建生活经验的"完满意义"。

在言语活动中，如果写不出生活的意义、读不出生命的感动，有时候并非只是因为生活的单调，更多可能是因为缺少了生活的积累和对生命的思考。解决的办法就是回到语文学习的源头——生活，让生活启迪心灵，让思维贯穿生

---

① 叶圣陶:《叶圣陶语文教育论集》,教育科学出版社 2015 年版,第 167 页。
② 李吉林:《中国式儿童情境学习范式的建构》,《教育研究》2017 年第 3 期。

活，将生活片段上升为具有相对"完整意义"的经验。事实上，正是这样的生活经验，才让学生在言语表达中感受到一种追求生活意义的自我满足感，获得学习和运用语言文字的幸福体验。生活需要观察、体验，需要思考、想象。当生活事件触动、激发起表达的欲望，那些生活经历就上升为一种完满的经验，如李吉林所说"将课堂学习和大自然链接，将符号学习与生活结合，促进知识在实践中的运用，并逐渐培养起儿童对大自然的情感，对生命的珍爱"①。这可以理解为顺应生活经验追求完满意义的内在驱动力所产生的效应。同样，在阅读中，当作品所蕴含的意义特别是生活哲理、生命意义与个体所经历的生活经验相遇，学生试着用自己的语言来讲述、阐发它时，实际上就是在参与、体验、创造一种新的生活经验。这应当理解为他对已有生活经验的超越。

第二，把握生活经验的开放性，引导学生想象和开创未来新生活。生活经验具有开放性，表现为人对未来生活的向往与对未知领域的好奇。在存在论意义上，作为"自我"的存在，"总是从它所是的一种可能性、从它在其存在中这样那样领会到的一种可能性来规定自身为存在者"②，实际上，这就是对未来可能生活的一种筹划。学生已有的生活经验，是已经发生的、不可改变的，而他们向往的生活则是尚未到来的、处于"正在……""尚未……"途中的，是变化中的可能生活状态。如果说已有生活经验需要的是回忆和反思，而可能生活状态需要的则是想象和创造。从"已有"到"未有"，从"实然"到"应然"，个体生活经验就是这样一种不断变化、生成中的经验，是面向未来、面向周围世界保持开放的一种经验。人的生活并不完全"局限于他自己的特殊范围，而是远远超出于它，他无可抵抗地被迫考虑超出其自身特殊性的东西"。更确切些说，"生活并不只是从一个线团上把线抽出来；它是一个不断地引进新材料、不断地创造的过程"③。不断拓展的生活世界、面向未来的展

---

① 李吉林：《中国式儿童情境学习范式的建构》，《教育研究》2017 年第 3 期。
② ［德］海德格尔：《存在与时间》，陈嘉映、王庆节译，商务印书馆 2017 年版，第 62 页。
③ ［德］鲁道夫·奥伊肯：《生活的意义与价值》，万以译，上海译文出版社 2005 年版，第 38、69 页。

望，让学生的生活经验不断地融入新的因素，促进他生活经验的更新。

生活是语文学习的根，生活经验是语文教学的基础。但有时候，我们的语文教学由于过分强调语言表达技巧，而忽视了语言学习的根基在生活中的道理。语文学习中，那些修辞格的运用、句式的仿写，以及各种各样的遣词造句，如果是为了语言而学习语言，固然可以让语言的外在形式越来越美，但同时也会让语言表现的生活与思想越来越贫乏。语言能力的发展源自生活，如果变换一种角度，让学生从观察到的生活现象开始学习语言，顺应他生活经验面向未来的前瞻性、面向周围世界的开放性，那么他的语言就会因生活经历的丰富而丰富，因对生活思考的深入而趋于深刻。叶圣陶在谈论学习文艺时说："理解与创造的根源却只有一个，那就是生活经验。生活经验充实，理解与创造起来决不会粗浅，即使不讲什么方法。生活经验欠充实，理解与创造起来决不会精深，即使讲尽了种种的方法。"① 生活经验的充实也在丰富着学生的精神生活，激发学生开拓、创造新生活的动力。教育家范梅南引用狄尔泰的话说，生活经验之于精神如同呼吸之于身体："'正像我们的身体需要呼吸一样，精神也需要在情感生活的回应中实现并扩展其存在。'生活经验如同意义的呼吸，在生命之流中，精神'吐纳'着意义。"② 因生活经验而不断扩大的语言表达与交流就成为一种"意义的呼吸"，在领悟生活、阐释生活、想象生活中实现了对既有生活经验的超越。在这个意义上，基于生活经验的想象力不但丰富我们的言语表达，而且会激发我们创造新生活的动力。

丰子恺的散文《家》，有这样一个片段：主人回来了，芭蕉鞠躬，樱桃点头，葡萄棚上特地飘下几片叶子来表示欢迎；两个小儿女跑来牵着我的衣，老仆忙着打扫房间，老妻忙着烧素菜，故乡的臭豆腐干，故乡的冬菜，故乡的红米饭……这是他熟悉的生活经验，娓娓道来，将我们的心灵带进"最自由、最永久的本宅""我的归宿之处，我的家"那样一种熟悉的感觉。面对这样的

---

① 刘增人、冯光廉：《叶圣陶研究资料（上）》，知识产权出版社 2010 年版，第 295—296 页。

② ［加］马克斯·范梅南：《生活体验研究——人文科学视野中的教育学》，宋广文等译，教育科学出版社 2003 年版，第 46 页。

生活经验，我们还可能联想到杜甫的诗："晚岁迫偷生，还家少欢趣。娇儿不离膝，畏我复却去。忆昔好追凉，故绕池边树。萧萧北风劲，抚事煎百虑。赖知禾黍收，已觉糟床注。如今足斟酌，且用慰迟暮。"这是触动心灵的生活经历。无论如何漂泊，回到家，便觉心灵得到自由和安慰。然而，生活经验是不断开放的经验，因为作者也不会一直沉浸在这样熟悉的"家"中。正如生活自身的不断拓展与更新一样，生活经验需要一种新的超越。丰子恺在"暂时心安"之后，不由得又怀疑地问道，"无始以来种种因缘相凑合而使我诞生在这地方"，"无始以来种种因缘凑合而成的地方暂住"，是偶然的呢，还是非偶然的呢？他继续追问：真的"家"又在哪里呢？他醒悟道："我是无'家'可归的，既然无'家'可归，就不妨到处为'家'。"① 这种醒悟是面向未来的，也是超越的，既可以理解为生活经验的升华，也可以理解为思想境界的升华。语言表达中的生活经验并非固守熟悉的生活圈子，而是在追问、反思最熟悉生活经验的基础上实现新的超越，上升为一种追问生命根源与归宿的哲学思考。同样，学生阅读这样一篇散文，也会随着思维与情感在文字中的穿越，完成这样一种生活经验的拓展与升华：先是在文字里看到、听到、嗅到"家"的味道，体验幸福、自由、快乐的感觉，而在最敏感的那根"心弦"被触动的同时，又转向人生意义的追问，开启关于究竟什么是"家"的新思考。丰子恺还有一组漫画，以"惊异"为题，形象地表现出生活经验的开放性以及他对生活的敏锐感受力：面对石缝里钻出来的枝条、蜘蛛在墙角织成的网、透过望远镜所看到遥远天空的星星等所带来的那种惊异感、震惊感。② 这种惊异感、震惊感，实际上就是对既有生活经验的一种拓展：原来贫瘠而坚硬的石缝里可以长出生命，小小的蜘蛛可以织出人力所不及的精美的网，透过望远镜看到遥远天空里的星星与平时所见如此不同。

第三，把握生活经验的否定性，引导学生否定自我熟悉的生活。我们大多

① 丰子恺：《万般滋味，都是生活：丰子恺散文漫画精选集》，华中科技大学出版社 2018 年版，第130—131 页。
② 丰子恺绘，萧袤赏读：《学生漫画》，海豚出版社 2015 年版，第 176、178 页。

喜欢熟悉的生活，因为这样的生活总是具有一种"在家"的感觉。但是，如果我们在一个熟悉的生活环境里待得太久，就会把现行的生活方式、一直奉行的生活观念视为理所当然，进而形成一种思想上的惰性。因而，在教育意义上，学生的生活经验应当被打破，让其在生活经历中经常处于一种"不再如此"的冲击感，从而在自我生活的反思中追求一种新的生活方式，开启一种新的生活状态。因而，探讨生活经验的否定性对语文教学的意义是非常有必要的。

学生的生活，无论是家庭生活、学校生活还是社会生活，都是他们必然要经历的一个过程。他们在生活中积累起的经验并非都是在过去基础上相似经验的叠加，而是需要他们在经历差异、对立、矛盾和"撞击"后的新实践、新感受、新体验。学生在生活经验里的差异、对立、矛盾、"撞击"等，就是生活经验的否定性。新的生活经验是在其自我否定中获得的。经验的自我否定，在哲学解释学那里，被看作是"期望的落空"。伽达默尔说，"有经验的人不仅通过经验而成为那样一种人，而且对于新的经验也取开放的态度"，也正因为这样，开放性的经验"其实包含了各种各样期望的落空……并且只是由于这种期望落空，经验才被获得"①。在这个意义上，伽达默尔说，经验实际上是"痛苦的"和"不愉快的"。但他说的"痛苦的""不愉快的"经验，并非消极悲观的东西，而是经由既有经验的否定和"期望的落空"而产生的创造力、求知欲和面向未来的探索精神，以及在此基础上实现的新旧经验融合。伽达默尔对生活经验与科学经验作出了区分，在他看来，生活经验作为"做出"的经验更具有本源性，它既让我们意识到了生活经验的有限性，又让我们在经验的否定性中受到冲击而产生对生活、生命的新思考。"经验的否定性具有一种特殊的创造性的意义。经验不单纯是一种我们看清和做了修正的欺骗……而

---

① ［德］汉斯-格奥尔格·伽达默尔：《诠释学Ⅰ：真理与方法》，洪汉鼎译，商务印书馆 2010 年版，第 502—503 页。

是我们所获得的一种深远的知识。"① 丰富和拓展学生的生活经历,让学生感受他人的生活世界,比如以拓宽学生视野、促进生活反思为目的的研学旅行,与具有不同观点的"他者"交谈中所获得的启发等,有可能引发学生的自我否定。学生基于生活体验的情感态度、思想观念、思维方式会因为新的生活事件、生活经历、"他者眼光"而发生变化,进而引发他们思考原有生活方式的合理性,探索一种面向未来的新的生活方式。所以,生活经验中的"否定性事件",在"撞击"学生心灵的同时,也会成为他们自我成长、自我发展的一种动力。学生的生活是一种开放的、具有无限可能的生活,会有更多的生活交往、新的生活经历。他们与具有不同生活阅历、不同文化背景、不同思想观念、不同思维方式的人交谈,也就为他们提供了反思过往生活、寻求和想象新的可能生活的契机和动力。

当然,生活中的"否定性"事件,更多的还是来自学生的自我否定和自我反思,比如对生活中错误、教训及不良心态的反思。对学生来说,他们会在生活中做错事情,但这是不是意味着他们有了一个错误的生活经验?"说一个生活经验是错误的,是没有意义的。即使我们必须接受失望,但这些失望改变了我们迄今为止对生活的态度,所以我们的生活经验只能是更丰富了。"② 实际上,作为教育来说,任何的"否定性"事件,只要具有合理的引导,都会上升为学生的自我反思,都会具有教育意义。在这一点上,费迪南·费尔曼认为,生活经验是"不能重复的,而是一次性的","对生活经验来说最重要的是,人通过它在自己的生存中受到了冲击"。③ 尽管学生的生活基于日常生活,但在教学意义上,我们仍然可以在日常生活中找到可被利用的"否定性"生活经验。作为语文教学,我们应当有意识地让学生通过语言文字来经历自我否定,思考那种"不再……""尚未……""原来还有……"之类的另一种生活,

---

① ［德］汉斯-格奥尔格·伽达默尔:《诠释学Ⅰ:真理与方法》,洪汉鼎译,商务印书馆 2010 年版,第499 页。
② ［德］费迪南·费尔曼:《生命哲学》,李健鸣译,华夏出版社 2001 年版,第 10 页。
③ ［德］费迪南·费尔曼:《生命哲学》,李健鸣译,华夏出版社 2001 年版,第 9 页。

借以激发他们自我更新、追求新生活的动力。鲁迅在《一件小事》中无情地否定、解剖自己，他在人力车夫面前"突然感到一种异样的感觉"，甚至被"刹时高大"的车夫"榨出皮袍下面藏着的'小'来"；在《风筝》中，他反思自己小时候因毁坏弟弟的风筝而造成对儿童"精神虐杀"的行为，以至于让那颗自责的心一直"很重很重地堕着"。朱自清在《背影》中悔恨自己"那时真是太聪明了"；在《匆匆》中追问何以"日子滴在时间的流里，没有声音，也没有影子"，以至于"不禁头涔涔而泪潸潸"。这些课文不仅是学生学习语言的范例，而且也是教给学生反思自我生活的方法。

教育家魏书生在教学中经常让学生"写《两个自我》《脑子里的对话》《我的私心与公心的对话》等文章"，就是为了让他们"认识到脑子中新我旧我之争，真善美与假恶丑、公与私之争"[1]，从而迈出自我教育的第一步，感受到新我战胜旧我的幸福。特级教师王君的作文教学课，引导学生讨论"写作与负能量"，让学生反思自己生活中的"负能量"进而否定生活中的"消极心态"。她告诉学生，写作的文字就像是生活的状态，同样存在"负能量"，"如果你永远停留在这个状态的话，你的灵魂就成长不起来"[2]，只有自己否定那种状态，才是真正的成长。在有意识的教育引导下，有限的生活经验在这种被否定、被冲击中不断突破，也就有效促进了学生的成长和发展。

生活经验的被否定或自我否定体现的是学生自我选择、自我反思、自我发展的主体性，这并非意味着学生对他人的依附和顺从，他同样可以对他人的生活经验、思想观念、行为方式等发表自己的看法，甚至提出质疑和批判。从根本上讲，经验的"否定性"就是要通过激发学生对自身生活和他人生活的反思和质疑引导他重新思考一种未来"值得过"的"可能生活"。这同样是一种生活教育。对语文教学来说，以言语活动的方式引导学生的反思精神和创造未来"可能生活"的想象力，体现的是生活教育与语文教育的融合。

---

① 魏书生：《教学工作漫谈》，漓江出版社 2014 年版，第 169 页。
② 王君：《更美语文课：王君群文教学课例品读》，长江文艺出版社 2018 年版，第 275 页。

二、通向非日常生活经验

有学者将生活划分为日常生活和非日常生活，认为那些与个体的生存直接相关的以维持个体生存为目的的各种活动属于日常生活；而非日常生活则是同人的类存在相关，以维持类的再生产为目的的各种活动。根据这一观点，生活经验也就有了日常生活经验和非日常生活经验之分。日常生活经验，往往来自个体自在的、自发的、未经过反思的生活经历、方式和状态，而非日常生活经验则是来自人类的、整体的、自觉自为的"类生活"方式和状态。

当然，日常生活与非日常生活的区分并不是绝对的，因为有一些以个体经历、体验为载体的日常生活，尽管暂时难以概括为非日常生活的"类经验"，但它可能会蕴含某种反映生活哲理、生命意义的因素。个体生活经验不只是表现出个体存在的特殊性、个别性、有限性，它追求完满、面向未来、不断超越的品格也决定了它向普遍性、一般性、无限性的作为"类的非日常生活经验"的转化和生成的可能性。鲁洁先生认为，"类经验"从来都不是一个与个体经验无关的、独立存在的东西，它就是由无数个个体创造的，是在个体经验基础之上形成的；而"类经验"形成后，也必须不断地再进入个体的生命之中，与个体经验相汇合，才能不断得到丰富与发展，这样的"类经验"才是富有生命力的。[①] 这就是个体生活经验与"类经验"的辩证关系。哲学家李泽厚的"积淀说"认为，人的文化心理结构由历史文化"积淀"而成，既是"类经验"的积淀，也是个体经验的积淀。"人总得活着，唯一真实的是积淀下来的你的心理和情感。文化谓'积'，由环境、传统、教育而来，或强迫，或自愿，或自觉，或不自觉。这个文化堆积沉没在各个不同的先天（生理）后天（环境、时空、条件）的个体身上，形成各个并不相同甚至迥异的'淀'。于是'积淀'的文化心理结构（Cultural-Psychological Formation）既是人类的，

---

① 鲁洁:《道德教育的当代论域》,人民出版社 2005 年版,第 290 页。

又是文化的，从根本上说，它更是个体的。""就在这千差万异的积淀中，个体实现着自己独一无二的个性潜能和创造性。"① 可以看出，"类经验"与个体经验，日常生活经验与非日常生活经验并非泾渭分明、彼此无涉的，二者之间常悄悄地发生转化。个体的经验积淀为"类"的文化心理结构，而那些"类经验"又可能在生活经历中转化为千差万别的个体经验。

在语文教学意义上，这种持续转化的动因，在于个体的生活观察、感悟和思考。叶圣陶先生强调，观察对于丰富经验的重要作用："这样将见环绕于四周的外物非常多，都足以供我们认识、思索，增加我们的财富。我们运用着观察力，明白它们外面的状况以及内面的情形，我们的经验就无限地扩大开来。……经验愈丰富，则思想进行时假设的来源愈广，批评、判断种种假设的能力愈强，造出方法以证明假设的是非真假也愈有把握。"② 学生扩充生活经验，就是在充实心灵、丰富精神世界，提升感知生活的敏锐性和激发对未来生活的想象力。如果说日常生活表现的是作为个体的人的"现身情态"即一种个体对其自身处境的感受状态，那么，非日常生活就表现为个体为向着"成为你所是的"能在的一种筹划状态。这种"尚未""有待"的筹划状态，既是个体超越自身有限性进而追求一种未来生活的可能性，也表现出从日常生活经验向作为"类"的非日常生活经验转化的趋势。

当然，两类生活经验的转化和融合，并非自然而然地发生，而是需要经历个体对生活的理解和感悟。夏之放教授认为，生活的感悟，就是个体在某种具体实践活动中经由感想、体会或思考而达到对某类事物发展的规律性预测，一直深入到对于人生的总体反思以及对于终极关怀的追求和体验。这是一个由浅入深、从形而下的日常生活向形而上的哲理追问的过程。按照人性的知、情、意三个角度，个体的生活感悟可划分为三个类型，即理性自明、德性自证、审美自得。理性自明，从"知"的角度看，是"面对现实感性活动中有限的经验材料，可以通过理性直觉而达到超越的无限之境"，"直接达到对于宇宙人

---

① 李泽厚：《历史本体论·己卯五说》，生活·读书·新知三联书店 2008 年版，第 122—123 页。
② 叶圣陶：《叶圣陶谈阅读》，江苏人民出版社 2020 年版，第 161 页。

生的整体把握"。德性自证，从"意"的角度看，是在生活实践中感受到宇宙万物之理和社会交往的"当然之则"，或者暗含了作为人类的"文化心理的意志结构"。审美自得，从"情"的角度看，是个体在日常生活中所经历的愉悦身心的美感，或在生活实践中某些机缘巧合的情况下所获得的高峰体验。① 理性自明、德性自证、审美自得作为生活感悟的三种方式，让个体自觉与不自觉地提炼日常生活经验，促进日常生活经验和非日常生活经验的融合，实现个体经验向"类经验"的转化。

语文教学，引导学生学习运用语言，实际上也是在激发学生对生活、生命意义的感悟和思考，让学生以语言的方式将原本模糊、散乱的生活思考明朗化。叶圣陶在谈到生活经验时说："所谓经验，不只是零零碎碎地承受种种见闻接触的外物，而是认清楚它们，看出它们之间的关系，使成为我们所有的东西。"② 同样的生活事件，在不同的人那里会有不同的认识和理解，或深浅程度不同，或认识角度不同，但探求其中哲理或奥秘的倾向则是相同的。作为语文教学，我们应当引导学生以言语活动的方式深化对生活的理解，或经由理性自明，或经由德性自证，或经由审美自得，实现与作为"类"的非日常生活经验的融通。一个孩子跟随奶奶、爸爸、妈妈散步，偶然间有一个发现："前面也是妈妈和儿子，后面也是妈妈和儿子"。③ 这种生命与爱的延续，就这样突然撞击在孩子的心上。一个孩子以惊异的语气脱口喊道："我一直试图把自己想象为另一个人，但是我仍然是我自己"，孩子可以通过关注"自我"而意识到"存在"，故哲学家雅斯贝尔斯说："我们可以从孩子们提出的各类问题中，意外地发现人类在哲学方面所具有的内在禀赋。"④ 实际上，作为"类"的非日常生活经验，并不是远离学生个体日常生活的"超验"的东西，就每一学生个体的生活历程来说，随着阅历的丰富和对"自我经验"的反思，都有可能直观到人的"类存在"，上升为"类经验"，哪怕这一种"类经验"，在

① 夏之放:《论块垒——文学理论元问题研究》，人民出版社 2007 年版，第 222—224、226 页。
② 叶圣陶:《叶圣陶谈阅读》，江苏人民出版社 2020 年版，第 160 页。
③ 莫怀戚:《莫怀戚小说·散文精选》，吉林文史出版社 2018 年版，第 404 页。
④ ［美］马修斯:《哲学与幼童》，陈国容译，生活·读书·新知三联书店 2015 年版，第 155—156 页。

孩子那里，或许还难以完整表达出来，但这种趋于"类经验"的倾向和意识是明显存在的。

三、从生活经验到言语经验

语文教学，根植于生活经验，又超越了生活经验，这种超越性表现为它促进学生从生活经验向言语经验转换的自觉。什么是言语经验？就是学生语言运用与建构的经历、感受和体验，及其对言语活动规律的认识和思考。从写作过程看，学生要实现从"物"到"意"、再从"意"到"言"的过程。从阅读过程看，就是将他人的"言"转化为自己心中的"意"、从"意"转化为对"物"的再理解、再思考和再升华的过程。物，就是学生所经历、体验到的生活；意，就是来自生活的启发，是学生对生活的认识和思考；言，就是学生的言语活动或言语作品。"物—意—言"，这是一个复杂的相互转换过程。

第一，从"物"向"意"的转换，引导学生感悟和理解生活。陆机《文赋》说："恒患意不称物，文不逮意，盖非知之难，能之难也。"在语文教学意义上，"物"不是与学生相隔绝的自在之"物"，而是眼中之"物"、心中之"物"。《文心雕龙·物色》中"春秋代序，阴阳惨舒，物色之动，心亦摇焉"的情形，不但对作家来说是这样，对学生来说也是这样。无论是"以我观物，物皆着我之色彩"的主观色彩，还是"以物观物，故不知何者为我，何者为物"的审美趣味，都需要学生对"物"即对生活的观察力、感受力和想象力。教育家苏霍姆林斯基的教学，就是这样引导孩子们观察、感受、体验生活。他带领孩子们到词语的"源头"去"旅行"，比如，观察校园角落里的虞美人花，"色彩之美激起了孩子们内心的喜悦"；观察向日葵和开花的荞麦地的时候，"孩子们的想象非常活跃，不断涌现新颖的形象"。他说："我越发确信，形象地观察世界，力图用言语表达对美的感受——这就是儿童思维的核心"。[①]

---

① ［苏］苏霍姆林斯基：《育人三部曲》，毕淑芝等译，人民教育出版社 2015 年版，第 88 页。

前已提及李吉林的语文教学善于将物、意、言打通，她让学生通过感官认识周围的生活世界，从"物"上升为意、情和思。在她看来，"春夏秋冬、花草树木、鸟兽虫鱼、风云雨雪、冰雾雷电"，都是孩子们眼中之"物"、心中之"物"、表现之"物"；在将语文学习与生活世界打通之后，孩子们能够真切地感受到生活中的"真、美、情、思"。"真"，在于让学生认识、了解和感知一个真实的世界、鲜活的世界，让"符号学习与多彩生活"连接起来；"美"在于让学生经历从"美物"到"美文"的过程，实现"精神与物象交融"，"沉浸在美的境界中，激起情感的升腾"，从而达到"情以物兴，故辞必巧丽"的境界；"情"在于以"物"激发和丰富学生的情感，生成学生学习的内驱力；"思"则是"以观察情境积累表象，丰富儿童想象所需的思维材料"，为儿童提供想象的契机，激发儿童潜在的智慧。由此，李吉林构建起教学的"五大操作要义"，以"美"为突破口，以"思"为核心，以"情"为纽带，以"儿童活动"为途径，以"周围世界"为源泉。[①] 其中的基础与源泉，就是儿童的"周围世界"，就是"物"，就是儿童的"生活"。

当然，学生的生活世界，无论是家庭生活、学校生活还是社会生活，无论是日常生活还是非日常生活，都需要他们具有敏锐的观察力、深刻的判断力和丰富的想象力。作为成长中的人，其"未完成性"相对于成人来说更为突出，但也正是这种"未完成性"让他们具有了"追求完满生活"的内在动力。

这种动力表现在两个方面：一是对日常生活在哲理深度上的追问，一是从自我生活的小圈子向群体生活、社会生活等大圈子融入的倾向。从日常生活的哲理思考看，随着年龄的成长，学生不再满足于"过"一种熟悉的日常生活，而是倾向于思考生活对于人、对于生命、对于未来成长的意义。那些司空见惯的日常生活、生活中的某个事件、事件中的某个细节，经过学生的联想、想象、思考、创造或许会产生非同寻常的意义。作为教师，我们应当顺应学生追问生活、生命意义的动力倾向，增加他们感受、体验、理解生活的深度。比

---

① 李吉林:《中国式儿童情境学习范式的建构》,《教育研究》2017 年第 3 期。

如，可以引导他们追问"是谁的生活""为了谁的生活""影响谁的生活"，追问"为什么会有这样的生活""将来还会怎样的生活"等，在"是什么""为什么""什么样""会怎样"的追问中，让学生的思考贯穿起过去、现在和未来，把握现象、原因与未来发展的趋势。追求完满生活动力的另一个表现，就是学生超越狭隘的生活圈向更广阔生活圈融入的倾向。比如，从家庭生活的熟悉感到学校生活的适应感，再到面向社会生活的超越感，他们观察、思考、想象的生活范围不断扩大，进而产生一种创造新生活的愿望。所以，语文教学对学生生活的引导，不是让学生停留在现实生活的满足感和表现现实生活的熟悉感上，而是引导他们对已有生活方式的判断和自我生活方式的反思，激发他们创造新生活的愿望和动力。

第二，从"意"到"言"的转换，引导学生以语言解释和表现生活。学生的生活经历，在经过"完满意义"追求、生活事件启发、心灵的"撞击"之后，会产生一种"情意状态"，即有所感、有所思、有所悟的状态，但由于生活经验和言语能力的有限性，这种情境状态有时会表现为一种沉积于心却又难以说清的心理状态，以至于形成内心感受与语言表达的矛盾。《论语》"不愤不启，不悱不发"中的"愤"和"悱"，作为"心求通而未得""口欲言而不能"的状态，即是这样一种矛盾状态。"心求通"追求的是"意"与"物"的符合，"口欲言"追求的是"言"与"意"的符合。从言语活动的角度看，就是通过语言的形式把自己置身于其中、与之相"周旋"的生活世界，从而与"类经验"达成一种语言上的沟通和融合。"心求通"意味着将作为文化传统的"类经验"融入已有经验，拓展和提升个体经验，实现个体经验与"类经验"的融通；"口欲言"意味着学生表达与交流的冲动，他们要将自己的生活感悟、体验和思考表达出来，为人的"类经验"注入新的活力。

"意"是学生对生活的一种感悟，是"在日常生活中由于具体事物的触发而直接上升到理性高度"，"渗透着理性的情意状态"①，往往表现为它与作为

---

① 夏之放：《文学意象论》，山东人民出版社 2017 年版，第 273 页。

"类"的非日常生活经验相融合的趋势。在言语活动中，"意"的融合要表现为"语言"的融合，即学生尝试着以适合的语句将它表达出来。伽达默尔说："经验的本性就在于：它自己寻找并找到表达出它的语词。我们寻找正确的语词，这就是说，寻找真正属于事物的语词，从而使事物在语词之中表述出来。"① 在言语活动中，学生从"意"向"言"的转换表现在两个方面：一是将自己内心的"情意状态"经由语言表达出来，亦即心中之"意"转换为外在之"言"；二是将他人的、历史的、传统的"意"，也就是将以文本为载体的作为文化传统的"意"转换为他们自己的"言"。以自己的语言说出心中之"意"，无论是关于生活的"意"，还是内含在文本中的"意"，都是他们对生活、对文本的一种自我理解。就生活理解而言，作为个体由生活经验积淀而形成的情意状态，经由语言表达，与更多的人分享，获得更多人的理解，丰富了作为"类"的生活经验。就文本理解而言，当学生真正理解了以文本为载体的文化传统，他尝试着把作为"类"的生活经验以自己语言表达出来，也就意味着他要将"类经验"融入自己的生活经验。实际上，作为个体的学生，以自己的语言来阐发他人的、历史的、传统的以语言文字为载体的"意"，来表达他所理解的作为"类"的生活经验，"不仅体验了历史生活范围、'客观精神'，同时他又在这种客观精神中进行着自我教育"②。实际上，这是作为历史文化传统的"类经验"与作为个体的自我经验之间的相互转换。

第三，"言"与"意"的连续性互转，引导学生加深对解释学循环的理解。语文学习中"言""意"互转的有效性应当有一个标志，这个标志就是"语言融合"。简单地说，语言融合就是以语言理解和运用的方式所实现的过去、现在与未来，自我与他人，自我与历史传统的视域融合。对学生来说，学习语言并非学习一种外在于他的工具，而是他一直处于语言之中。"我们总是

---

① ［德］汉斯-格奥尔格·伽达默尔：《诠释学Ⅰ：真理与方法》，洪汉鼎译，商务印书馆 2010 年版，第 587 页。

② 邹进：《现代德国文化教育学》，山西教育出版社 1992 年版，第 124 页。

早已处于语言之中，正如我们早已居于世界之中。"① 学生运用语言，就是尝试着以自己的语言将他所经历的生活以他所理解的方式表达出来，或者将作为文化传统的"类经验"以语言的方式融入自己的生活。

但由"意"而"言"、由"言"而"意"转换并非总是恰如其分、得心应手，如《庄子·天道》所说："语之所贵者意也，意有所随。意之所随者，不可以言传也。"作为具有言语实践属性的语文教学，却不能得意妄言，而是要引导学生说出那些"不可说"之"意"。在这种情况下，引导学生"倾听语言"就变得尤为重要。"语言是存在的家"，自出生起我们就被语言所包围。我们运用语言不是在占有它、支配它、操纵它，而是在倾听它、接受它、顺应它。既然我们"早已处于语言之中"，那么就要懂得接受、响应语言的要求，从中获得如何言说的启迪。如海德格尔所说："在语言上取得一种经验意谓：接受和顺从语言之要求，从而让我们适当地为语言之要求所关涉。"② 对于学生的言语活动来说，他对语言的倾听同他的生活一道生成了他所具有的"情意状态"，传统的、他人的语言所描述的世界与他自己的生活世界成为一体。因而他要表达的"意"，是个体生活经验、作为传统的"类经验"的融合，是自己语言、他人语言的融合。可以这样理解，言语活动中"言"与"意"的相互转换就是一种解释学循环：他人的客观精神、作为"类"的经验经由符号表达呈现给学生，作为生活在传统中的学生，带着由先于他存在的语言赋予他的"前见"去理解他人的生命表达，将他人的、"类"的精神同化或调和进自己的既有经验之中，形成他的自我理解；而与此同时，学生经由这一由语言所负载的精神文化的理解可以更加深刻地感受和体验生活，并将这种感受和体验上升为一种精神表达，从而融入人的"类经验"与历史文化传统。所以，"物—意—言"，在有效的言语活动中构成了一个不断提升、不断扩大、永无休止的循环往复转换过程。

---

① ［德］汉斯-格奥尔格·伽达默尔：《哲学解释学》，夏镇平、宋建平译，上海译文出版社 2004 年版，第 64 页。

② ［德］海德格尔：《在通向语言的途中》，孙周兴译，商务印书馆 2017 年版，第 146 页。

在循环往复的转换过程中，学生的言语活动始终伴随着思维、思想的提升，这是自我视域的扩大，与历史的、他人的视域融合。学生会说："有时令我们大感惊讶的是，别人说出了我们苦苦搜寻却无法道出的话。有人能够，或者曾经能够以一种我们不可及的方式（以直接、敏锐、真实的方式）描述某种体验。"① 这就是作为文化传统和作为"类经验"给予学生的启发。学生将以语言符号为载体的"生命表达"与他自己的现实生活情境、已有生活经验建立起一种联系，让他人的"言说"真正转化为属于自己的东西，也就在经历多个循环的"言""意"转换中触及"此在最内在的结构"②，也就是一种生活意义、精神境界、生命哲学的感悟。当学生体会到"言""意"转换的流畅、自由和快乐，也就产生了一种"在家"的感觉，言语活动也就达到了一种新的"自由状态"。苏霍姆林斯基这样引导孩子的言语经验：

> 你带领孩子们来到秋天的果园里。这是一个阳光和煦的初秋的日子……当你深信孩子们已经清楚地理解了词、词组的丰富含意和情感色彩以后，你就建议他们自己讲述他们所看到和感受到的东西。这时，在你的眼前，就会产生许多关于周围自然界、关于自然美的令人惊异的精细而鲜明的思想。③

这里，学生的言语活动实际上是"物"与"意"和"意"与"言"循环转换的过程：由于生活经验的存在，学生的思想变得鲜明起来，也使得语言鲜活起来，这是作为语言表达的"物—意—言"的转换与升华；而学生要将那些由于"物"的激发而形成的"意"表达出来，还需要借助于作为文化传统的"言"——他们所读过的作品中"词、词组的丰富含意和情感色彩"。

---

① [加]马克斯·范梅南：《生活体验研究——人文科学视域中的教育学》，宋广文等译，教育科学出版社2003年版，第149页。
② [德]海德格尔：《人，诗意地安居：海德格尔语要》，郜元宝译，上海远东出版社2011年版，第64页。
③ [苏]苏霍姆林斯基：《给教师的建议》，杜殿坤编译，教育科学出版社1984年版，第143页。

"物—意—言"的循环转换，使原本外在于学生的语言与其生活经验、言语经验融合为一个整体，而那些表现在言语作品中"令人惊异的精细而鲜明的思想"，则是他们的新发现、新体验，是来自原生态、活泼、具有灵性的生活经验的创造性表达。

在"物—意—言"的解释学循环中，言语活动根植于生活经验但又超越了生活经验，是语言运用但又超越了语言运用。借用范梅南的话来说就是，"写作把我们与我们的生活世界分离开，又吸引我们更接近生活世界"①。"与生活世界分开"，在这里我们可以用来指，教学中的语言运用总是引导学生超越狭隘的生活经验和生活世界；而接近生活世界，即指学生在理解作为历史传统的"类经验"的基础上形成鲜活的、具有生命力的思想，以自己的方式描绘、解释世界，创造另一种生活世界。就这样，"言"与"意"在相互的循环转换中，推动形成学生更高的语文素养与更深刻的生活理解力、洞察力和创造力。

第二节　个体经验与自我理解

在哲学解释学看来，"所有的理解最终都是自我理解"。我们理解一个"对象"就是与这个对象接触、交往，就是在与它的"对话"中理解我们自己。在解释学意义上，言语活动就是学生的自我理解活动，学生在听说读写的语文活动中展开对文本、对世界、对他人的理解，从而将这一切整合进自己的已有经验，最终形成他的自我理解。

一、作为自我理解的言语经验

言语经验，既可以理解为言语活动的过程，也可以理解为言语活动的结

---

① ［加］马克斯·范梅南：《生活体验研究——人文科学视野中的教育学》，宋广文等译，教育科学出版社 2003 年版，第 168 页。

果。"语言是存在的家",言语经验体现的是人的生活经验:"人说话。我们在清醒时说话,在睡梦中说话。我们总是在说话。哪怕我们根本不吐一字,而只是倾听或者阅读,这时候,我们也总是在说话。"① 语言是人的生存状态、生存方式,语文学习就是以语言的方式来解释世界,表现自我生活。

在解释学意义上,言语经验是学生自我理解的过程。我们"理解一个文本就是使自己在某种对话中理解自己","解释学过程的真正现实依我看来,不仅包容了被解释的对象,而且包容了解释者的自我理解"。② 学生的已有经验是自我理解的起点;在自我经验与理解对象之间建立起意义联系,并将意义引申、应用于现实情境,是自我理解的过程;实现自我经验的扩充与更新是自我理解的目的。《义务教育语文课程标准》强调"创设真实而富有意义的学习情境,凸显语文学习的实践性":建立语文学习、社会生活和学生经验之间的关联,引导学生关注家庭生活、校园生活、社会生活等相关经验。③ 这实际上就是引导学生经由言语实践以实现自我理解。

这里,我们从阅读活动和言语表达两个方面来分析语文学习的自我理解本质。

首先,看阅读活动的自我理解本质。阅读活动是在文本世界里发现自我、理解自我、提升自我的过程。在阅读过程中,学生的自我经验并没有消失,而是一直在文本的世界里穿行;文本也没有远离学生的现实情境,而是在与学生自我经验的融合中产生新的意义。语文课程标准强调阅读个性化,可以理解为阅读活动中的自我理解。比如,针对"文学阅读与创意表达"这一学习任务群,《义务教育语文课程标准》提出:"通过整体感知、联想想象,感受文学语言和形象的独特魅力,获得个性化的审美体验。"④"个性化审美体验",在解释学意义上就是学生在文本中发现自我、理解自我和建构自我世界的过程。

---

① [德]海德格尔:《在通向语言的途中》,孙周兴译,商务印书馆2017年版,第1页。
② [德]汉斯-格奥尔格·伽达默尔:《哲学解释学》,夏镇平、宋建平译,上海译文出版社2004年版,第58—59页。
③ 教育部:《义务教育语文课程标准》(2022年版),北京师范大学出版社2022年版,第45页。
④ 教育部:《义务教育语文课程标准》(2022年版),北京师范大学出版社2022年版,第26页。

第一，阅读的出发点是自我经验。由生活经验、知识经验在内的自我经验在文本里穿行，赋予文本以"自我"意识、"自我"色彩，类似于"以我观物，物皆着我之色彩"的移情。第二，阅读的过程是将文本的意义应用于自我的现实情境。那些经典文本，尽管创作的背景与学生的现实处境相去甚远，但是内涵于文本中的意义会与学生的当下情境发生一种关联，进而会推动学生思考文本意义对于今天自身生活的启发或影响，亦即文本要"为我所用"。第三，阅读的结果是自我经验的扩大。哲学家利科尔说，阅读就是在文本面前接受一个放大了的自我。在阅读活动中，学生的自我经验是向文本开放的，随着自我经验与文本意义的融合，彼此都上升到一个新的境界。对学生来说，他发生了变化，再也回不到阅读文本之前的那种状态了——阅读促进了他的生命成长。以自我经验作为阅读的出发点，让自我经验在文本的字里行间穿行，最终目的是实现自我经验的不断扩充。阅读就这样实现了学生成长与文本意义生成的相互促进。

就学生成长的角度看，阅读中的自我理解，是学生将文本中的语言符号化为自身的精神要素，在"你"的世界中重新发现"我"的过程。曹明海教授这样描绘阅读中的自我理解："在作品的解读过程中不禁心醉神迷，心灵高飞远举，超越现实的束缚而遨游在自由的广阔之域……使人恍然瞥见那平常被遮蔽着的人生的深层奥秘。"① 随着文本的展开，跳跃着的文字与学生的阅读经验融为一体，主体与客体之间的界限得以消除；不断展开的文本拓展了经验、升华了精神、更新了视域，而学生也以特有的视域和特有的阅读方式赋予文本以某种意义，与作者一起创造新的意义世界。此时，学生对文本的理解和解释，是在语言文字中把握自我世界、体验生命意义的一种方式，也是自身生命向文本世界的一种筹划和投射。

从文本意义的生成看，自我理解也是文本常读常新、生成新意义的活动方式。那些经典文本，为什么会对我们产生持久而深远的影响，是因为我们以自

---

① 曹明海:《文学解读学导论》，人民文学出版社 1997 年版，第 9 页。

我理解的方式在文本中发现和建构了新的属于"我"的世界。在阅读活动中，学生将"文本世界"与自己的生活世界联系起来，思考文本世界与生活世界的联系，从而让文本在新的生活情境中生成新的意义。《皇帝的新装》为什么会常读常新？就是因为这样荒唐的"闹剧"在每一代读者的生活世界里都会"上演"，而每一代的读者也自然会依据自己的经验读出自己的理解，作出自己独特的观察和思考。20世纪90年代，宁鸿彬在讲授这一课时，引导学生读出一个"骗"字，一个"私"字，从而让学生明白，骗局本不高明，只是人有了私心才甘愿受骗[①]；而在今天，窦桂梅则引导学生这样思考：为什么在现实生活中，大人们有时也会像文中的皇帝、大臣、百姓一样，经常会穿上虚假的"新装"？她启发学生，要将文本与我们的生活相整合，透过文章可以让我们看到"另一个自己"。学生通过阅读得出结论：不能为了面子、权力、虚荣而去说假话以致迷失自我，而是要回到"事情的本身"[②]。这就上升为一种哲学意义上的解读，"回到事情本身""回到每个人真正的自我"。这样看来，文本阅读就是因为文本世界与学生的现实生活建立起了联系，才上升为学生的自我理解，才产生了新的意义。所以有学者说，作为童话的《皇帝的新装》，由于洞悉人性的真相和人类社会的某些事实，所以能够与不同时代、不同地域的人产生深切的共鸣，这正是其生命力之所在。[③]

其次，再看言语表达中的自我理解本质。言语表达是一种生命表达，是学生将自身的需求、感受、体验以语言的方式传达给他人的过程，也是一种基于自我理解的意义解释与建构过程。在生存论意义上，人的生活即一种寻求理解和解释的活动。"解释学具有这样的任务：使每个本己的此在就其存在特征来理解这个此在本身，在这个方面将此在传达给自身，此在消除自身的陌生化。在解释学中，对于此在来说所形成的是一种以它自己的理解方式自为地生成（zu werden）和存在（zu sein）的可能性。"[④] 这意味着，每一个体的生活总是

---

① 宁鸿彬：《初中语文课堂教学实录选》，教育科学出版社2000年版，第17页。

② 窦桂梅：《回到教育本身——整合思维下的〈皇帝的新装〉》，《人民教育》2014年第2期。

③ 龚金平：《〈皇帝的新装〉：童话故事如何与当代社会对话》，《语文学习》2021年第6期。

④ ［德］海德格尔：《存在论：实际性的解释学》，何卫平译，人民出版社2009年版，第18页。

以自我的方式来解释和构建的生活，而所有的解释——无论对生活的解释还是对文本的解释——总是缘于每一个体的自身生活情境，我们的生活就是我们所理解与解释、"重构"与"想象"的生活。学生的言语表达，就是以语言的方式来解释生活，即学生要把自己所遇到的一切与自己既有经验、现实情境联系起来，以自己的言说方式对生活作出解释，甚至在特定的教育引导下还能将自我生活与人类生活的关系上升为一种审视、凝思状态。《义务教育语文课程标准》指出，"多角度观察生活，发现生活的丰富多彩"，"表达自己对自然、社会、人生的感受、体验和思考，力求有创意"。[①] 在解释学意义上可以理解为，言语表达要有"我"的存在、"我"的体验、"我"的思考。"自我理解"代表的是生活体验的深度、生活认识的高度、生活想象的广度。随着自我理解和认识的不断丰富，学生就有可能产生言语表达的冲动。黑格尔在谈艺术想象时说："理想的艺术作品不仅要求内在心灵显现于外在形象的现实界，而且还要求达到外在显现的是现实事物的自在自为的真实性和理性。艺术家所选择的某对象的这种理性必须不仅是艺术家自己所意识到的和受到感动的，他对其中本质的真实的东西还必须按照其全部广度与深度加以彻底体会。"[②] 其实，不单是艺术作品的表达或表现，一切事物的表达，都是这样，首先我们把语言纳入自身情境之中，形成自己独特的理解，然后才能把这一理解表达出来，在某种意义上说，就是要借助于它来表现"我"，力图对所表现之物达到广度与深度的"彻底体会"。

言语表达不但意味着要打通自我情境与所表达生活的关系，而且也意味着打通语言与所表达生活之间的关系。在哲学解释学看来，如果我们不能将所理解之物用自己的语言表达出来，那么就说明，我们尚没有达成对某物的理解，或者说尚没有上升为自我理解的层次。"在具体处理一个文本时，只

---

① 教育部：《义务教育语文课程标准》（2022 年版），北京师范大学出版社 2022 年版，第 15 页。
② ［德］黑格尔：《美学》（第 1 卷），朱光潜译，商务印书馆 2017 年版，第 358 页。

有当文本所说的东西在解释者自己的语言中找到表达，才开始产生理解。"①
可见，真正的言语表达，就是以自己的言说方式说出对所表达生活的"自我
理解"。

以上，我们从阅读活动、言语表达两个方面阐述了言语活动基于个体经验
的自我理解特征，那么，这也对语文教学提出了相应的要求。具体表现为以下
两个方面。

第一，语文教学要激发学生言语活动的"自我表现力"。自我表现，也就
是让学生在阅读和表达中充分认识自我、发现自我、理解自我，并把这种独特
认识、发现和理解诉之于外。"人有一种冲动，要在直接呈现于他面前的外在
事物之中实现他自己，而且就在这实践过程中认识他自己。"② 语文教学也应
当这样，无论是阅读理解还是言语表达，都要为学生提供自我表现的机会，让
其讲出自己在文本阅读中的独特发现、独特理解和新奇想象，讲出自己对生活
的独特观察、发现和体验，讲出想讲的话、能讲的话、敢讲的话。事实上，只
有真正的自我表现，学生才会在自己的言语活动中看到自身的力量，体会到言
语活动的快乐。当然，自我表现是借助于语言的表现，学生的生活体验、思
考、领悟要以他自己的语言表现出来，以自己具有个性特点的语言来表现他对
文本、对生活的独特理解。在语文教学中，自我表现一刻也不能离开语言的运
用。伽达默尔认为，学会一种表达"并不是指学着使用一种早已存在的工具
去标明一个我们早已在某种程度上有所熟悉的世界"，而是"获得对世界本身
熟悉和了解，了解世界是如何同我们交往的"，因为"我们总是早已处于语言
之中，正如我们早已居于世界之中"。③ 用什么样的语言来表达、如何表达，
本质上同如何来理解生活、理解自我是一致的，我们不仅仅把语言作为一种文
化符号，而且也要作为生存方式、思维方式的投射和反映。对学生来说，他的

---

① ［德］汉斯-格奥尔格·伽达默尔：《哲学解释学》，夏镇平、宋建平译，上海译文出版社 2004 年版，
第 58 页。
② ［德］黑格尔：《美学》（第 1 卷），朱光潜译，商务印书馆 2017 年版，第 39 页。
③ ［德］汉斯-格奥尔格·伽达默尔：《哲学解释学》，夏镇平、宋建平译，上海译文出版社 2004 年版，
第 63—64 页。

生活就是他以自己的视角所观察和理解的生活，以自己的语言和表达方式来反映的生活。教学的引导作用在于将学生的生活体验与言语实践打通，通过引导他对生活的深刻理解激发其言语表达的冲动，通过言语表达的引导来促进他对生活更深刻的理解。

第二，语文教学要引导学生从自我理解向"类经验"转化。言语活动中的"自我理解"并非意味着"我"总是处于作为私人的、个体的、日常生活小圈子的"我"，正如个体的生活经验总是要融入作为"类"的生活经验一样，学生的自我理解应当在教育引导下转化为对人类生活经验的理解。"自我理解也可以帮助一个人理解别人，同别人相处。如果说，全人类最本质的需要都是相同的，那么通过自我理解就可以达到对全人类的理解。"① 作为走向"自我实现"的人，他会越来越多地关注他周围的世界、他人的生活，在把握自我与他人的关系、自我与人类的关系中理解人类、理解大自然、理解宇宙。所以，语文教学既要引导学生从现实的、当下的自我处境出发去理解一个对象、一个文本，理解他所置身于其中的生活，但同时又要引导他走出狭隘的个体日常生活，理解自我与自然、自我与社会、自我与人类的关系。比如在阅读教学中，教师让学生推己及物、推己及人、推己及"类"，可以引导学生上升为更具普遍性的自我理解。窦桂梅引导学生阅读《皇帝的新装》时，在学生批判大人们爱面子、爱权力以及虚伪、口是心非之后，她进一步引导学生思考大人为什么要向说真话的孩子学习，一起探索解决问题的根本方法，即"回到事情本身"，回到"每个人真正的自我"。这就上升为对哲学命题的思考。就言语表达看，学生既要从他的生活经验出发，写他熟悉的生活，说想说的话、能说的话、敢说的话，说出他对生活的自我理解，还要从"小我"走向"大我"，进而思考"我与他""我与社会""我与世界"的关系，最终形成一种推己及人、推己及物的"大同情心"和"宇宙精神"。

---

① ［美］马斯洛:《马斯洛人本哲学》,成明编译,九州出版社 2003 年版,第 165 页。

二、作为自我建构的知识学习

语文知识，是语文课程内容的重要组成部分。广义上的语文知识，就是语文课程关于言语活动的概念、事实、原理、方法、技能以及蕴含在言语作品中的情感、态度、价值观等要素的总和。根据自我理解的观点，语文知识学习就是学生在经验基础上的自我建构。知识不是外在于学生的客体，而是自我建构的经验综合体，只有经过自我理解的知识才能成为学生自身的精神要素。

如何理解知识的自我建构特征呢？

第一，知识建构具有基于自我经验的动力性、创造性特征。经验既可能表现为对过去熟悉生活、已有知识的依赖，也可以是作为一种动力激发人的创造力。面对经验的双面性，我们不应当让学生停留在熟悉的经验里，而应当重视发挥其动力作用。在哲学解释学看来，理解之先，人总是具有一种意义预期，它穿行于理解对象之中，建构生成理解对象的意义。杜威在谈到经验的连续性时说："如果一种经验激起好奇心，增强创造力，并且使人树立起强烈的足以超越未来一切艰难险阻的愿望和目标，那么连续性的作用就完全不同了。"[①] 个体已有经验与作为"类经验"的知识，往往存在一种熟悉与陌生的张力，知识学习与理解就处在熟悉与陌生对立两极的中间地带上。直到学生将陌生的知识转化为熟悉的经验，自我经验与作为"类经验"的知识实现融合，知识才真正成为学生自身的经验要素。伽达默尔这样谈"生产性"经验：

> 他的经验的完满性，我们称为"有经验的"人的完满存在，并不在于某人已经知道一切并且比任何其他人更好地知道一切。情况其实正好相

---

① ［美］杜威：《我们怎样思维·经验与教育》，姜文闵译，人民教育出版社 2005 年版，第 257—258 页。

反，有经验的人表现为一个彻底非独断的人，他因为具有如此之多经验并且从经验中学习如此之多东西，因而特别有一种能力去获取新经验并从经验中进行学习。①

个体经验的动力特征，就在于个体不满足于已有经验，而是借助于已有经验指向知识经验的自我理解与自我建构，实现自我经验的更新。这是一种关系性、建构性的思维方式，而非实体性思维方式。从实体性思维方式来看，知识是一种固定的、客观存在的东西，知识学习的目的在于客观准确地掌握知识，这种思维方式忽视了学生的已有经验、学习的自身情境以及隐含在经验与情境中的动力结构，忽视了知识学习的自我理解与自我建构的过程性特征。依据关系性、过程性思维，学生的知识学习就是将未知的领域与他已有的经验建立起内在关联、形成经验的连续转换和融合。

语文知识教学，应当重视学生已有经验的动力特征，促进学生对语文知识的自我理解与自我建构。在教育学家王道俊看来，"知识的教育价值和实现知识教育价值的教学方式也有三个相互联系的维度"，即一是"知识的认知性教学"，二是"知识的理解性教学"，三是"知识的实践性教学"。② 认知性教学中的语文知识，既包括事实、概念、原理之类的知识，也包括学习方法之类的策略性知识。语文认知性教学，就是要引导学生认识和了解语言的基本特征和规律，例如语音、汉字、词汇、语法、修辞等概念性、陈述性知识，以及写字、解词、造句、撰文的一套方法性、策略性知识。理解性教学中的语文知识主要是情感、态度与价值观之类的人文性、价值性知识。这类知识，主要表现在对经典作品的意义解释、对写作对象的意义理解等。实践性教学中的语文知识主要是技能类的程序性、操作性知识。实践性教学就是让学生的语文学习在

---

① ［德］汉斯-格奥尔格·伽达默尔：《诠释学Ⅰ：真理与方法》，洪汉鼎译，商务印书馆 2010 年版，第 513 页。
② 王道俊：《知识的教育价值及其实现方式问题初探——兼谈对杜威教育思想的某些认识》，《课程·教材·教法》2011 年第 1 期。

真实的言语情境中发生。这三类不同的教学方式，都不能被视为客观的、确定的知识传递与接受的过程，而是学生在旧有经验基础之上的理解和自我建构过程，即学生将语文知识与已有经验、现实情境建立一种关联，实现语文知识对于自身成长的意义。这也说明，无论是基本知识的认知性教学，意义解释与价值建构的理解性教学，还是听说读写的技能性实践教学，都存在知识生成、建构的动态过程。只有在动态建构过程中，语文知识才会在学生头脑中鲜活起来、生动起来，才能内化为学生已有的经验结构，从而生成新的经验。《义务教育语文课程标准》针对"语音、文字、词汇、语法、修辞"等语文知识（即属于狭义上认知性教学的语文知识）提出的建议是，"在教学中应根据语言文字运用的实际需要，从遇到的具体语言实例出发进行指导"，还特别强调"避免脱离实际运用"的机械训练。① 对于认知性知识来说，我们教学的重点不是知识概念及其体系的记忆，而是在语言应用情境中发展学生言语能力。可见，课程标准强调的仍然是言语情境、言语实践对语文知识学习的重要性，从解释学意义上讲即学生在具体的"解释学情境"中对语文知识的自我理解与自我建构。教师应当为学生提供真实的言语情境，让语文学习在真实情境中真实地发生。《普通高中语文课程标准》同样强调在丰富的言语实践中引导学生"语言建构和运用"，"发展在具体语言情境中正确有效地运用祖国语言文字进行交流沟通的能力"。② 比如，有一位教师在学生高一时开展"小百家微讲坛"活动，让每一位学生"讲你所想，讲你所爱"；高二、高三时开展"看天下微视角"活动，引导学生关注"家事国事天下事"，聚焦"家国天下"的时事话题，谈自己的看法。③ 这样的教学可以理解为语文知识的实践性教学，教师并没有专门传授口语表达、文字表达等方面的语文知识，但通过创设语言运用情境激发了内含于学生经验中的动力结构，帮助学生实现了知识理解和应用的融会贯通。

① 教育部:《义务教育语文课程标准》(2022 年版),北京师范大学出版社 2022 年版,第 23 页。
② 教育部:《普通高中语文课程标准》(2017 年版 2020 年修订),人民教育出版社 2020 年版,第 4 页。
③ 蒋雅云:《让真实写作真实地发生》,《语文学习》2021 年第 6 期。

第二，知识建构具有基于自我经验的情境性、过程性特征。在语文教学中，学生获得作为结果的知识固然重要，而获得知识的学习、运用、体验过程却具有知识所不能代替的作用。苏霍姆林斯基讲过一个形象的比喻："如果把掌握知识的过程比喻为建造一幢大房屋，那么教师应当提供给学生的只是建筑材料——砖头、灰浆等，把这一切砌垒起来的工作应当由学生去做。"[①] 完成"大房屋"的"建造"是结果，而学生对知识的加工、处理、内化、生成是过程，对教学来说，建构这个"大房屋"的过程比建成"大房屋"这个结果更重要。动态的过程让知识鲜活起来、生动起来。正因为如此，苏霍姆林斯基的教学不是让孩子记住教材上的知识，而是让学生进行生动的创造，在大自然中、生活中理解词汇"极其细腻的感情色彩"，让词汇深入到儿童的精神生活里去，让那些知识在学生经验中鲜亮、鲜活起来，并构成学生生命的重要组成部分。"你要把自己的学生从书本和思考引导到活动，再由活动引导到思维和词。活动应当转变为学生自己的思想，而自己的思想则应当通过词表达出来。"[②] 可见，无论是语音、词汇、语法、章法的概念性知识，还是听说读写的技能性训练，都不应当是死的"行装"，而应当借助于情境化理解整合进学生的经验。知识只有融入学习者的经验，才能不断发展和加深，才能真正变成精神生活的因素。这样，知识在学生经验中作为动态生成和建构的"行动"转化为学生的情感体验之流，内化为其受用终生的核心素养。

促进知识建构离不开问题设计，离不开问题情境的创设。问题情境，是指学生遇到的因与原有经验不相符而产生探索解决问题心理需求的特殊场景或氛围。置身于问题情境的学生，如果突然发现原有的经验不起作用了、不能再利用原来熟悉的方法或思路解决问题时，他就会做出理解、解释的努力，产生新的求知欲望。比如，当学生习惯了小说叙事的传统分析方法，有头有尾、有起伏的故事情节，典型环境中的典型人物等，而突然置身于教师特意设计的小说叙事学分析的问题情境，像《孔乙己》《祝福》《社戏》等小说的叙事者、叙

---

① ［苏］苏霍姆林斯基：《给教师的建议》，杜殿坤编译，教育科学出版社1984年版，第218页。
② ［苏］苏霍姆林斯基：《给教师的建议》，杜殿坤编译，教育科学出版社1984年版，第43页。

事视角、叙事层次等，就会受到一种冲击和挑战，学生就会以一种新的思维方式来探求其中的奥秘。实际上，正是问题和问题情境激发起学生的学习动力，让知识学习成为一种深度探究。"问题的本质就是敞开和开放可能性。"① 问题及问题情境的创设本质上构成学生探求新答案、建构新知识、生成新意义的动力。在引导学生学习鲁迅的《雪》这篇课文时，我们可以通过创设问题情境让学生在经验的失衡、冲突状态中探求文本的深层意义。江南的雪是暖的、具有生命活力的、充满童真童趣的，而朔方的雪是冷的、孤独的，是狂风中升腾着的雨的精魂。这是课文内含的意义反差所带给学生的冲击，也由此形成学生的问题意识，使得学生不得不追问意义反差中所蕴含的深层意义。问题的提出意味着熟悉的经验遭遇陌生的世界，也表明了学生对陌生世界的好奇与进一步探究的愿望。"这只是人类同陌生的世界打交道时遇到的一种特殊情形，是同我们建筑于经验之上的预期的习惯次序'不合'的情形"，但是，"正如当我们在理解活动中取得进展时令人惊奇的东西便失去其陌生性一样，对传统的每一次成功的运用都化为一种新的、显然的熟悉性，使得传统属于我们而我们也属于传统"②。置身于问题情境中的学生，面对鲁迅的《雪》，反复揣摩"滋润美艳之至"的南方的雪，"闪闪地旋转升腾着"作为"雨的精魂"的朔方的雪，再联系作者写作的年代，就会有了新的理解：两个地方的雪，代表两种不同风格的美，但作者更喜欢"无边的旷野中""凛冽的天宇下"，孤独但蓬勃奋飞的朔方的雪，因为它代表的是不屈不挠的生命力和战斗力！学生在探究中解决问题，将那些原本陌生的、感到困惑的东西转化为自己熟悉的经验，这才说明他"懂"了。这里的"懂"并不是说学生在文本最初的意义或作者的写作意图上领会了它，而是说他将不符合自己已有经验的东西化为属于自己具有生气的存在，融入自己的经验，实现了经验的扩充和提升。

---

① ［德］汉斯-格奥尔格·伽达默尔：《诠释学Ⅰ：真理与方法》，洪汉鼎译，商务印书馆 2010 年版，第 423 页。

② ［德］汉斯-格奥尔格·伽达默尔：《哲学解释学》，夏镇平、宋建平译，上海译文出版社 2004 年版，第 25—26 页。

三、作为自我教育的"人文化成"

言语活动不只是单纯的听说读写，不只是语文知识的建构与生成，更是一种文化运动。我们可以把语文学习看作是学生置身于语言世界的文化呼吸：将传统的经典文化内化为自我经验，将自我经验融入文化传统，彼此融合成为一个更加宽广的文化视域。这是一个"人文化成"的过程，也是学生的一种自我教育方式。

首先，我们看自我教育与"人文化成"的关系。"观乎天文，以察时变；观乎人文，以化成天下。"尽管对文化的理解难以达成一致的认识，但是文化作为"人文化成"的化人、育人内涵而被广为接受。语言文字是文化符号，是一个民族认识和理解生活世界的价值体系和意义体系，体现的是一个民族的习惯、信仰、思维方式和价值观念。正是在这个意义上，母语被称为我们的精神家园。"语文教育与人类文化似血肉同构，融会成回旋激荡、奔突绵延的急流，传播、追寻和创造着人类的文化精神，为人类构造精神的家园。"①。语文教学本质上是一个文化过程，是将母语内在的作为"类经验"的文化引申到学生的个体经验，以母语文化滋养生命、激发智慧、提升境界、促进发展的"人文化成"过程。在哲学解释学看来，所有理解最终都是自我理解，一切教育归根到底都是自我教育。作为"人文化成"的语文教学始终渗透了学生的自我理解、自我教育，说到底，"人文化成"是将文化的力量转化为学生自我发展力量的"化育"过程。

既然"人文化成"的根本在于促进学生的自我发展、自我教育，那么我们就要引导学生在"承接圣典"的文化过程中发展其"自我精神"。有专家从文化学的角度概括出课程文化的要义，其中有两个方面对于我们理解语文课程文化具有深刻的启发意义：一是"承接圣典"（connecting to the canon），即

---

① 曹明海：《本体与阐释：语文课程的文化建构观》，山东教育出版社 2011 年版，第 274 页。

"让学生从主导文化典型的道德、理智、精神和艺术的资源中习得核心的知识、传统和价值，以作为生活的指路明灯"；二是"发展自我和精神"（developing self and spirit），即"让学生根据自我的兴趣进行学习，以便发展个人的潜力和创造力，并了解情感的自我和精神的自我"。① 对于语文教学来说，"承接圣典"，就是让学生接受作为"类经验"的经典文化的思想、情感和精神，将优秀的精神文化内化为学生的个体经验、精神要素和生命智慧，而"发展自我和精神"就是要让学生在经典文化的浸润、陶冶中发展自我精神。经典文化与学生个体之间，不是一种单向的传递关系，而是带有个体经验的相互交流、相互渗透关系。"文化价值的传承并不是一个被动的现象。只是阅读或聆听文化中的智慧，人们并不一定能变得更聪明。更确切地说，每一个人都必须和关于冲突、胜利及希望的文化叙事建立起个人联系，才能真正地获得文化知识。"② 从"承接圣典"到"发展自我和精神"是一种文化的融合，在言语活动中，学生一方面要倾听、理解、体悟那些蕴含在语言文字中人类的、民族的、传统的精神文化，另一方面也要思考、判断、评价这些精神文化对于今天生活的意义，以自我理解的方式勾连起过去与现在，以自己的言语方式创造具有时代特点的新文化。

作为文化传统的人类经验与作为个体经验的自我精神，最终融合为学生自我发展的动力、自我教育的方式。学生在阅读《离骚》时，不单单是为了理解屈原上下求索的心路历程，也是借以实现自我理解、发展自我精神：尽管人类生活不可避免地存在自我意识的矛盾、痛苦和挣扎，但依然要坚持自我的个性和对人身自由的追求。学生在阅读《孔雀东南飞》时，不单单是痛心于焦仲卿、刘兰芝的爱情悲剧，也是要探究悲剧背后的文化根源，进而思考和追求作为人应当具有的生命价值与尊严：超越爱情悲剧，走向对人的生命的伟大关怀。③ 这里不只是经典作品的常读常新问题，而是学生读出

---

① ［美］帕梅拉·博洛廷·约瑟夫等：《课程文化》，余强译，浙江教育出版社 2008 年版，第 14 页。
② ［美］帕梅拉·博洛廷·约瑟夫等：《课程文化》，余强译，浙江教育出版社 2008 年版，第 60 页。
③ 王富仁：《古老的回声——阅读中国古代文学经典》，四川人民出版社 2014 年版，第 95 页。

自我、理解自我、提升自我的言语实践方式；将自我经验置身于文化传承与传播的坐标轴上，经由充分的言语活动实现作为个体的"自我"与作为人类的"大我"的融合。

其次，我们看作为"人文化成"的语文教学。作为"人文化成"的语文教学，着眼于学生核心素养发展、生命意义建构，是以语言运用和建构为基础培养和提升学生思维品质、精神文化、审美能力等多方面素养的"文化实践"过程。从这个角度说，语文教学要超越工具性、技能性的训练方式，在文化性、情境性、过程性的言语活动中激发起学生自我发展的动力。语文教学的"人文化成"，就是坚持"以立言来立人"，引导学生在传承和学习经典文化中认识和理解生活，思考和体悟生命意义，在激发其热爱母语、文化的强烈情感中"发展自我和精神"。于漪在她的著作中对《最后一课》的两个教学片段作了比较，我们通过这一比较可以清楚地感受到什么样的教学才是以文化为根基、以促进人的自我发展为目标的"人文化成"：

A 老师叫学生在书上画出注释上有的词语，然后抄写几遍，把注释背出来；再画出有关法国语言最美的句子，抄在练习本上；要求学生看一遍（不作检查），接着完成《一课一练》。

⋯⋯⋯⋯⋯⋯

"⋯⋯啊！这是最后一课，我真永远忘不了！"某学生满怀感情地朗读深深感染了同学。"呛、呛、呛⋯⋯"，录音机里突然传出了十二下敲钟声，沉重，遥远。趁学生惊诧之际，B 老师出示了一张韩麦尔先生写完"法兰西万岁"两个大字后的彩色照片，要求学生图文对照，仔细观察，仔细阅读，要求学生在理解的基础上用饱含激情的语言描述课堂上庄严肃穆的场景，描述韩麦尔先生的神情、语言、动作及他内心的痛楚和期望，描述此时此刻小弗郎士的心情和感受⋯⋯[①]

---

① 于漪：《于漪全集 9：阅读教学卷》，上海教育出版社 2018 年版，第 49 页。

在 A 老师那里，语言仅仅是作为训练的工具在发挥作用，它是外在于学生的客体，难以融入学生的个体经验，也难以实现"人文化成"的教学目的，本来具有丰富文化内涵的语言文字被教师分解得支离破碎。只见文字，不见文化；只见文字，不见人心。B 老师的教学则截然不同。在 B 老师的课堂上，学生不只是在学习语言，也是在实践一种文化、共享一种生命意义。面对教师的问题启发，学生在追问：韩麦尔在想什么？他想说什么？他的动作能完全表达他内心的感受吗？小弗郎士怎么想？他要上前向老师道歉吗？钟声的响起仅仅是下课的信号吗？钟声会警醒小弗郎士的心灵吗？一系列的问题，撞击着学生的心灵，激发了他们更深刻的思考、更丰富的想象。我们应当"相信学生的动机是自我保持并自我强化的，教师的工作主要是允许每一位学习者的动机不断地自我强化"，"通过应用这一原则，教师可以针对每一个学生的内心世界，并充当学生内心世界和外部世界之间的桥梁"。[①] 教师需要在学生经验与文化传统之间搭建起沟通的桥梁，为学生的自我发展和促进文化向个体经验的转化创造条件。在这个案例中，B 老师就为学生搭建了这样的桥梁，学生有感而发，由衷地说出下面的话：

> 教堂的钟声，祈祷的钟声，普鲁士兵的号声，是驱赶韩麦尔先生出课堂出学校的最后信号，所以他难过到极点，脸色惨白……
>
> 他心里乱极了，他要和同学们作最后的告别，但痛苦使他的喉咙哽住，不能用语言表达。"我的朋友们啊"，说明他对同学、对镇上的人爱极了，留恋极了。
>
> 他只向学生做了一个手势，话也不说。其实，坐在课堂上的人心里都明白，韩麦尔被迫离开学生、离开家乡，痛苦极了。我觉得这里是"此时无声胜有声"。
>
> …………

---

① ［美］帕梅拉·博洛廷·约瑟夫等：《课程文化》，余强译，浙江教育出版社 2008 年版，第 96 页。

　　韩麦尔先生的神情、手势、语言、写的字使小弗郎士更加震动了，他一下子长大了，他从来没有这样敬仰他的老师，老师对祖国故土一往深情的热爱使他感动不已。①

　　作为言语实践活动，学生说什么、怎么说，不但与一个民族共同的价值观念、思维方式相联系，而且与其个体经验、自我理解也是密切相关的。B老师的《最后一课》课堂教学表明，学生把对文本的理解与自身的经验联系起来，以"我"的方式想象、描述那一时刻可能要发生的事情，这不只是言语训练，而且是将语言文字转化为学生成长的精神要素。德国语言学家魏斯格贝尔说："从个体来说，一个孩子从出生之日起就进入了民族语言流，他的母语决定了他一生的精神格局和语言行为。"② 以语言学习和运用来提升人的境界和格局，体现的是作为母语文化的伟大力量。但同时，教师又推动学生以自我体验、自我理解、自我精神参与其中，形成学生自我发展、自我教育的有效方式。

　　"人文化成"不是一种具体的教学方式，而是基于学生经验和自我理解以母语文化激发生命活力、促进生命成长，助推其自我教育的教学理念：一方面强调母语文化的力量，以母语文化来滋养学生的生命，奠定学生终生发展的精神根基；另一方面又要根植于学生的自我经验，促进他关于自我、关于民族、关于社会、关于人类的自我理解。语文教学，就是要建立起母语文化与学生自我理解的内在关联，搭建学生自我发展的桥梁和通道。

第三节　个体经验与自主创造

　　个体经验不会总是停留在熟悉的过去，它还具有面向未来的自我超越特征。本质上讲，个体经验就是带有开放结构、动力特征的经历过程，以及在经

---

　　① 于漪：《于漪全集9：阅读教学卷》，上海教育出版社2018年版，第50页。
　　② 申小龙：《汉语与中国文化》，复旦大学出版社2008年版，第44页。

历过程中形成的认识、感受、体验等的综合。顺应个体经验的动力性、超越性特征,语文教学应当引导学生创造性理解、创造性言语活动,借以培养和发展其创造性思维和品格。

一、创造性理解的教学意义

理解,是人的一种存在方式,也是一种言语活动方式。凡有理解总有不同。在言语活动中,学生以自己的方式理解生活、表现生活,理解文本、建构意义,当然也会具有不同的理解。当他表达新观点、阐发新意义时,也就意味着有可能上升为创造性理解。

在哲学解释学看来,理解也是一种解释和应用。解释,在其本来意义上,就是"不同语言的讲话者之间"的"中介",就是"在人和世界之间进行永无止境的调解"①。因而可以把解释看作是理解的表现形式。比如在理解一个文本、理解他人所说的话、理解我们周围的世界时,如果遇到困惑就会借助于解释,正是解释实现了理解。同时,解释也是一种应用,"正如理解和解释一样,同样是诠释学过程的一个不可或缺的组成部分"②。应用,就是理解者依据其自身的现实情境以不同的方式获得新的理解,或者将理解到的意义应用于自己的当下情境。与通常的理解不同,哲学解释学的理解、解释和应用是一种创造性活动。伽达默尔说:"本文的意义超越它的作者,这并不只是暂时的,而是永远如此的。因此,理解就不只是一种复制的行为,而始终是一种创造性的行为。"③ 理解不是一种复制,而是以不同的方式在理解的创造活动。这就赋予"创造"以更宽泛和更普遍的教学意义。在语文教学中,我们可以取

---

① ［德］汉斯-格奥尔格·伽达默尔:《诠释学Ⅱ:真理与方法》,洪汉鼎译,商务印书馆 2010 年版,第 425 页。

② ［德］汉斯-格奥尔格·伽达默尔:《诠释学Ⅰ:真理与方法》,洪汉鼎译,商务印书馆 2010 年版,第 436 页。

③ ［德］汉斯-格奥尔格·伽达默尔:《诠释学Ⅰ:真理与方法》,洪汉鼎译,商务印书馆 2010 年版,第 419—420 页。

"创造"的宽泛意义，即学生在言语活动中以其独特的理解方式所实现的文本"由无生气的意义痕迹向有生气的意义转换"、以其独特理解方式对生活所作的阐发和表现等，都是一种创造性言语活动。

首先，我们把握言语活动中"创造"这一概念的内涵。创造，就其本意来讲，是指产生有价值、有意义的新产品、新作品、新思想、新技术、新方法的活动，首创性、新颖性、独特性是创造的鲜明特点。但在教学意义上，我们不能以产生人类历史上从未有过的具有价值和意义的原创性新产品、新思想、新技术、新方法等作为学生创造性活动的判断标准，而是相对于学生本人及其所在的群体而言，以其在言语活动中的独特理解、独特视角、独特方法等作为评价标准。换一句话说就是，相对于学生自己或周围同学来说，他在言语活动中提出新问题、运用新方法、阐发新观点，或者通过变换角度或思路来思考问题、解决问题或产生新作品的心智活动，就是一种创造。教学意义上，创造性言语活动蕴含了一种以创造性思维为核心的创造力。学生生成文本新意义的阅读理解、产生具有创意性作品的表达活动等，既是学生自我理解方式的体现，也贯穿了他的创造性心智活动，可以称之为创造性言语活动。复述、翻译、朗读、背诵等言语活动，是否可以列入创造性言语活动呢？不能一概而论，如果这类活动仅仅是立足于言语信息的转换，不能体现学生独特的自我理解方式，那就算不上创造性言语活动；如果这类活动带有学生独特而新颖的理解，比如加入了他个人的联想、想象、情感、语调或其他个性特点等，就带有了创造性成分。比如分角色朗读、变换人称的朗读，"表演+旁白"式朗读，变换语体、人称、语调、顺序的复述，翻译中带有自己语气的意译，面向不同听众变换不同方式的背诵（如特级教师于永正让学生分别背诵古诗《草》给哥哥、妈妈、奶奶听）等，由于学生创造性思维的加入也就带有了创造性的成分。

其次，我们把握创造性理解对文本意义生成的作用。在解释学意义上，一切可被解释的对象，如文化传统、历史事件、人的生活等，都可以作为文本来解释。"在伽达默尔看来，对话结构不唯是精神科学的特征，'对话'中的'你'可以在一种广泛的意义上推及至一切被理解的对象。""在利科尔看来，

'文本'这一概念可延伸到一切被理解的对象，就理解的对象自身向理解者传递着大量的信息而言，一切对象和关系都可通过象征和比喻转换为符号和符号的关系体系，构成一套语言系统，在语言的结构中被理解与解释。"① 依据客观解释学，文本的意义是客观的，它对所有的人、所有的时代都会呈现出永恒不变的意义，作者意图是理解其意义的唯一依据。但是创造性理解则不同，它"解放"了文本，让文本获得了对不同时代、不同情境、不同理解者说出不同意义的"自由"。从这个角度说，文本会因为学生理解情境、自我经验、理解方式的不同而呈现不同的意义，也就是，它在新的情境中因为学生的参与而焕发了生命活力，生发出属于学生当下情境的新意义，而它的意义最终也构成了学生经验的一部分。

再次，我们把握创造性理解对提升学生主体意识的作用。在寻求原意的客观解释学那里，只有作者才具有决定性的力量，一个文本的完成，是作者创造的结果。如果要正确地理解这个文本，理解者就要走出自己的内心，重新再现或复制作者创作时的情境和意图。但是创造性理解则不同，学生理解文本的同时，也会参与创造文本的新意义，而文本也只有在被理解、被表现、被创造的过程中才能实现其存在的价值。所以，创造性理解是"从简单接受到批判性的理解，从消极的到积极的接受，从公认的审美规范到超越这些规范的新创造的永恒转变"②。自我经验、理解角度、解释学处境的不同，都可以让学生面对同一文本作出不同于他人甚至不同于作者本人的新解释。在创造性言语活动中，学生也是文本的"作者"，他同样是在以不同的方式在"创作"作品，是与原作者共同"创作""新的作品"。学生通过判断、推理、联想、想象，阐发作者想说却没有说出的话，或者揭示隐含在理解对象背后的某种缘由、哲理或发展趋势，如果没有一番主动探究的功夫，没有自觉的主体意识，很难实现这种创造性理解。

当然，创造性理解突出学生的主体地位，但并没有忽视文本作为意义之源

---

① 潘德荣：《诠释学导论》，广西师范大学出版社 2015 年版，第 71、75 页。

② 赵毅衡、傅其林、张怡：《现代西方批评理论》，重庆大学出版社 2010 年版，第 82 页。

的作用。在理解与解释的过程中，文本以其多种意义生成的可能性引导学生参与到与它的对话中，参与到文本意义的创造中，而学生只是将文本原本存在的多种"可能性"通过自我理解和创造性解释使之显现出来。这绝非"无中生有"式的改编或改造。在最根本意义上，创造性理解的空间仍是由文本提供的，它在寻求一个让其多种可能性实现的理解者。就这一点来看，"解释的空间是作品创造的，最伟大的东西是属于作品的，而不是属于解释者和读者的"①。只有作品具有意义解释的多种可能性，才会激发学生自我理解的创造性。因此，要辩证地看待创造性理解。强调创造性理解的本源在文本，对语文教学的启发仍然是重要的，那就是只有"依据文本""走进语言""贴着文字"组织学生的言语活动，才能真正培养其创造性理解的能力。

二、创造性阅读与创意表达

创造性言语活动，是依据创造性理解产生具有价值和意义的新观点、新方法、新作品的语言运用活动。《普通高中语文课程标准》提出的"探究性阅读和创造性阅读""有个性、有创意地表达""创造性的个性化的学习成果"②等，强调的就是学生言语活动中的自主创造。其中，创造性阅读和创意性表达，是具有代表性的两类创造性言语活动。

我们来看创造性阅读。什么是创造性阅读？当学生以自我理解的方式在阅读中发现新问题、建构新意义、获得新启示和新思想时，即一种创造性阅读。相对于作者意图来说，学生可能从文本中发现了作者始料未及的东西；相对于文本语言来说，他可能对文本中未曾表述的"意义空白"作了想象性填补；相对于其他读者的理解来说，他可能发现了其他读者所未想到的东西。选入语文教材的课文，以及课程标准建议阅读的经典性著作，作为"可写的文本"，

---

① 陈嘉映:《无法还原的象》,华夏出版社 2016 年版,第 111 页。
② 教育部:《普通高中语文课程标准》(2017 年版 2020 年修订),人民教育出版社 2020 年版,第 32—33、48 页。

为学生的创造性阅读提供了活动空间。根据著名学者罗兰·巴特的观点，文本可以分为"可读的文本"和"可写的文本"。就"可读的文本"而言，学生只能获取其中的信息，无法体验创造性阅读的快乐；而"可写的文本"，或者因它与其他文本存在广泛的互文性，或者文本自身所具有的意义丰富性，可以引发学生以其经验对文本意义进行不同程度的填补、改造或生成。基于文本而又超越文本，学生以其特有的理解方式激活了文本的生命力，发现或建构了文本的新意义。

再来看创意性表达。创意性表达，是学生基于对生活的理解所进行的具有独创性和新颖性的言语表现活动，即课程标准所说的"有创意的表达"。在写作的角度上，创意性表达即创意性写作。如果学生对所表现的生活或其他对象具有深刻的认识，上升为创造性解释，并产生了表达的冲动，从而把自己独特的认识、思考、体验以语言的形式表现出来，就可以称得上是一种创意性表达。当然，这里对学生独创性和新颖性的要求，与对作家创作的要求不同。作家的创作是相对于人类社会中已有的"类经验"而言，所创作出的是独特而具有价值的原创性作品；而学生的创意性表达，只要相对于他本人及其他学生而言，他能够在表现的生活或其他对象中获得新发现、新体验、新见解，并以语言的形式表达出来，虽然其作品达不到原创性要求，但同样可以称得上是一种创造。叶圣陶说："我们的作文，呕尽心血，结果与他人所作，或仅大同小异，或竟不谋而合；这种经验差不多大家都有。因此，对于学生作文，标准不宜太高。若说立意必求独创，前无古人，言情必求甚深，感通百世，那么，能文之士也只好长期搁笔，何况学生？"[1] 在语文教学中，我们提出创意性表达，并不是要求学生一定要写出前无古人的独创性作品，而是让学生经历创造性思考、表达的过程，目的在于培养和提升学生的创造性思维。比如德国某个版本的教材在写作训练方面，提出"敲击词语练习""即想即写练习""网式联想

---

① 任苏民:《教育与人生——叶圣陶教育论著选读》，上海教育出版社 2004 年版，第 307 页。

练习""捕捉创作灵感""使日常感受虚构化"等写作任务①，即让学生体会创造性表达的过程。写作训练的目的，是形成学生的创造性思维品质和培养其创造性表达能力。

从听说读写的整体性言语实践看，创造性阅读是创意性表达的基础和前提，阅读过程中信息的吸收和碰撞为创意性表达提供了条件，而创意性表达的独特性、新颖性可以促进学生创造性思维的形成，有利于学生多角度、有创意的阅读。正是在创造性阅读与创意性表达的循环转换中学生的创造意识与创造能力得以形成和发展。

创造性言语活动，无论是创造性阅读还是创意性表达，都可以作为一种重要的推动力参与文化传统的更新。在语文教学中，作为知识建构的学习、作为"人文化成"的阅读是把他人的、传统的东西引申向学生自我经验的建构和生成，而言语活动中的自主创造，是将自我经验引申向文化传统、他人经验，以自我经验为动力调整和改变文化传统或他人经验，以实现社会生活"类经验"的意义增殖。换言之，前者更多的是顺应文化传统或他人要求来改变自我，而后者则是强化自我力量，改变、创造新的文化或产生影响他人的力量。

当然，传统既有统一性、恒常性，又有多样性、流动性。就前者来说，文化传统以其强大的文化力量作用于每一个个体，改变每一个个体；就后者来说，来自不同文化传统中的言语作品以其不同的思维方式作用于学生，作用于每一个体学生的具体情境，有助于激发和孕育其创造性力量。在教育引导下，学生的创造性言语活动与其所置身于其中的文化传统构成一个交互作用的运动过程：在自我经验因文化传统的融入而扩充的同时，又可以作为一种创造性的力量作用于文化传统的改变和更新。尽管学生的创造性言语活动，未必像具有思想的作家那样为社会提供原创意义上的新作品、新思想、新的表现方法，但是它指向自身创造思维、创造精神与创造品格的形成，培养的是人的创造能

---

① 江苏母语课程教材研究所：《当代外国语文课程教材评介》，江苏教育出版社 2004 年版，第 271—272 页。

力。"写作者写出了文章，写出的又不仅仅是文章，而是作者自己"，"作者是他自己作品的产物"，"写作是某种自我制造或自我塑造"。① 最为根本的，创造性阅读和创意写作，可以培养和产生具有创造性思维和无限创造潜能的学生，而学生又以其创造精神和创造品格作用于文化传统的改变和更新。

三、创造性言语活动的教学

无论是创造性阅读，还是创意性表达，都需要教学引导。但是，"教育既有培养创造精神的力量，也有压抑创造精神的力量。教育在这个范围内有它复杂的任务"②。我们应当追求语文教学培养创造精神的力量，避免对学生创造性活动的束缚和抑制。"保护学生的好奇心、求知欲，鼓励自主阅读、自由表达，激发问题意识，引导他们体验发现问题、解决问题的过程"，还要"增强思维的深刻性、敏捷性、灵活性、批判性和独创性"③，《普通高中语文课程标准》所强调的，创造思维、创造能力、创造精神离不开创造性言语活动的教学引导。这里，我们从学生自我经验的角度理解和把握创造性言语活动的教学引导。

首先，引发"不同理解"中的创造性力量。学生基于不同的自我经验形成不同的理解，而其自我经验本身即蕴含了建构和生成新意义的动力要素。杜威说："经验不是一种呆板的、封闭的东西；它是充满活力的、不断发展的。当经验局限于往事，受习惯和常规支配的时候，就常常成为同理性和思考对抗的东西。"④ 教学引导致力于打破学生那些受习惯和常规支配的经验，发挥其自我经验中"充满活力""不断发展"的创造性力量，让学生从其已有经验中

---

① ［加］马克斯·范梅南：《生活体验研究——人文科学视域中的教育学》，宋广文等译，教育科学出版社 2003 年版，第 166 页。

② 联合国教科文组织国际教育发展委员会：《学会生存——教育世界的今天和明天》，教育科学出版社 1996 年版，第 188 页。

③ 教育部：《普通高中语文课程标准》(2017 年版 2020 年修订)，人民教育出版社 2020 年版，第 42、6 页。

④ ［美］杜威：《我们怎样思维·经验与教育》，姜文闵译，人民教育出版社 2005 年版，第 168 页。

产生不同于他人的独特理解，采取不同于他人的言语表现方式。叶圣陶以"吟咏风月、描绘山水"谈文字表现的生命力："主观的情思与客观的景物揉和，组织的方式千变万殊，自然每有所作都成独创了。虽然他们所用的大部分也只是通用的言词，也只是古今人这样那样运用过了的，而这些文字的生命是由作者给与的，终竟是唯一的独创的东西。"① 这也就是说，作为语文教学情境中的"创造"，不是多么困难的事情，只要是自己的独立观察、独立思考，只要是用自己的"生命力"来表现语言文字，那么也就是在独创属于自己的作品。就此来说，学生独特的自我经验，对于文本、他人、周围世界独特的"自我理解"，以及运用语言的独特方式，都会孕育创造性言语活动的契机。

钱理群教授在编写的《新语文读本》中，要求学生从不同的角度理解一个文本，从中发现新的意义。针对鲁迅的《论睁了眼看》一文，他这样建议：

> 不同的读者完全可以从不同的角度，用不同的方法去理解和把握同一篇杂文，关注其不同的侧面。就是同一个读者，比如我们自己，在不同的情况下——不同的年龄阶段，不同的知识水平，不同的环境，带着不同的问题……去读同一篇杂文，都会读出不同的意思和味儿来，即所谓常读常新。②

在文本阅读中，学生连同自己的经验一同带进了他所理解的文本世界，可能发现他人不曾发现的问题，提出他人不曾提出的问题，建构文本不曾说出的意义，运用别人不曾运用的言说方式，等等，就体现为常读常新的创造性言语活动。语文教学应当为学生创造和把握这样的机会，培养学生创造性言语活动的意识和能力。《黔之驴》，讲的是"驴"和"虎"的故事，为什么题目不叫"黔之虎"呢？作者究竟是讽刺驴还是讽刺"好事者"呢？教师把这些问题交给学生，让学生多角度思考，提出不同的理解，培养的是学生的创造性思维。

---

① 叶圣陶：《叶圣陶语文教育论集》，教育科学出版社 2021 年版，第 260 页。
② 钱理群：《语文教育门外谈》，广西师范大学出版社 2003 年版，第 313 页。

在《珍珠鸟》教学中，教师让学生化身小鸟的角色讲一讲自己的观察和感受，分别以小鸟和大鸟的角色来一次关于该不该飞出笼子的对话，这是在引导学生以其自我经验对文本所没有说出的东西进行想象性填补，培养的是学生的想象力和创造力。

其次，引发质疑批判的创造性力量。质疑、批判是"不同理解"中的一种理解，也是支撑创造性言语活动的一种思维方式。提出质疑和批判的基础是作为个体的独立思考精神，尽管个体和个体的独立性离不开他所生存的社会和文化传统，但是"社会的健康状态取决于组成它的个人的独立性"，如爱因斯坦所说："只有个人才能思考，从而能为社会创造新价值，不仅如此，甚至还能建立起那些为公共生活所遵守的新的道德标准。要是没有能独立思考和独立判断的有创造能力的个人，社会的向上发展就不可想象，正像要是没有供给养料的社会土壤，人的个性的发展也是不可想象的一样。"[1] 在教育意义上，培养能够独立思考的人，敢于质疑和批判的人，才会产生推动社会向上的创造性力量。

学生的语言学习，不是只有文化认同，还要有文化的反思、质疑和批判。母语教学的创造性力量，还在于以言语活动为载体培养学生的独立个性、批判性思维，激发其创造激情以及为未来社会负责的主体意识。正如文化传统、人类社会为学生的个性发展"供给养料"一样，学生言语活动中的独立个性、批判质疑也会作为创造性的力量作用于文化传统和人类社会。"要学习某种文化所能提供的最好的东西也意味着向这一文化认为最宝贵的信念和价值提出挑战，并意味着发展用以思考、解释和检验这些价值的理性工具。"[2] 当学生敢于向权威挑战、向教材挑战、向教师挑战，这意味着具有独立个性和强大精神力量的人的崛起。

作家冯骥才的《珍珠鸟》作为经典性文本，一直以来以其描绘的人与鸟和谐相处的温馨境界影响了一代又一代的学生，相关教材也要求学生"体会

① ［美］爱因斯坦：《爱因斯坦文集》（第3卷），许良英等编译，商务印书馆2017年版，第52页。
② ［美］帕梅拉·博洛廷·约瑟夫等：《课程文化》，余强译，浙江教育出版社2008年版，第61页。

'我'和珍珠鸟之间的情意"①，"人鸟和谐共处的氛围"②，可见作为文化传统的文本对读者的影响之深。但是，如果只是承接和顺应传统，而不去理解和思考另一种文化的智慧和经验，"他们就不可能拥有一个可用来批判性地审视占统治地位的信念和价值的立足点"③。语文教师郭初阳在这一课的教学过程中引导学生解读出完全不同的意义，以至于质疑作家冯骥才"囚禁"珍珠鸟的心理无意识状态：小鸟被囚禁而不自知，反以为安全、自在；人作恶而不自知，反而把囚禁作为欣赏把玩。④ 颠覆一个传统的结论，也就提出了一个新的思路，真正的人与动物、人与自然的和谐不是囚禁它、赏玩它，而是还它以自由，让它回归真正的"家"——大自然。这里的批判，就是在引导创造一种新的文化。

第三，引发多元文化中的创造性力量。经验在其本质意义上是一种否定性的经验，没有否定就没有自我更新。创造性教学可以通过为学生提供具有"历险性质"的多元文化来冲撞学生既有的自我经验和思维方式，促进他的自我否定和自我更新。对于言语活动来说，学生长久地生活和活动在以语言为载体的某种传统文化中，有可能产生"在家"的感觉，说自己熟悉的语言，固守既有的经验，按原来的习惯做事，就会形成自己的惰性思维，那么他观察、思考和言语表达的方式也可能成为某种文化传统的"俘虏"。对于语文教学来说，改变学生的惰性思维，强化其自我审视、自我反思的最好方式就是为他提供蕴含或渗透多元文化的言语作品。"为了使学生拥有一个在多元和互相联系的世界里生活的导航系统，这一课程文化必须获得主流世界观和主流文化叙事以外的其他的智慧源泉。"⑤ 作为异质的多元文化会以"他者视域"带给学生冲击力，进而改变他固守的经验和观点，提升他的思想境界和文化视野。

① 教育部：《义务教育教科书 语文》（五年级上册），人民教育出版社2019年版，第9页。
② 课程教材研究所、中学语文课程教材研究开发中心：《义务教育课程标准实验教科书 语文》（七年级下册），人民教育出版社2001年版，第196页。
③ ［美］帕梅拉·博洛廷·约瑟夫等：《课程文化》，余强译，浙江教育出版社2008年版，第78页。
④ 郭初阳：《言说抵抗沉默——郭初阳课堂实录》，华东师范大学出版社2006年版，第100页。
⑤ ［美］帕梅拉·博洛廷·约瑟夫等：《课程文化》，余强译，浙江教育出版社2008年版，第78页。

语文教师严凌君历经多年艰辛，编写了一套"青春读书课"中学系列教材，在以母语文化力量建构学生精神家园的同时，也提供了更多代表"他者视域"的多元文化。在读本《青春读书课·人类的声音》中，他引入了古希伯来《旧约全书》的《创世记》、摩西的《西奈山训谕》、古印度释迦牟尼的《鹿野说法》、耶稣的《登山训众》、中国的《礼记·礼运第九》，以及以"大同和小康"为题对孔子言谈的翻译等①。这个读本呈现给学生的是多元的文化、多元的世界，以及对世界的多元解释。学生的阅读犹如一次文化的旅行，他看到世界的不同面貌，了解到不同的思想观点，体会到不同的思维方式，从而更加深刻地懂得：正是这种多元文化共同构成了人类的精神家园；生活于其中的每一个人都可能会以自我理解的方式解释这个世界，创造一种不同于他人的新文化。实际上，经由学生的"自我理解"，所有的"他者文化"最终都成为"自我"的精神因素，并由此构成他发展自主创造、独立思考、批判质疑精神的新的力量。

"文化多样性是激发人类创造力和实现财富的最大源泉，这就需要以多种方式来看待这个世界。"② 语文教学，应当以开放的眼光为学生提供多样性的文化，让学生经历不同的文化，在多样性文化的冲击、融合中产生创造性力量。如同周游世界，在他经历过异域文化重新回到自己熟悉的地方时，他才懂得以"他者"的、"陌生"的眼光思考、分析、评判自己生活于其中的世界。这样的游历过程，蕴含了教师的教学思考，却不代替学生的思考，也不拘泥于自己的成见。正如钱理群教授所说，课程给孩子提供的是口味不一的精神盛宴，我们把各种不同的、甚至相互抵牾的思考、见解，都呈现在孩子面前，为他们创造一个尽可能开阔的思想平台，让他们独立地思考、自主地选择，而不是将我们自己的思考结论灌输给学生，更不是把我们自己的选择强加给学

① 严凌君：《青春读书课·人类的声音》（上），海天出版社 2018 年版，第 3、13、16、21、22、24 页。
② 联合国教科文组织：《反思教育：向"全球共同利益"的理念转变?》，联合国教科文组织总部中文科译，教育科学出版社 2017 年版，第 21 页。

生。① 多元文化，以文化的多样性、差异性，甚至彼此之间的矛盾，引起学生的惊异、警觉和反思，促使学生变换一种思考和分析问题的角度和思维方式，孕育不同于过去、不同于他人、不同于过去自己的新思考、新见解。这是承载多样性文化的语文课程的优势和力量。

从自我理解，到不同理解、多元理解，再到理解中的批判、质疑和创造，创造性言语活动最终实现的是学生的自我超越和自我更新。"当教育的使命是'替一个未知的世界培养未知的儿童'时，环境的压力便要求教育工作者们刻苦思考，并在这种思考中构成一幅未来的蓝图。"② 面向未来，创造性言语活动的教学引导，不只是教会学生"如何听""如何说""如何读""如何写"的言语方式，更是让学生在"听什么""说什么""读什么""写什么"的深度理解和创意表达中自觉培养创造未来社会的意识、责任和能力。

---

① 钱理群：《建构孩子自己的精神家园——读严凌君〈读书课〉系列教材》，《教师之友》2003 年第 6 期。

② 联合国教科文组织国际教育发展委员会：《学会生存——教育世界的今天和明天》，教育科学出版社 1996 年版，第 36 页。

/ 第二章 /

课程文本论

教师、学生、文本构成教学过程最基本的三个要素，"课程文本"与"学生经验"是教学中的两极，教师居于其间发挥引领作用。课程文本是指以课程标准、教材、课文以及其他言语作品等形式存在的理解对象，是教学内容的载体，是教师的"教本"、学生的"学本"。正确把握课程文本的概念，有助于形成师生的课程意识与课程理解范式。

第一节　课程文本的理论阐释

"理解当代课程领域，有必要把课程领域理解为话语（discourse）、理解为文本（text），并且最简单却最深刻地理解为语词与观念。"[①]文本，作为透视课程与教学的话语体系，对于课程建设与教学研究的启发无疑是非常大的。在哲学解释学看来，文本是在理解与解释过程中存在的，对文本的理解离不开解释者的现实处境；但同时，文本也具有它内在的意义和真理性要求，通过其内在的意义影响理解者的思想和解释方式。因此，既不可以因为强调解释处境及解释者的作用而

---

① 　［美］威廉·F.派纳等:《理解课程——历史与当代课程话语研究导论》,张华等译,教育科学出版社 2003 年版,第 7 页。

忽视文本的自身存在，也不能因强调文本的真理性要求而忽视解释者主体作用的发挥，这体现出哲学解释学的辩证法要求。语文教学，在同样重要的两极力量中间——作为具有丰富内涵意义和影响力量的文本与作为具有创造性理解能力的学生之间——发挥中介、调和与引领作用。

一、文本概念的历史衍变

文本并非一个有着统一理解的概念。从神学解释学作为权威存在的文本，到狄尔泰精神科学作为"生命表达"的文本，再到后现代主义宣称"作者死了"的文本，文本概念的内涵与外延处于不断的变化之中。不同的文本观对课程与教学产生的影响是不同的。

现代解释学鼻祖、德国哲学家施莱尔马赫追求解释学方法的普遍原则，解释的目标是追寻作者意图、避免误解的产生。"哪里有误解哪里就有解释学""要比作者本人对他的理解还要好地理解作者"的说法意味着重构作者意图的努力。在德国哲学家狄尔泰那里，文本有了自然科学文本与精神科学文本的区分，解释这两类文本的方法也就不同：自然科学需要的是"说明"，而"精神科学"需要的是"理解"。在狄尔泰看来，精神科学文本是作为"生命表达"而存在的，理解文本就是以体验、同情的方式，即通过"移情"把自己置入作者当初的创作情境之中，再创建作者原初的生活世界和心理世界。到了伽达默尔，文本概念发生了根本性的变化。"存在和客观性的全部意义只有从此在的时间性和历史性出发才能被理解和证明"[①]，对文本理解的前提条件就是解释者的自身处境及其"前理解结构"。这样，"文本"相对于作者的"作品"来说，获得了自身的独立地位，它不再是作为作者的所属物而存在，而是在被阅读、被理解的过程中存在，是读者与作者共同将"文本"变成了"作品"。当然，文本概念，在不同的解释学理论那里有着不同的内涵和外延，但总体的

---

① ［德］汉斯-格奥尔格·伽达默尔：《诠释学Ⅰ：真理与方法》，洪汉鼎译，商务印书馆2010年版，第364页。

发展趋势是，文本越来越倾向于脱离作者的束缚，而在阅读、理解和解释中获得新的生命力。伽达默尔指出：

> "文本"这个概念基本上是从两种联系进入现代语言的。一方面是作为在布道和教会理论中进行解释的圣经的文本，因此文本是所有注释的根据，而一切注释则是以信仰真理为前提。"文本"这个词另一种自然的用法是我们在与音乐联系中遇到的。在音乐中，文本乃是歌曲的文本，音乐词义解释的文本，就此意义而言，文本并非预先给定的东西，而是一种从歌唱过程中产生的东西。①

布道和教会理论中的圣经文本，是作为权威存在的，它代表的是作为权威的真理性要求。这样的文本被赋予神圣的意义，对文本的解释就是把握其中具有权威性的客观真理。与音乐相联系的文本概念，则是解释学意义上的文本。歌谱、歌词无疑是作为符号表征而存在的文本，只有在歌唱的过程中这些符号才被激活，显示出存在的生命力。因此说，解释学意义上的文本是在理解与解释的过程中存在的。这让我们想起王阳明关于"花"的存在的名言：你未看此花时，此花与汝心同归于寂；你来看此花时，则此花颜色一时明白起来，便知此花不在你心外。正如花的颜色在看花时"明白起来"一样，文本也只有在理解与解释的过程中才能绽放出它的生命活力。这也许正像读者反应理论所认为的那样：文本并非一个静止的客体，而是读者参与其中的事件。

既然文本可以成为"读者参与其中的事件"，那么文本便也有了"可读的文本"与"可写的文本"之分。在罗兰·巴特看来，对于"可读的文本"，读者处于被动的地位，要么接受它，要么拒绝它；而"可写的文本"则不同，它让读者成为文本的创作者，不只是做它的消费者和阅读者，也就是读者不是在阅读一个文本，而是在享受"参与写作"的快乐。

---

① ［德］汉斯-格奥尔格·伽达默尔：《诠释学Ⅱ：真理与方法》，洪汉鼎译，商务印书馆2010年版，第427页。

在利科尔那里，任何具有文本性质的、可以以一种"文本的形式用符号记下的活动"，也都是文本。例如，历史就可以被看成是一个文本。这样，文本就成了任何释义学探讨的对象，甚至人类存在的名称。① 这是就文本的外延来看。在内涵上，文本"就是任何由书写所固定下来的话语"②。利科尔特别强调书写，是因为作为书面文字的话语，使文本摆脱了说话时的具体情境，具有了独立于作者意图的自主性。书写，让文本与读者存在了时间距离，而这并非意味着陌生的鸿沟，而是一种意义的当下生成。但书写并非文本的唯一标志，随着文本外延的扩大，那些可供解释的符号系统甚至一切具有意义等待理解的对象，都可以被称为文本。由于文本与理解者之间的间距，理解者需要在新的情境中重新建构文本的意义。随着意义的重建，文本在新的语境中实现了它自己，这也是"占有"的过程：它被激活，成为新的自己；但同时理解者并不是把自己投进文本世界，而是在文本面前得到一个扩大了的自我——理解就是自我改变、自我更新的过程。

伽达默尔同样坚持，文本与理解者之间存在历史间距，但这并没有让文本放弃自己的真理性要求，它同样对理解者构成一种影响力；与此同时，理解者在理解过程中也没有放弃由文化传统所带来的"前见"，而是将自己的理解处境和"前见"一起带进了文本世界，于是他与文本的世界融合为一个新的整体，即所谓的"视域融合"。

二、课程文本的意义要求

文本概念的衍变对课程与教学产生了重要影响。学生学习的课程，越来越从"学校材料"（school materials）转向"符号表征"（symbolic representation），

---

① 张汝伦：《意义的探究——当代西方释义学》，辽宁人民出版社 1986 年版，第 250 页。

② ［法］利科尔：《文本是什么?》，引自洪汉鼎、傅永军：《中国诠释学（第七辑）》，山东人民出版社 2010 年版，第 12 页。

成为一种"文本"（text），① 于是课程也就具有了"文本"的特征。在这里，我们把语文课程标准、语文教材、学生学习的言语作品等视为语文课程文本的具体形态。作为文本的课程，既引导师生在新的情境中解读或建构意义，同时又具有自身的意义要求。"从作品到文本"的理论主张，尽管让作者意图淡化出理解的视域，但并没有否定文本自身的意义要求，只是这一意义要求未必来自作者，而是读者从中发现的与自身情境相关联的意义要求。就此来说，把课程理解为经验、理解为过程、理解为事件、理解为实践，强调了读者重建其意义的动态过程，但并不能忽视文本自身所具有的内在规定性。

课程文本的意义要求，体现在三个方面：学习的标准和目标，知识和文化的影响，作为言语典范的示例。第一，关于标准和目标。课程文本应当对学生的知识、能力、态度等方面的发展提出明确的要求，并具有相应的质量标准。比如《普通高中语文课程标准》中的课程性质、课程理念、课程目标、课程内容、学业质量等是师生课程实施的基本遵循，基于语文学科核心素养提出的学生语言建构与运用、思维发展与提升、审美鉴赏与创造、文化传承与理解四个方面的发展要求，也是引导学生言语活动的方向和目标。第二，关于知识和文化。课程文本作为母语文化，还表现为以其自身意义促进学生知识建构、精神成长的文化力量。在伽达默尔看来，那些上升为经典的文本总是具有一种持久的效力，它跨过历史的距离，对着不同时代的人讲话，向着具体的现实情境中的人讲话。所以解释一个经典文本，"不管我们是否意识到，我们其实都总是像苏格拉底的对话者那样，处在被询问并将自己打开和暴露出来的地位上"，这也就是，经典文本对学生的教化作用，就像苏格拉底对他周围的对话者发生影响一样。② 就语文课程文本来说，它必须为学生提供学习的内容，既包括概念、原理等事实性知识，也包括方法、技能等策略性知识，还包括那些陶冶情感、提升境界、建构精神的情感、态度、价值观等内容要素。当然，这

---

①　[美]威廉·F.派纳等：《理解课程——历史与当代课程话语研究导论》，张华等译，教育科学出版社 2003 年版，第 15—16 页。

②　张隆溪：《中西文化研究十论》，复旦大学出版社 2005 年版，第 183—184 页。

些内容要素并不是可以从文本提炼出来"放之四海皆准的真理",而是在特有的编排方式中呈现在教师的教学过程中、呈现在学生的学习过程中动态的意义要求,它为学生所领悟、感受到并进而与已有经验融为一体,积淀形成学生知识建构、生命成长的力量。第三,关于典范和示例。课程文本还以其典范性为学生的言语活动提供范例或样式,比如如何听说读写的言语表现方式。

　　基于以上的分析,我们来看到底应该"教教材"还是"用教材教"。这个观点备受争议的原因还是在于文本观的不同。有学者认为,"用教材教"意味着教材是作为手段而存在的,而"教教材"则意味着教材本身即教或学的内容和目的。随着课程改革的不断深化,"用教材教"的理念越来越受欢迎,"教教材"的提法受到冷落,甚至将"用教材教"作为教师具有课程意识的标志。实际上,"教教材"与"用教材教"原本就不是二元对立的。"只有在'教教材'的基础上根据教学实际灵活适当地'用教材教',才能使教学内容实现动态性生成与拓展。"① 教材作为课程文本的一种形态,既具有典范性价值,也具有其意义要求。尽管叶圣陶主张"课文无非是个例子",但丝毫没有降低教材或课文在教学中的价值和意义。他指出教材编选的"四事"即选文、作注、撰短文、出题目,皆是"影响及于修习语文之学生"的重要事情:"选文之际,眼光宜有异于随便浏览,必反复讽诵,潜心领会,质文兼顾,毫不含糊",而"欲一册之中无篇不精,咸为学生营养之资也";即便作注,也是通过"举一隅"以期待学生"能以三隅反",使"学生自诵其他文篇与书籍,将有左右逢源之乐";至于出题目上,则是不止"令学生思索、辨析、熟谙、练习",还要"通一册之诸课而为安排"与"通六册之诸课而为安排"。② 可见叶圣陶"课文无非是个例子"的说法,并不是把教材、课文当成手段,而是要求教材、课文文质兼顾,并起到"举一隅"能"以三隅反"的效果,这也正是教材、课文作为范例在提升学生言语实践能力过程中的作用。

　　好的课程文本就像一个好的故事,在内容与形式的完美结合中显示出它的

---

① 曹明海:《语文教学语用论》,广西教育出版社 2016 年版,第 212 页。
② 张定远:《重读叶圣陶·走进新课标》,湖北教育出版社 2004 年版,第 124—125 页。

无尽魅力。对于语文教学来说，课程文本是教学活动的基础，我们应当将那些"好的故事"讲给学生听，让课程文本以其作为母语文化、典范标准的影响力作用于学生，实现传统、典范与每一个具体情境中学生的视域相融合："对传统的每一次成功的运用都化为一种新的、显然的熟悉性，使得传统属于我们而我们也属于传统。"① 当"用教材教"成为一句流行口号，似乎要成为判断教师先进教学理念的标准时，我们仍然要保持清醒的头脑，看到教材、课文等课程文本对教育影响学生、促进学生发展所具有的不可替代的价值。"教教材""教课文"从来与"用教材教""用课文教"并行不悖，而且也只有"教教材""教课文"，才能真正发掘课程文本所负载的课程内容，才能实现语文课程建构学生"完满精神"的教化功能与提升学生语文素养的责任承担。

三、课程文本的存在方式

课程文本内在的意义要求表明了它在教学中不可替代的地位，但这并非意味着它是作为真理化身而存在的权威或一种普适性要求。从作品到文本，这一概念的演变本身即表明，文本已经具有了不同于作品的含义，作品是隶属于作者的作品，而文本则获得了自身的独立性。相对于作者来说，文本获得了独立的、新的生命。利科尔之所以强调文本作为书写的本质要求，也在于突出文本自身的独立性："语言一旦通过书写形成文本后，语言就具有了作者无法控制的含义，从作者那里获得了解放。"② 甚至认为，不必考虑作者的存在，只是阅读他的著作即可。

当然，这话存在一定偏颇，无论如何文本里不可能没有作者的声音，虽然作者的意图仅仅作为"多声部对话"中的一种声音在发挥作用。尽管如此，这一文本观念，对于语文课程文本来说，还是具有深刻的启发意义的。文本的

---

① ［德］汉斯-格奥尔格·伽达默尔：《哲学解释学》，夏镇平、宋建平译，上海译文出版社 2004 年版，第 26 页。

② 张汝伦：《现代西方哲学纲要》，上海人民出版社 2016 年版，第 402 页。

生命力并不依赖于当初作者创作时的情境，作为文字符号的文本，标志着作者与文本、文本与读者、作者与读者之间的距离。对于文本理解来说，不是克服这一历史间距以获得文本原初的意义，而是要根据读者的现实情境重建文本的意义，让文本面对"此在"的"我"讲话，就好像是特意为"我"讲的一样。伽达默尔不像利科尔一样，把文本的书写功能作为独立于作者的条件，而是在更宽泛的意义上，将口头的文本与书写的文本看作一样，是作为在解释情境中存在的文本，即无论是口头的还是文字的，在任何情形下文本理解都取决于交往条件，这一交往条件本身超出了被说出的东西的单纯固定了的意义内容；理解文本必定是以理解情境的特殊性为动因的。① 这正是伽达默尔文本观的辩证法，他从不否认文本自身的意义内容与其真理要求，但同时又明确获得这种意义或真理必须"以理解情境的特殊性为动因"，也就是文本意义必定在当下的、特殊的情境中才能得到理解。这就是文本与理解的关系。从这个意义上说，理解就是文本的存在方式，只有在理解中文本才能获得它的生命力。

当我们把课程作为文本来看待，那么课程也就走向了理解，走向了解释学的情境性关联。"文本概念只有在与阐释的关系中并且从阐释出发，才表现自身为真正被给予的东西，要理解的东西——这正是文本概念的特征。"② 从这个角度看，我们不再去追问课程原始的、本来的意义或本质，而是追问课程与我们的存在、与我们的现实处境有什么关系，无论是教师、学生，还是课程专家，都应当在特殊的、具体的自身情境中建立与文本意义的关联，在新情境中生成课程的意义。这样，以课程文本为载体的内容，无论是概念、原理、事实之类的语文知识，还是与学生精神建构、情感陶冶相关的文本意义，都要与学生特殊的情境相联系才能得到理解，与学生具体的、个别的生活经验相联系才能得到建构。尽管课程专家的意图会体现在课程文本中，但他的意图并不是为

---

① ［德］汉斯-格奥尔格·伽达默尔、［法］德里达等：《德法之争：伽达默尔与德里达的对话》，孙周兴、孙善春编译，商务印书馆 2015 年版，第 22 页。
② ［德］汉斯-格奥尔格·伽达默尔、［法］德里达等：《德法之争：伽达默尔与德里达的对话》，孙周兴、孙善春编译，商务印书馆 2015 年版，第 18 页。

控制学生理解而存在的，而是众多复杂的课程会话中的一种。学生理解课程文本，也不是为了追寻某种永恒的、普适性的，由课程专家或课程编制者所掌控的真理、规律或结论，而是在课程文本中生成自我理解，按利科尔的话就是"在文本面前获得了一个扩大了的自我"。由此，课程才会真正地走向教师，走向学生，教师即课程、学生即课程的理念才能真正得到落实。

四、基于文本的课程意识

课程作为文本，意味着师生既要遵循课程文本自身的意义要求，又要依据特定的理解情境建构和生成课程文本新的意义。这是课程理解的辩证法。在这个意义上说，教师的课程意识就是教师关于课程文本的看法以及解读和建构课程文本意义的观点、理念、思维方式等，它制约着教师如何理解和阐释课程性质、制定和落实课程目标、选择和建构课程内容、设计和实施教学方案、评价和保障教学质量等具体的行为方式。

那么，根据课程文本的特点，教师的课程意识应当包括哪些方面呢？第一，教师依据学生经验（学情）建构和生成课程文本意义的主体意识。学生经验和学习需要，是教师改造课程文本、重建文本意义的基本依据，这也意味着教师和学生一起进入到与课程文本的"会话"之中。走向理解的课程意味着复杂的会话，"会话一词则表示没有定论的、高度个人化的以及受兴趣驱动的人们在其中彼此际遇的事件"①。在会话中，课程以文本的形式描述一种"意义结构"，向作为理解者的师生开放，提出一个又一个的问题，而为了回答问题师生就不得不到课程文本中寻求可能的解答。这样，在循环往复地问答中，课程文本的意义不断丰富。因此，教师的课程意识就是根据学生的需要，与课程文本沟通、对话，并在沟通、对话中实现意义建构的主体意识。当然，这一主体意识还包括教师对存于师生自身以生命为载体的课程资源的开发意

---

① ［美］威廉·F.派纳等：《理解课程——历史与当代课程话语研究导论》，张华等译，教育科学出版社 2003 年版，第 868 页。

识，因为在建构和生成意义的过程中，师生的经验一直在发挥作用。叶圣陶讲："中学六年，假定要教三百篇文章，是否非教课本上所选的三百篇不可呢？不一定。不教课本上这三百篇，而另选三百篇也可以，只要文章是好的……"① 这可以作为叶圣陶"课文无非是个例子"的说明，即具有课程意识的教师可以根据学生学习需要对课程文本作出不同程度的重组或改造。第二，课程意识也是教师基于文本、遵循文本，将文本所代表的文化力量、典范示例来影响、发展学生的文本意识。作为文本的课程，具有它自身的意义，具有它的真理性要求。比如蕴含在课程文本中的知识技能、情感态度、学习策略等内容要求，提供给学生的言语活动的典范示例，以及体现在编排体例、教学设计中的方向引导等，在教学中都具有不可替代的地位和作用。叶圣陶在讲了语文课本"另选三百篇也可以"后接着指出，"当然，选入语文课本的文章，通过教学实践的检验，教学效果好的会越来越多，可以固定下来的篇目也会越来越多"②。这说明，作为文本的课程总要为学生提供适宜的学习内容，而且适宜的学习内容必定会蕴含在特定的、好的文本中，甚至具有某个方面的不可替代性。

教师课程意识的这两个方面，是相互联系、辩证统一的。具有课程意识，意味着教师以其自身经验解读文本、重建意义的创造精神，意味着教师不再被动执行课程计划、课程方案，而是作为主体改造课程、开发课程、生成课程的主动担当精神；但是所有的这些创造性、生成性的行为，都必须是在把握文本真理性要求的基础上进行，而不是抛开原有的课程文本作无中生有式的改造。这正是来自哲学解释学文本观辩证法的启示。有学者认为哲学解释学具有两副面孔，如日本学者丸山高司说："伽达默尔拥有相互相反的两副面孔。那就是保守与革新、形而上学与后形而上学、现代与后现代、普遍主义与相对主义这样的对立。"③ 在他看来，伽达默尔对文本意义的强调就是对传统、普遍的一

---

① 朱永新:《叶圣陶教育名篇选》,人民教育出版社 2014 年版,第 284 页。
② 朱永新:《叶圣陶教育名篇选》,人民教育出版社 2014 年版,第 284 页。
③ ［日］丸山高司:《伽达默尔——视域融合》,刘文柱、赵玉婷、孙彬、刁榴译,河北教育出版社 2002 年版,第 155 页。

种"归属性",而对"不同的理解""会话的无限性"的强调则表明了伽达默尔相对主义和批判性的立场。实际上,从对文本意义的重视到对理解行为的强调,并不是两副面孔,而是一种文本理解的辩证观。我们可以改造一下加拉格尔在谈"解释学的可能性"时所用的图表,来表示教师与课程意识的辩证关系:

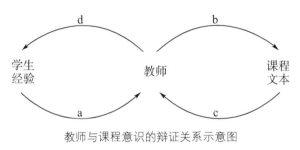

教师与课程意识的辩证关系示意图

该示意图标示了四条线路。a 线路表明,学生经验和学习需要是教师解读和建构文本意义的逻辑起点;b 线表示教师解读课程文本,是教师改造课程、建构文本意义的主体意识的集中体现;c 线是课程文本作用于教师,也是教师依据课程文本、遵循课程文本的文本意识的集中体现,同时 b、c 构成一个小循环,意指教师与课程文本之间不断循环的沟通对话以及文本意义不断丰富的过程;d 线是最关键的一步,表明教师将课程文本的改造、建构的意义等成果作用于学生,促进学生经验的改造和提升,同时学生与教师又构成一个小循环,师生经由以课程文本为中介的沟通、对话实现相互促进和提高。根据整体图示,课程意识就是教师基于学生经验、遵循课程内在规定,在设计和实施课程的过程中建构或创造课程意义,促进学生经验和教师引导之间循环提升的课程观念。

那么,随着教师课程意识的形成和强化,课程文本又应当如何适应师生的课程会话呢?当师生参与课程会话,课程就应当呈现"可写的文本"状态。"可写的文本"与"可读的文本"是一个相对的概念。"可读的文本",按罗兰·巴特的观点,我们要么接受它,要么拒绝它,不会具有"穿行于文本"的自由,难以享受到"参与写作"的快乐。只有面对"可写的文本",师生才会作为理解主体在具体情境中对课程方案加以调整或重设，对课程内容加以选择与编排，对课程资源加以开发和利用，对课程意义加以建构与生成。对于语文课程来说，教师当然要"教教材"，但同时又要创造性理解教材，灵活地运用教材，实现"教教材"与"用教材教"的统一。叶圣陶强调要把课文讲透，即让学生充分领会和消化文章内容，变成他们自身的东西，但同时他又告诉我们，课文无非是个例子，教师完全可以另选其他的例子来教，只要这个例子对于教学来说是好的。当然，作为"可写"的课程文本，是理想状态的文本，是具有足够的弹性空间待师生再创造、再改编、再建构的文本，但在实际上，师生面前的课程文本未必都能达到这种状态，也许会处于"可写"与"可读"的某个中间状态。尽管如此，一旦进入师生的理解视域，那些既定的作为"文本"的课程便会因师生理解情境、个体经验而经由一系列的增加、删减、更改或提升，成为再加工、再创造，具有多维意义空间的课程文本。作为具有课程意识的教师，在课程内容的选择、课程资源的重组、课程意义的创生等方面无疑具有重要作用，教师以其创造性智慧生成属于师生自己的课程文本，形成学生需要的课程内容与课程意义。

第二节　课程文本的意义建构

语文课程文本是语言符号的构成物，其特征更多地与语言的表达特征有关。在解释学意义上，语言既可能说出一些明确的东西，也可能暗示或意指一些隐含的内容，因而作为以语言符号为载体的文本也就存在可供师生理解和阐发的多维空间。从存在方式看，课程文本在师生的理解与解释中存在，只有理解与解释才能实现课程从"文本"向"作品"的转变。可以说，语文课程文本是"生产性"的、开放的和能够引发对话的，这是由它的特征所决定的。

一、文本未定性与意义追寻

文本具有"未定性",这是解释学美学与接受美学对文学文本特征的概括,本意是说,文本存在的"未定之域"与"空白结构"为读者带来重建文本意义的多种可能性。对于文学文本来说,那些在语言中获得再现的"意向性客体"有无数的"未决定的空间",它们"原则上不可能因象征性表达内容的有限充实而消除"。① 随着文本概念在课程应用中的不断深化,课程文本也不同程度地具有某些"未定性"特征。"当所有不同种类的文本都被认为是象征和寓言时,文本的隐晦对人构成的挑战便不可避免地成为智力和审美快感的源泉。"② 对课程文本来说,它在不同程度上存在的不确定性为意义建构和创造提供了空间。

语文课程文本,从理解主体看,可以分为面向教师的课程方案、课程标准、教科书、教学参考书等以教学文件方式存在的教学文本,面向学生经由教师重构旨在引导学生如何学习的课文、课外读物等学习文本。总体上看,这些课程文本都具有未定性特征,但会存在程度的不同。

课程标准、教科书、教学参考书之类的教学文本,尽管具有一定程度的确定性,比如对课程性质、课程内容、学习评价、质量标准之类的说明,但它仍然会留有可供师生发挥作用的空间。建构主义教学论强调,一门课程的核心内容应当被固定,因为一个相应的具有知识内容的教学将不可能,但应留有较大的允许改变和补充的空间;只有这样,才真正"有利于师生从不同角度去探讨客观世界,更能提供这样一个机会,使教师能够将其个人对于教学内容构想的经验知识投入到教学中去"③。这可以理解为课程内容与文本意义"确定性"与"非确定性"之间的辩证统一关系。比如语文课程标准列出的"整本书阅

① 张隆溪:《道与逻各斯》,江苏教育出版社 2006 年版,第 198 页。
② 张隆溪:《道与逻各斯》,江苏教育出版社 2006 年版,第 218 页。
③ 钟启泉、崔允漷、张华:《为了中华民族的复兴　为了每位学生的发展——〈基础教育课程改革纲要(试行)〉解读》,华东师范大学出版社 2001 年版,第 199 页。

读"等学习任务群，只是从总体上提出了学习目标、学习内容和教学建议，但具体的课程内容、教学策略、学习评价等的确定则留给了教科书编写以及教师的教学设计。就教科书看，那些存在于教科书里的课文系统、提示系统、作业系统、知识系统、图像系统，因为编排体例、组合方式、活动设计等方面的不同仍然具有"确定"与"不确定"的张力，这种张力对于教师来说，构成了一种追寻和确定意义的召唤结构。正如美国学者多尔所说，"一般的指导思想无论来自何处——课本、课程指导、州教育部、专业组织或过去的传统——都需要具有如下特点：一般性、宽泛性、非确定性"，而"确定性通过每一具体情境中被视为教育过程核心的课程发展过程来获得"，以此来"鼓励、要求教师和学生自由地通过相互作用发展他们自己的课程"。① 这时的课程文本不再是一种权威的象征，而是一种自由填补、解释、建构的框架，最终形成适合学生学习、具有多维意义空间的课程文本。

不只是教学文本是这样，学习文本同样具有"未定性"。就学习文本来说，无论是文学性文本还是非文学性文本，都会存在确定与不确定的张力：语言文字已经说出的东西具有一定的确定性，但同时又可能隐含了要说但尚未说出的东西。刘勰在《文心雕龙·隐秀》中说："情在词外曰隐，状溢目前曰秀。"说出的东西，就是在语言中得到突显的"秀"，"秀"并不只是显示出它自身的存在，而是要通过"显"的方式照亮那些未被表达、未曾显示的"隐"，也就是由"在场"的东西显示"不在场"的东西。伽达默尔说："作品的存在所形成的敞开和隐蔽之间的张力是显而易见的……艺术作品的真理不是意义坦然地明摆着的，相反，它藏得很深而且深不可测。因此，从其本质来看，艺术作品就是世界和大地、敞开和隐蔽之间的争斗。"② "争斗"这个说法，意在提醒我们注意文本"显"与"隐"之间的矛盾和张力。文本正是在确定与不确定、清晰与模糊、特指与泛指的张力中显示出更大的容量和意义建

---

① ［美］小威廉·E.多尔：《后现代课程观》，王红宇译，教育科学出版社 2015 年版，第 168 页。
② ［德］汉斯-格奥尔格·伽达默尔：《美的现实性——作为游戏、象征、节日的艺术》，张志扬等译，生活·读书·新知三联书店 1991 年版，第 109 页。

构空间。

在课程意义上，"显"与"隐"的张力所构成的"意义未定性"构成了课程文本的"召唤结构"，"召唤"学生主动追寻、建构文本中那些未被显示出的部分。文本中的意义空白、隐藏于字里行间若隐或显的暗示，期待学生参与对话、参与意义的追寻和再创造。于是，在这样的意义追寻和再创造中，文本意义有可能超越了创作者或教材编制者的原初意图，甚至超越文本自身的界限，源源不断地形成新的意义。从这个角度说，好的教学不是引导学生去看文本里有些什么，而是引导学生去思考、想象文本中所没有的东西。多尔说："一个好的故事，一个伟大的故事，诱发、鼓励、鞭策读者去阐释，与文本进行对话。好的故事应具有足够的不确定性以诱使读者参与到对话中来。"① 可以说，课程文本自身的确定性与未定性的张力构成了文本意义生成的动力，使课程从"文本走向作品"。文本与文本的解释者作为意义生成的两极力量以及发生于其间的交互作用实现了课程文本新的意义的再建和重构。

正如"文本的隐晦对人构成的挑战便不可避免地成为智力和审美快感的源泉"一样，师生作为课程意义建构的一极重要力量享受到的是意义建构和创造的快乐。比如米切尔·恩德的童话《犟龟》，写小乌龟决定参加狮王二十八世婚礼，不畏艰难险阻，凭着一股犟劲终于到达目的地，看到了狮王二十九世最美丽、最盛大的婚礼。童话本没有什么新异之处，学生从幼儿园到小学、中学可能多次听到这个故事，甚至讲过、表演过这个故事。但是当它经过重组、改造以新的"课程文本"形式呈现出来就不同了。作为由阅读提示、注释、思考题、附文等构成的课程文本，以其更多的未定性引发学生新的思考，比如小乌龟"犟"在哪儿？"小乌龟想了一天一夜"，它想了些什么？面对小乌龟一直说会准时赶到这一件事，若小猴子反问"这是狮王二十九世的婚礼呀"，假如你是小乌龟，你如何回答？课程文本还以附文的形式引导

---

① ［美］小威廉·E.多尔：《后现代课程观》，王红宇译，教育科学出版社 2015 年版，第 174 页。

学生阅读丁肇中的《科学发现的几点体会》："对自己应该有信心，做你认为正确的事情。"这样，新的文本以其内在的魅力引导学生去思考文本里已经说出的和没有说出的东西，于是文本与学生的阅读、理解构成了互动、对话、交流的"游戏"。小乌龟的"犟"是持之以恒的"韧性"，还是一意孤行的"任性"？那一天一夜它究竟想了什么？它如何去回答小猴子的问题？这些"隐藏"在课程文本里但没有说出的东西，是激活学生想象力和创造性思维的一种力量。

二、文本新异性与意义融合

新异性是指课程文本以其语言符号和某些特定组合形式带给师生新奇感和惊异感的特性。无论是课程文本的形式表现，还是课程文本的内容表达，都可以经过独具匠心的构造或意义表达产生某种新异性。

课程文本的新异性，源于俄国形式主义文论的"反常化""陌生化""奇异化"。什克洛夫斯基等学者说，艺术的手法就是事物的"反常化"，它增加了感受的难度和时延（长度）。[①] 这里的"反常化"是指通过艺术表达形式的技巧使那些已经习以为常的事物经历艺术变形，使我们对那些原本熟悉的东西具有了"好像第一次见到"的惊异感。后来什克洛夫斯基对"奇异化"进行了改造，跳出了纯粹形式主义的窠臼。他说："奇异化——就是用另外的眼睛来看世界。""奇异化——不仅仅是新视角。它是对新的、从而也是充满阳光的世界的幻想。"[②] 他评价托尔斯泰的创作："是为了看见一个未被描写过的世界而作的天才的努力。""陌生化"表现为作者以"另外的眼睛"发现"未被描写过的世界"，而作者把这个新异的世界呈现给读者后，就成为读者眼中"奇异化的世界——革命的世界"。在接受美学理论家伊瑟尔看来，文本的

---

① ［苏］维克托·什克洛夫斯基等：《俄国形式主义文论选》，方珊等译，生活·读书·新知三联书店1989年版，第6页。

② ［苏］维克托·什克洛夫斯基：《散文理论》（下），刘宗次译，百花洲文艺出版社2010年版，第331—332页。

"陌生化"就是"否定性"，它要渐次地、部分地否定读者所熟悉的那些标准、惯例、材料等等，而读者，由于文本的否定而处于"不再"和"尚未"的中途。那就是说，文本所提供给读者的东西与读者所熟悉的过去不一样了，它否定了存在于读者经验中的那些熟悉的东西，而这种否定作为一种建构性、生成性力量推动读者思考那些"不再""尚未"的原因。

在伽达默尔这里，文本的新异性已经不是单纯地指表现在文学文本中的形式技巧，而是指所有作为理解对象的文本在其内容与意义方面的"疏异性"，只是这种"疏异性"不是来自艺术的"陌生化"处理，而是文本自身所代表的传统与理解者之间存在的历史间距。亦即，不是我们有意识地让文本"陌生"，而是事实上就是这样，只要文本脱离当初的言语情境，它对理解者来说就具有了不同程度的新异性。来自文本的"疏异性"，并非理解的障碍，而是激发理解者化陌生为熟悉的积极性力量。历史上传下来的文本会与我们已有的经验不合，但在我们的理解活动取得进展时，"令人惊奇的东西便失去其陌生性一样，对传统的每一次成功的运用都化为一种新的、显然的熟悉性"[1]。所以，理解一直就处于陌生与熟悉的中间地带，不断地将那些新异的、惊奇的东西化为自身熟悉的经验。

这样，我们在更为宽泛的意义上来理解课程文本的新异性。课程文本的新异性，就是以其独特的表现内容或表现方式引起学生惊异感、新鲜感的特点。作为理解的对象，无论是课程方案、课程标准、教学参考书等教学文本，还是言语作品、课外读物等学习文本，在其内容、意义、表现形式等方面都应当具有不同程度的新异性，呈现给学生新的意义、新的观点、新的世界。以言语作品为例，就其内容和意义来看，新异性往往来自作者对人生、社会和世界的深刻洞察，以及源于生活而又超越生活的独创性，表现为文本中的别样世界、深刻思想、独特意义带给学生的冲击力、震撼力。比如，鲁迅作品的新异性。《狂人日记》《阿Q正传》《孔乙己》《药》《故乡》《祝福》等小说文本，读

---

① ［德］汉斯-格奥尔格·伽达默尔：《哲学解释学》，夏镇平、宋建平译，上海译文出版社2004年版，第26页。

来令人深思、愤慨、警醒、震惊……"从来如此，便对么？""他的态度终于恭敬起来了，分明的叫道：'老爷！……'"这里的新异性，对学生来说，不是难懂、晦涩的语言，而是具有独创性的文本所带给学生不一样的世界、不一样的批判力、不一样的惊异感。"读之如冷水浇背，陡然一惊"，读者进而开始反思曾经的、眼下的、熟悉的生活方式，构思和想象未来的、值得过的新生活。

文本的新异性也表现在语言表达、组织结构、写作手法以及不同文本的组合等方面，而这同样不只是培养学生对语言表达力、作品表现方式的鉴赏力，也是在激发学生思考生活、探求未知的创造力、想象力。比如，鲁迅的《狂人日记》，经由小序"余"的介绍后，便把叙事的任务交给了"狂人"。于是学生随着"狂人"的叙事视角看到了：这历史没有年代，歪歪斜斜的每页上都写着"仁义道德"几个字，然而满本都写着两个字是"吃人"！叙事视角的转换让文本呈现新异的、陌生化的一面，带给学生的是惊异感和震撼力。渥兹渥斯给自己提出的目标是："给日常事物以新奇的魅力，通过唤起人对习惯的麻木性的注意，引导他去观察眼前世界的美丽和惊人的事物，以激起一种类似超自然的感觉。"①引发学生对那些原本熟悉事物的惊异、警醒、反思和质疑，培养其敏锐的感知力、判断力和想象力，这是文本新异性对于学生的独特作用。

生命、生活本来就具有美妙而令人惊异的新鲜感，只是我们在其中待久了、习惯了，变得麻木，以至于熟视无睹、听若未闻。但是，语文教学不应再继续遮蔽学生的这种惊异感，而应当以语文特有的"陌生化"方式启发他们对生活、生命的新体验、新视野、新思维，为他们呈现一个"好像是第一次见到一样"的新世界。朱自清的《匆匆》，让本来最熟悉的时间刹那间成为陌生的存在："是有人偷了他们吧：那是谁？又藏在何处呢？是他们自己逃走了吧：现在又到了哪里呢？"读着读着，学生便也和作者一样"不禁头涔涔而泪

---

① 刘若端：《十九世纪英国诗人论诗》，人民文学出版社 1984 年版，第 63 页。

潸潸了"。安徒生的《皇帝的新装》，本来最简单的真相变成了最复杂的人性较量：并不高明的"骗局"却让所有的大人心甘情愿地"受骗"。文本的新异性，不只是一种表现技巧，在其教育意义上，就是对学生感知力、思维力、想象力的唤醒。正像黑格尔所说的"隐喻"一样，如果某种隐喻用得久了，不能再唤醒最初的感性意义时，"就有必要通过诗的想象去制造新的隐喻"，而"隐喻词的意义和目的一般在于适应思想和情感的强烈力量和要求，这种思想和情感不满足于简单平凡和呆板乏味，而要跳跃到另样事物，玩索差异，异中求同，化二为一"①。语文教学不应当也是这样引导学生在平常的事物、日常的生活中发现不同寻常的意义吗？

当然，我们也要承认，再新异的课程课本，也总是会带有某些熟悉的影子，学生从中可以联想到自己某些类似的经验。这也是陌生与熟悉的辩证关系。对教师来说，把握课程文本的新异性，让学生的理解处于陌生与熟悉的中间地带，既是贴近学生"最近发展区"的需要，也不失为一种好的教学策略：以新异激发好奇，以熟悉化解陌生。这个过程就像伽达默尔所讲的"语言中持续的个体化倾向"与"语言通过惯例来规定意义的倾向"："我们从来不可能离开语言的惯例太远：一个说着无人能理解的私人语言的人根本不能算说话。但从另一方面讲，一个只按惯例选择词、句法和风格的人就会失去他讲话的力量和感召力，这种感召力只有随着语言词汇及其交流方法的个体化才会出现。"② 文本的新异性作为对学生理解的召唤力，引导学生突破旧有的惯例、反思熟悉的生活，而学生的理解则是将这种异己的力量化为自己的经验，实现新旧视域的融合。因此，处于陌生与熟悉之间的理解，是克服新异性、陌生感进而提升自我理解、自主创造能力，促进自我发展的动力性因素。伽达默尔说："艺术品与我们打交道时带有的亲近性同时却以谜一般的方式成为对熟悉的破坏和毁坏。在快乐的、惊人的震荡中揭示出的不仅是'汝乃艺术!'；艺

---

① 黑格尔:《美学》(第 2 卷),朱光潜译,商务印书馆 2017 年版,第 129—130 页。

② [德]汉斯-格奥尔格·伽达默尔:《哲学解释学》,夏镇平、宋建平译,上海译文出版社 2004 年版,第 87 页。

术还对我们说：'汝须改变汝之生活！'"① 对语文教学来说，不只是艺术作品，经过重新设计、编排和改造的课程文本，也是这样，学生在经受课程文本"快乐的、惊人的震荡中"懂得了"改变身处其中的生活"道理。毕竟，我们教育的学生是未来社会的新人，应当具有反思现实、面向未来的精神和意识，而这也正是教育的"超越性"在语文教学中的体现。

三、文本互文性与意义拓展

互文性，是指不同的课程文本之间所具有的相似、相关、相异的关联或映射。可供学习的任何一个文本都不可能是孤立的、独自存在的，而是充斥着其他文本的话语和声音。从文本的作者来看，任何一个作者总是在与其他作者的对话中开始创作的，他深受置身于其中的文化传统的影响，是在与他人尤其是其前代作者的交流、对话中完成文本的。正如克里斯特娃所说："任何一篇文本的写成都如一幅语录彩图的拼成，任何一篇文本都吸收和转换了别的文本。"② 从文本的读者看，每一个读者都会根据自己的经验从一个文本中发现其与另外文本的关联，读者的阅历、见识越丰富，他发现的不同文本之间的关联性就越多。罗兰·巴特的《从作品到文本》让文本脱离了作者的限制，提出了作为"互文"的、"可写"的文本概念："文本不是若干意义的共存，而是一个过程，一种过度交叉……每个文本都依存于互文状态，互文本身存在于一文本与另一文本之间。"③ 随着电子传媒时代的到来，文本间的关联性不再单纯存在由文字符号构成的纸质文本之中，纸质文本与以网络、视频、音频等为载体的电子文本共同构成了广泛的互文性关系。我们可以把一组具有互文性

---

① ［德］汉斯-格奥尔格·伽达默尔：《哲学解释学》，夏镇平、宋建平译，上海译文出版社2004年版，第105—106页。

② ［法］克里斯特娃：《符号学，语意分析研究》，引自［法］蒂费纳·萨莫瓦约：《互文性研究》，邵炜译，天津人民出版社2003年版，第4页。

③ ［俄］O. A. 克林格：《当代文学学中的文本："有边际文本"和"无边际文本"》，引自周启超：《外国文论与比较诗学》（第3辑），知识产权出版社2015年版，第8页。

关系的文本称为互文本。随着文本概念的进一步泛化，我们理解的对象，如生活中的事件、社会上的现象、人们的行动等，也会作为文本进入理解，而这些理解的对象也具有了互文性，因为我们所经历、面对或思考的任何一个事件、一种现象、一个行动，可能不止有一种看法、一种声音，我们总是可以从不同的渠道以不同的方式听到不同的声音。互文本的范围在不断扩大。

以互文性的观点来看待语文教学，同样发现课程文本彼此之间的多层次关联或融合：每一篇选文、每一个由不同选文组成的单元、不同版本的教科书，以及相关的电子文本，甚至围绕某个主题组织起来的综合性实践活动等，都会存在互文性。文本的互文性，是文本开放性的表现，也是邀请学生参与意义创造的召唤结构。好的教学可以让学生经由联想、想象、思考参与到文本意义的"编织"之中，建构和生成文本的新意义。在其原本意义上，文本即是一种"编织"。罗兰·巴特从文本一词的本义"编织"指出，文，就是织品或者编物，文的意思是"织物……如今我们以这织物来强调生成的观念，也就是说，在不停地编织之中，文被制就，被加工出来"①。基于互文性，互文本的意义既可以来自群文阅读，也可以来自相互启发和借鉴的创意性写作。这里，我们以互文性阅读为例谈一下教学引导的策略。

第一，基于相近、相似主题的互文本，建构学生的精神世界。大多教材单元或专题活动是以相同、相近、相关的主题将不同的篇目和其他形式的文本组合在一起，如果我们有意识地以共同的主题作为聚焦点，就会将这些单元或专题活动的材料转换成一组具有教育教学意义的课程互文本。如某版本语文教科书的一个单元，将茨威格的《伟大的悲剧》、杨利伟的《太空一日》、刘慈欣的《带上她的眼睛》等篇目放在了一起，构成了一组课程互文本，而这些不同的文本可以在达成课程目标的过程中交互作用。如果我们没有互文性的眼光，仅仅将这些课文作为传记文学、自传记事、科幻小说等不同文体的文本来教学，那就弱化了互文本的育人力量。但是如果我们抓住这一组互文本的关联

① ［法］罗兰·巴特:《文之悦》,屠友祥译,上海人民出版社 2002 年版,第 76 页。

词——探险，发挥不同文本的交互作用，那么教学将在多层次、多声音的立体交织中形成学生精神建构的合力，即激发学生面向未来世界的求知、探索、冒险和担当精神。这样教下来，不同的文本共同阐发人类社会的一个永恒命题：人类为什么需要探索精神。再进一步，我们以探险为主题，以《伟大的悲剧》为主文本，辅以其他互文本，或者提供相关的影视文本，如记叙中国登山队两次登顶珠穆朗玛峰的探险电影《攀登者》、根据刘慈欣的小说《三体》改编的科幻电影《流浪地球》等相关片段，就能够更加突出互文本的教学意义。纪实性叙述和描写、富有想象力的科幻小说和电影，让学生进入到一个多维、立体的探险世界，从而深切地感受到，人类发展史就是一部探险史，不只是向极地、太空、高峰等未知领域挑战，也是人类在向自身的极限挑战。这样，基于互文性的教学，实现的是学生精神的充盈、视野的开阔和境界的提升。

第二，基于相关、相对主题的互文本，培养和提升学生的思维品质。一个文本与其他文本，或多或少地存在某种关联性，能否利用这些关联性，将学生带进文本意义"编织""创造"的过程，教师的教学引导至关重要。教学引导不只是让学生与作者一起"编织"文本、建构意义，更要注重在意义建构过程中培养和提升学生的思维品质。某版本教科书的某个单元，以"狼"作为文本之间的关联，提供了一组互文本的专题活动。"阅读思考"一栏有两篇课文，蒲松龄的《狼》、毕淑敏的《母狼的智慧》；"参考资料"一栏附有《中国大百科全书·生物学》"狼"的词条，客观介绍狼的习性，配有插图《狼与狗》（辅以文字说明——"狗的祖先是狼，狼经过人类的长期驯化而成为狗"），知识短文介绍"狼和鹿"的生态平衡；"思考质疑"一栏，让学生思考一系列关于狼的问题，其中有"比较一下另外一些民族对狼的态度，你能从中获得什么启示"的问题；"讨论研究"一栏，让学生搜集资料，撰写关于狼的小论文和调查报告。这一组课程文本，包括知识短文、插图等，构成了真正课程意义上的互文本，因为它围绕共同的研究对象狼，让学生通过查找资料、阅读文本、发表演讲、撰写文章等言语活动，走进狼的世界。比如，以文学语言的方式讲述关于狼的故事，或赞美它，或嘲笑它；以科学的、客观的语言来介绍关于狼的民俗文化、科学知识；以理性的态度提出关于狼的生态保护问题；等等。这样，作为具有互文性的课程文本召唤学生与老师、其他同学一起搜集和创造更多关于狼、狼性，以及狼与人、狼性与人性的故事。这里，"狼"并不是学生学习的课程内容，但是经由"狼"的思考和言说所培养的辩证性、创造性、批判性等思维品质，以及言语能力的提高，成为课程互文本解读和意义建构的目的。

不仅如此，我们还可以基于观点或主题相互冲突的互文本，引导学生理解不同文本之间的批判与反批判的关系，促进其深度思维、深度学习，进而启发他们理解批判也是一种创造性力量的道理。比如，郭初阳在教学冯骥才的《珍珠鸟》时，为学生提供了筱敏的散文《鸟儿中的理想主义》片段、伏契克的纪实文学《绞刑架下的报告》片段、茨威格的小说《象棋的故事》片段、司马光的诗《放鹦鹉》、欧阳修的诗《画眉鸟》，以及电影《肖申克的救赎》《群鸟》的片段。① 这一组文本的关联词是"囚禁"，但对"囚禁"的观点截然不同，它们之间在阅读与理解中构成了批判与反批判的关系：是像冯骥才那样欣赏"囚禁"在笼子的小鸟、享受"这小家伙的情意"，还是放飞小鸟还它以飞翔在大自然中的自由呢？人与鸟、人与动物、人与自然真正意义上的平等与和谐应该是什么呢？对于人来说，追求的生命自由又是什么呢？正是基于相反、相异的互文本，才会让学生有了深度思考，进而形成其反思和批判精神。

基于互文性的互文本教学，对教师和学生提出了更高的要求。对教师来说，我们必须善于发现和构建互文本的关联点，即文本之间的内在关系，而这种内在关系的发现和构建要着眼于学生的言语能力、思维品质、审美情趣、文化理解等核心素养的培养和发展。从广义上说，任何一个文本都具有互文性，我们总是能够找到它与其他文本千丝万缕的关系，但在狭义上，这一文本与其

---

① 郭初阳：《言说抵抗沉默——郭初阳课堂实录》，华东师范大学出版社 2006 年版，第 84、88、91、92、95 页。

他文本的相似、相关、相对的关系以及彼此间的交互作用，必须基于学生经验和具体的教学情境，也就是说，狭义的互文本是具有教学意义的互文本。比如，钱理群教授编写的《新语文读本》，为学生提供了四篇爱因斯坦写的短文。这四篇课文内在关联在于它们的教学意义，如他的阅读建议："首先要理解他，弄清楚他的基本观点。……然后，请用自己的脑子进行分析和独立判断。爱因斯坦的哪些观点是你能接受，甚至信服的……哪些是你不能理解的……哪些是你不能接受，或有疑虑的，可以提出不同的意见。——即使是在占据世界高峰的巨人面前，也要保持你自己思想与人格的独立性。"[①]可以看出，以立言来立人，才是这一组互文本构建的意义和目的。善于利用互文本的教师，能够打破教材的原有单元，依据自己所理解的"互文性"特征重新组织安排教学内容，借以强化言语能力训练与人文精神的培养。比如，有位教师将教材中不同单元的不同文章抽取出来，合并成为一组互文本，冠名为"家园"。因为他发现，这些文章或表现自然世界的美，或揭示人与自然的关系，或呼吁人类保护自然，互为关联、层层递进地构成了一组具有互文关系的"群文"，不仅如此，他还根据这样的主题为学生增加了一个电影文本《家园》。[②]可见组建什么样的互文本、呈现什么样的主题、引导学习什么样的课程内容、突出什么样的教学意义，体现的是教师的胆识和眼光。

课程文本的未定性、新异化、互文性，作为课程文本的三个特征，让文本具有了更多的空白性、暗示性和召唤性，具有了更多的意义阐发空间和更多的解读可能性，对于引导学生参与文本意义的建构，开发课程文本的意义空间，培养学生语言感受力、表达力及创造精神、反思和批判意识，都具有重要的价值和意义。因而，把握课程文本的特征，在教学中建构属于教师的教学文本、属于学生的学习文本，是提升教师课程意识、培养学生主体精神的必由之路。

---

① 钱理群：《语文教育门外谈》，广西师范大学出版社 2003 年版，第 315 页。
② 蒋军晶：《瞧！这样的语文有意思》，浙江大学出版 2017 年版，第 2—3 页。

第三节　课程内容的建构与生成

课程方案、课程标准以及以教科书为主体的教材等课程文本，或明确了课程内容确定的原则，或建议了课程内容选择的方向，或负载了某些特定的课程内容，但是这些课程文本本身并不是课程内容，而是课程内容的载体。从以课程文本为载体的课程内容到以师生经验为载体的课程内容，是一个不断选择、建构、生成的动态过程。教师与学生一道在"教文本"与"用文本教"的辩证统一中实现课程内容的建构生成。

一、"用文本教"中的课程内容

课程内容与教学内容，并不是两个不相关的概念，而是对教师"教什么"、学生"学什么"在不同的教学情境中的表述。"教文本"与"用文本教"，也不是彼此无涉的教学行为，而是选择和确定课程内容的两种不同方式。我们既要强调教师在"用文本教"的过程中生成课程内容的教学智慧，也要重视发掘蕴含在"教文本"过程中的课程内容。

第一，从课程与教学的关系理解课程内容。语文课程内容，是指语文学科关于言语活动的知识、技能、方法、策略以及蕴含其中的情感、态度和价值观等要素的总和。有学者认为，课程内容与教学内容不同。其中，语文课程内容是课程层面上的概念，在这个层面上确定课程内容是课程研制者的事，他们根据课程目标要求建议语文课程"一般应该教什么"；而语文教学内容则是教学层面上的概念，是指在具体的教学情境中为实现课程目标"实际上需要教什么"和"实际上最好用什么去教"。[①] 尽管分成两个层面来理解不无道理，但

---

① 　王荣生:《语文课程与教学内容》,教育科学出版社 2015 年版,第 21—22 页。

是从课程文本与师生经验的关系维度来看，还是在课程与教学一体化的角度来理解课程内容才能更好地激发课程与教学的活力，正如《普通高中语文课程标准》所说，要通过更新师生的理念来"提高课程开发与设计的能力，实现教师与课程同步发展"，鼓励学生"自主选择学习内容和学习方式"。① 实际上，"课程作为教学事件"与"教学作为课程开发过程"是一个问题的两个方面，"课程不再只是一些于教育情境之外开发出的书面文件，而是师生在教育情境中共同创生的一系列'事件'，通过这些'事件'，师生共同建构内容与意义"②。从动态过程看，课程层面"教什么""学什么"的规定或建议，到教学层面"教什么""学什么"的设想或方案，再到具体教学情境中实际"教了什么""学了什么"，体现了课程内容选择与生成的联系性和过程性，也体现了教师、学生在课程内容选择与建构过程中的主体性和创造性。实际上，课程内容、教学内容、学习内容，只是在不同情境中对教师所教、学生所学内容的不同称谓，都可以称为广义上的语文知识。

第二，从教科书理解课程内容。教科书是呈现课程内容的主要载体，但是教科书并不代表课程内容。教科书，作为课程文本，它在承载课程内容的同时，也要解决"用什么"教的问题，比如教科书还要依据课程标准提出关于课程目标、活动方式、教学过程等方面的建议。同时，作为课程内容，在教科书之外，课程内容也隐含或负载于课外读物、教学活动之中，而教师、学生更是课程内容的生命载体。因此，在具体的教学情境中，从教科书到课程内容，需要有一个转化和生成的过程。教科书的提示语、选文、注释、练习、知识短文、学习活动设计等，体现了教科书编者对"教什么"与"学什么"的建议，但是作为文本的教科书"应在明确体现对每个学生基本要求的基础上，展现适度的开放性，让学生根据各自情况作出选择，给地方、学校和教师留有选

---

① 教育部：《普通高中语文课程标准》(2017 年版 2020 年修订)，人民教育出版社 2020 年版，第 44、42 页。

② 张华：《课程与教学论》，上海教育出版社 2000 年版，第 88、92 页。

择、调整和开发的空间"①。教科书应是完成教学任务的纲领性、规定性文本，"其作用在于示范和建议，而非命令和强制"②，它应当留给师生足够多的弹性空间。对语文教学来说，教师要着眼于学生发展目标和语文核心素养发展要求，根据学生言语经验和生活经验，通过对教科书内容的选择、加工、改编和重构，选择和构建适应学生发展需要的课程内容，而教科书也只有在师生的理解过程中才能显示其生命活力，才能转化为学生真正需要的课程内容。不仅如此，当缺少适宜的课程内容时，教师还可以通过"创作""编制"教科书文本，为学生提供他们所需要的课程内容。叶圣陶曾经指出，教师获取学生成长所需要的东西即可取为教材，"即使没有，也当酌量创作，以飨儿童"，他特别强调，"教师应当能创作的，或者唯教师的精神，才是儿童适宜的粮食；倘若自己不敢创作，而唯赖编辑先生信手挥来的作品以临事，乃是教师的奇耻"③。叶圣陶先生语重心长的激励和引导，至今闪耀着智慧的光芒，在不同的时代都能够发挥引领语文教育方向的重要作用。

第三，从选文文本理解课程内容。教科书中的选文，同样承载了课程内容，但同一篇选文可以依据不同目标、不同学情从不同角度来选择或确定不同的课程内容，而同一课程内容也可以用不同的选文来呈现。王荣生教授依据选文与课程内容的关系将选文划分为定篇、例文、样本、用件四种类型。④ 比如，有作为提升学生文化、文学素养的"定篇"，有作为为学生听说读写提供"共同法则"的"例文"，有要求学生学习文本负载的内容或知识的"用件"，有在具体教学情境中生成课程内容的"样品"。选文的这种划分，好处在于让教师看到了不同选文在课程内容选择和确定上应有不同的侧重，可以在教学中突出某一个方面或某个重点内容，但其弊端在于实践操作的困难，因为无论是在教科书编排上还是在教师的课程实施上，对选文都不可能作出这样界线分明

---

① 教育部:《普通高中语文课程标准》(2017 年版 2020 年修订),人民教育出版社 2020 年版,第51 页。

② 钟启泉:《课程的逻辑》,华东师范大学出版社 2008 年版,第 297 页。

③ 朱永新:《叶圣陶教育名篇选》,人民教育出版社 2014 年版,第 233 页。

④ 王荣生:《语文科课程论基础》(2014 年版),教育科学出版社 2014 年版,第 295—336 页。

的简单划分。比如"定篇",即便是经典文本的"定篇",也不能直接认定为课程内容,而应当着眼于学生经验、教学情境、教学目标与学生一起选择、重构或生成某些课程内容。"定篇"中的课程内容,可以有对应于学生文化、文学修养的文本意义或人文知识,有对应于学生将来"应用"于其他情境的"如何听说读写"的程序性知识,也有对应于学生思维品质培养和提升的思维方式、学习方法等的策略性知识。尽管教科书可能会具有某个方面的建议,但仍需要师生在不同的教学情形中加以具体化,甚至会有较大程度的改变。这就说明,我们不宜笼统地说某"定篇"类选文就是课程内容。实际上,任何选文,都既有"教文本"意义上的内容,也有"用文本教"意义上的内容,师生在"教文本"与"用文本教"的辩证统一中生成课程内容。

在文本的意义上,任何选文都具有其层次结构:最外层是由语言符号构成的音义层,比如声音、语词、句式、节律等;然后是排列组织语言文字的结构层,比如文体格式、叙事方式、抒情方式等;再向内是"景象"层,比如叙事文的人物、情节,抒情文的意象、情感,说明文的说明对象、事理等;最内层是蕴含在整个文本之中的意义层,比如某种哲理、意义、精神等。从这个角度看,课程内容的生成要考虑到文本的不同层次及其之间的关系。比如,说明文《大自然的语言》,可以把说明顺序、说明方法等作为重点课程内容,但要让学生学好说明顺序、说明方法,仍然需要在整体上把握文本各个层面的要素:先从音义层开始,让学生读准音、写好字、断句读、明其义等;然后理解文本组织语言文字的结构层,比如事理说明文的文体特点、具有内在逻辑的结构安排等;再把握其中的"景象"层,比如什么是物候、决定物候现象的因素、研究物候学的意义等;最后是深藏在文本内里的意义层,即让学生超越外在的语言文字层进而感受、把握蕴含在文中的科学精神。这里,字音、字形、语词、句式等语言知识,依据引领句、设问句等特殊句式理解结构的读法,说明顺序、说明方法的写法,以及渗透在事理说明中仔细观察、探索规律的科学精神,都可以成为课程内容,只是需要师生根据教学需要有所侧重。任何选文,在师生那里,都会有一个建构生成课程内容的过程,是师生在课程实施中与选文编者的对话中建构、生成的课程内容。

第四，从教学过程理解课程内容。一般来讲，课程方案、课程标准、教科书等课程文本会对课程内容作出规定或建议，但是，这些课程内容并不是固定在文本中不变的东西，而是始终处于动态的生成过程之中。无论哪一级的课程文本，都应当具有可开发、建构的弹性空间。对课程内容来说，"任何概念原理体系，不论暂时看起来多么完备与周延，它总是一种过程性、生成性、开放性的存在，总是一种需要进一步检验的假设体系，总是需要进一步发展为更完善、合理的概念框架"①。对语文课程来说，包括人文知识在内的语文知识，是在师生与课程文本的对话中生成的，是在学生言语实践的具体情境中建构的，因而课程内容不是外在于师生静态的、封闭的等待传授和接受的客体，而是与师生共同处于互动关系之中的交往对象。对同一篇选文、同一个言语活动计划，在不同的师生那里可能会呈现出不同的课程内容，不同的师生面对课程文本所建议的同一课程内容也会因教学情境的变化而具有不同的侧重点。

语文课程内容同样包含了学生的言语经验，他在教师的指导下参与课程内容的选择、生成和建构，也在主动性、创造性的接受中"生产"新的文本。钟启泉教授谈到文本概念时说："教学文本是在教学沟通的过程中生产和接受的，可以视为会话文本与读写文本，以及对话文本与独白文本的总体。这种教学文本是教师与学生一起合作创造的极其复杂的产物。"② 钟启泉教授将这些文本划分为四个层面：未经教师参与的现成文本、教师事先设计的教学文本、教学过程中师生创造的文本以及教学结束后师生产生的文本。实际上，这些教学文本不同程度地蕴含了课程内容。根据钟启泉教授的意见，我们可以把课程改革指导纲要、课程标准、教学指导书以及教科书、视听材料之类的教材文本界定为第一个层面上的文本，即狭义上的"课程文本"，是课程设计层面的文本；第二个层面的文本是教师的教学设计文本和学生事先预备好的文本，属于

---

① 张华:《课程与教学论》,上海教育出版社 2000 年版,第 198 页。
② 钟启泉:《教育的发现——钟启泉教育思想访谈录》,杨明全整理,中国人民大学出版社 2009 年版,第 93 页。

教学设计类文本，在这个层面，教师预设了要教什么，学生预设了要学什么；第三个层面上的文本就是教学过程中的"语言操作"；第四个层面上的文本是一段教学程序结束之后的作品与报告等。后两个层面最终落实在学生的学习文本上，是课程内容的最终体现。从这四个层面看，学生都在参与选择或构建课程内容。对现成存在的课程纲要、课程标准、教学指导书、教材之类的文本来说，它们对课程内容的建议或规定能否构成学生实际需要的学习内容，需要有一个转化过程，而好的课程文本也必然留出了可供学生转化、开发的空间。尽管课程文本规定或建议了"读出什么、写出什么、口语交际什么"和"如何读、如何写、如何进行口语交际"之类的课程内容，但只有经过学生实际读写和口语交际并形成学生的"语言操作"即学习文本，才会真正转化为学生切身领悟到的学习内容。不同层次文本的转换过程说明，课程内容处于一个不断生成、创造的过程，可以认为是"文本的合璧生成了教学内容"，而"教学内容是在教学过程之中创造的"。[①] 从课程文本向学习文本的转换，实际上就是以学习文本为代表的学生经验与以课程文本为代表的传统经验、他人经验融合为一个新的意义整体的过程。从经验的角度看，课程内容就是一个不断运转、变动、处于过程中的经验统一体。学生是学习的主体，他在言语实践中形成的以学习文本为载体的课程内容就包括他的独特认识、体验和见解，事实上，他也在以自己的言语经验更新文化传统，因为个体的言语经验总是文化传统、人类经验联系在一起的。

以上从四个角度理解课程内容，可以看出，课程文本是开放的文本，基于课程文本的课程内容也是开放的内容，师生"用文本"的过程，即建构、改造和生成课程内容的过程，因而它会促使教师与学生进一步关注"教什么"与"学什么"，这既会大大促进语文教师的专业化成长，也会激发学生作为主体应具有的创造精神。语文课程内容建构、生成过程的示意图如下：

---

① 钟启泉：《教育的发现——钟启泉教育思想访谈录》，杨明全整理，中国人民大学出版社 2009 年版，第 93 页。

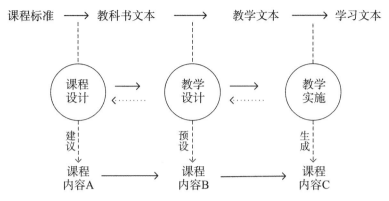

语文课程内容建构、生成过程示意图

　　从上图可以看出，语文课程内容始终处于动态的生成过程中。在从课程标准到教科书的课程设计环节，规定或建议"教什么"与"学什么"，如《普通高中语文课程标准》列出了由 18 个"学习任务群"构成的学习目标和课程内容，教科书编排也尽可能体现课程内容的"教科书化"；在教学设计环节，教师根据课程标准、教科书要求和具体教学情境预设"教什么"，同时学生根据教师的要求也预设"学什么"；最后在教学实施中，以上建议、预设的课程内容转化为学生的实际经验，是师生在具体教学情境中共同创生和实现的课程内容。当然，这一个过程并非单线贯穿，每一步课程内容的确定既是承上而来，也会反馈到上一个环节。从整个过程看，课程内容会在国家课程文本、教师教学文本、学生学习文本的交互作用中不断优化深化、科学化。

二、"教文本"中的课程内容

　　"用文本教"不能代替"教文本"，因为课程文本蕴含了教师要教、学生要学的课程内容，这是发展学生语言能力、促进精神成长的基础和源泉。一般认为，课程内容选择，是根据特定的教育价值观及相应的课程目标，从学科知识、当代社会生活经验或学习者的经验中选择课程要素的过程。[1] 这里所说的

---

① 张华：《课程与教学论》，上海教育出版社 2000 年版，第 191 页。

选择，既包括课程专家对既定知识和已有经验的选择，也包括师生在课程实施中根据实际教学需要对课程内容的选择性加工、重构和生成。"教文本"就是要充分发掘课程文本中的内容要素，发挥其价值引领作用、言语活动的示范作用。

选择、建构和生成课程内容，必然具有其价值取向和价值追求。语文学科的特点和规律、学生语言发展和精神成长需要、社会发展对人才的要求，是语文课程内容选择的基本依据。总体看，选择和确定语文课程内容还应当遵循以下原则。

第一，依据语文课程发展性要求，选择和建构基础性、典范性的课程内容。语文是一门基础性学科，它以发展学生语文素养为本，为学生"终身学习和全面而有个性的发展奠定基础"，语文课程应当为学生选择和建构适应未来学习、生活和工作所必备的基础知识、基本技能以及基本的学习方法和策略，选择具有启发意义和典范作用的言语作品。

语文知识，实际上是正确反映了听说读写活动规律的言语经验，是人类在言语实践中积累下来的宝贵财富。从认知心理学的角度看，它包括陈述性语文知识和程序性语文知识。陈述性语文知识是在言语实践中回答"是什么"的知识，比如"什么是记叙"这一类的知识。程序性知识是运用概念和规则从事听说读写等言语实践的知识，它主要用于解决"怎么办""如何做"这样的问题，如"怎样进行记叙"的操作步骤和方法。程序性语文知识，包括运用语文学科相关概念、规则进行言语活动的智慧技能与运用相关概念、规则来调节、控制语文学习活动的认知策略两个方面。程序性知识在语文课程内容中占有重要地位，应当加以强调和突出。这是因为：一方面，言语实践活动是语文学习的主要途径，需要通过亲历性的操作与应用形成学生某项语文智慧技能，即一种语文智力活动方式；另一方面，作为语文实践活动的听说读写，听什么、说什么、读什么、写什么，这"什么"是无穷无尽的，而关于如何听、如何说、如何读、如何写的知识，即认知策略，却是有规律可循、有方法可依的，所以要引导学生主动修正、调节和控制自己的学习活动，从而获得一种方法性、策略性知识。

　　理解和掌握语文知识与语文技能的目的在于形成和发展学生的语文学科核心素养。语文学科核心素养，是学生在积极的语言实践活动中积累与构建起来的，并在真实的语言运用情境中表现出来的语言能力及其品质；是学生在语文学习中获得的语言知识与语言能力，思维方法与思维品质，情感、态度和价值观的综合体现。① 培养和发展学生核心素养、奠定学生全面发展和终身发展基础的语文知识和语文技能，是语文课程首先要选择的内容要素。就语文课程内容的选择与呈现来说，语文学科核心素养不是抽象的目标达成，而应当落实为具体的知识、技能、方法和态度，也就是要将每一项语文素养的发展目标都要化为具体的课程内容。课程标准尽管针对不同的"学习任务群"提出相应的"学习目标与内容"，给出课程内容选择的总体方向和建议，但还需要师生在课程实施的过程中加以具体化。比如在"实用性阅读与交流"学习任务群中提出"通过倾听、阅读、观察，获取、整合有价值的信息，根据具体交际情境和交流对象，清楚得体表达，有效传递信息"等学习目标；针对"学习跨媒介阅读与交流"提出"比较不同媒介的表达效果，尝试探究不同媒介的表达特点"等目标要求②。在实际的教学过程中，这样的课程目标需要具体化，比如将"不同媒介的语言表达具有什么样的特点""如何针对媒介特点有效获取、传递信息"等作为具体的课程内容，并在具体的教学情境中将这些课程内容转化为学生的言语技能。

　　包括"整本书"在内的言语作品，是课程内容的重要载体。无论是知识的获得、能力的发展，还是精神的陶冶、情感的体验，都离不开言语作品或"整本书"这样的载体。选择什么样的言语作品、选择哪一本书来实施教学，直接决定了学生学习什么样的课程内容。典范性，是语文教学选择言语作品的基本原则。就文化、文学经典文本来说，它是在历史发展的长河中经大浪淘沙

---

　　① 教育部:《普通高中语文课程标准》(2017 年版 2020 年修订),人民教育出版社 2020 年版,第4 页。

　　② 教育部:《义务教育语文课程标准》(2022 年版),北京师范大学出版社 2022 年版,第 23、25 页。

所流传下来的具有不朽精神内涵和艺术价值的典范之作。能被称得上经典的作品，应具有这样一些条件：一是独创性，康德认为美的艺术是天才的艺术，其为经典作品第一特性；二是典范性，经典作品为原创性作品，具有示范意义；三是永久性，经典作品是经得起时间考验的文本，具有永久的语言文字魅力，为不同时代的读者所喜爱；四是影响的广泛性，经典作品对不同阶层、不同地域的读者都会产生深远影响。刘勰在《文心雕龙·宗经》中说："'经'也者，恒久之至道，不刊之鸿教也。"超越历史时空，对不同时代、不同地点的读者讲话，引发读者关于生活、生命的深刻思考，可见经典文本对人影响之深。因而选取这样的经典文本，也就选择了它可供阐释的广阔空间，内含于文本中的情感、态度、价值观，师生对它的意义阐释，以及依据文本总结提炼出的读写方法与技能等，都可以确立为课程内容。就实用文体的言语作品而言，它也应当是依据典范性标准精选的可供学生学习、模仿和借鉴的文本，这不仅是指它在言语内容上内含了育人、化人、启迪思想和智慧的东西，而且也指它在言语形式上就是某种典范，是学生学习"怎么读"和"怎么写"的范本。

第二，依据语文课程内涵性要求，选择和建构文化性、生命性的课程内容。语文课程仅仅教给学生听说读写的基础性知识和基本技能是远远不够的，因为知识和技能的教学并不能等同于社会责任、人文底蕴、审美情趣等核心素养的"教育"。赫尔巴特说，"但远非一切教学都是教育性的……例如，为了收益，为了生计或出于业余爱好而学习，这时将不关心通过这种学习一个人会变好还是会变坏"①。语文课程具有丰富的文化内涵，它通过语言文字为学生生命成长打造"精神的底子"，激发学生自我发展的精神动力。说到底，语文教育是一种以价值判断和意义阐释为目的的价值活动或文化活动。学习语文，不仅是在言语实践中积累言语经验、提升语言文字运用能力，更重要的是它以语言建构与运用为基础提升生命的质量："发展思辨能力，提升思维品质，培育社会主义核心价值观，培养高尚的审美情趣，积累丰厚的文化底蕴，理解文

---

① ［德］赫尔巴特:《赫尔巴特教育论著精选》，李其龙等译，彭正梅、［德］本纳选编，浙江教育出版社2011年版，第178页。

化多样性。"① 当然，学生要学的课程内容，与他已有的发展水平之间应当存在一种张力，也正是这种张力使课程内容作为一种方向引领成为促进学生精神发展、生命成长的驱动力。

美学家洛特曼说，文本不是被简单地记录下来，而是要被保存下来，"进入文化的集体记忆之中"，文本作为最鲜明、清晰度最高的文化现象是一种负有责任的言语行为，这一行为能够，而且理应在远远超出其发生的时间和地点之外"产生效用"。② 特定的言语作品承载了文化性、生命性的课程内容。那些文学类、哲学类、史传类选文，比如诗歌、小说、散文、戏剧等文学作品，探讨生命意义以及"人生切要的问题，从根本上着想，要寻一个根本的解决"③ 的哲学作品，探索社会发展规律、以历史为镜认识自我的史传作品等，都蕴含引导学生追问生命价值、体验生命意义、关注人类命运的课程内容。选取这样的言语作品，也就意味着选取了可供阐释的广阔空间。这样的言语作品，经过学生的熟读、深思、讨论，心灵受到触动，人生体验更加丰富，对人类的命运也就多了一些思考，生命也就多了一份厚重。可以说，渗透在经典作品中的生命思考与人文关怀，对于陶冶学生精神、建构学生"完满生命"具有不可替代的作用。选取和建构这样的课程内容，有助于引导学生关注自我的生命发展，关注自我与他人、自我与社会、自我与宇宙的关系，也是在增强学生的个体生命意识、家国情怀、人类命运共同体意识乃至人与万物一体的宇宙精神。

文化性、生命性的课程内容也渗透在言语活动中。学生通过言语活动表达对自我、对生活、对自然、对社会的认识和思考，以自己特有的方式来理解、传承优秀传统文化，进而也会发展、创造一种新文化。我们不能把语文课程内容视为外在于学生的客体，也不能把学生的语文学习视为那种主体认识客体的

---

① 教育部：《普通高中语文课程标准》(2017 年版 2020 年修订)，人民教育出版社 2020 年版，第 1 页。

② [俄]瓦·叶·哈利泽夫：《文学学导论》，周启超、王加兴、黄玫、夏忠宪译，北京大学出版社 2006 年版，第 301、303 页。

③ 胡适：《胡适文集·中国哲学史大纲》第 3 册(卷上)，北京燕山出版社 2019 年版，第 712 页。

纯粹认知活动。语文知识，无论是事实、原理类的陈述性知识，还是作为智慧技能与认知策略的程序性知识，都需要与学生的已有经验建立起联系，并在言语实践中转化为学生的语言运用能力、语文核心素养。实际上，语文知识，只有与学生的言语经验、生命体验融为一体，才能真正为学生所理解和运用。在言语实践中，学生掌握语文知识、运用语言文字，都是在特定言语情境中的文化活动与生命体验。作为学习的主体，学生将所学的课程内容内化为自己的言语经验，这不仅是提升语言文字运用能力的过程，也是理解生命意义、丰富生命内涵、提升生命价值的过程；同时，学生还要将他对人生、对生活、对世界的认识和理解以语言文字的方式表达出来，当他产生具有独特价值和意义的言语作品时，那么他也是在创造一种带有个体生命体验的文化———一种个体性、体验性、反思性的人文知识。

课程内容的文化取向、生命取向不同于课程内容的工具取向、技术取向。在工具取向、技术取向思维方式的支配下，语文课程追求的是客观的、静态的学科知识体系，它以语言的某一知识点、言语技能的某一训练点作为课程内容，企图建立"科学化""体系化"的语文课程知识结构。但在实际上，这种追求"科学化""体系化"的语文课程，把课程内容视为外在于学生的客观知识，把语文学习作为以追求知识点为目标的技术训练，忽略了学生置身于其中的生活世界与语言世界，剥夺了学生言语实践与文化建构的自由。作为具有文化内涵与生命形态的语文课程，我们应当选择与建构有助于提升言语实践能力、启迪思维与智慧、陶冶情感与心灵的课程内容，引导学生在丰富的言语实践中认识自然、认识社会、认识自我、规划人生，整合知识与能力、过程与方法、情感态度与价值观，实现语文核心素养培育与人的全面发展的统一。

第三，依据语文课程生成性要求，选择和建构过程性、经验性的课程内容。课程，不应被当作静态的"跑道"来看待，而应突出沿着跑道"跑"的过程。就课程的内容选择来讲，它意味着更为复杂的生成过程。这里，"选择"不同于物品的选择，不是把物品从一个地方挑选出来并搬运到另一个地方的那种"选择"，而是一种"选择性"的动态生成。从广义上讲，语文课程内容就是人类的言语经验，而人类的言语经验则是一种开放、变动的经验，言语作品的意义也是读者在与作品及其作者的交流对话中生成的。所以，无论是言语经验还是言语作品的意义，都有一个发展变化、不断生成的过程，而不是唯一的、永恒的、代表了普遍意义的"真理"。

语文课程内容的生成性，对我们提出了两个方面的要求：一是必须考虑所选择课程内容的复杂性、变动性，并尽可能为学生展示这些内容发展变化的过程；二是要关注课程内容在具体教学情境中的建构过程，就某些课程内容来讲，选择即意味着建构和生成。就第一点来看，在选择课程内容时，如果仅仅是选择那些现成的结论让学生学习、掌握，语文课程内容是不完整的，学生的发展也是不健全的。"学科的探究过程和方法论具有重要的教育价值，学科的概念原理体系只有和相应的探究过程及方法论结合起来，才能使学生的理智过程和整个精神世界获得实质性的发展与提升。"① 所以，选择课程内容，就要关注课程内容的过程性，让学生知道，他学习的内容并非现在的这个样子，它与过去不同，而且将来也会与现在不同；即便是现在这个样子，它也只不过是众多认识中的一种，或是不同认识、理解相协同的结果；还要让学生知道，有好多要学习的内容是有争议的，无论是作为言语经验的规则、原理，还是言语作品的意义阐释，都不是一个最终的定论。就第二点来看，某些特定情境中的课程内容选择，其实也是课程内容的创生，例如在言语实践中所形成的某些新的言语经验与言语规则，师生在对话交流中获得言语作品的新意义，等等，这些带有情境化、个性化特点的内容是在特定的学习过程中生成并为学生所理解和掌握的，也是在言语实践过程中转化为学生的语文素养的。王荣生教授将教材中的"选文"划分为四类，在他看来，其中样本类选文所承载的课程内容即生成性的课程内容：学生所学的知识与技能，"从语文课程内容研制的角度讲，与其说是由被选用的这一篇'选文'维系的，毋宁说，知识是融解在'选文'里的，它需要学习者在阅读的经验和不断的揣摩中去发现、生成和提

---

① 张华：《课程与教学论》，上海教育出版社 2000 年版，第 199 页。

炼"①。当然，不只是这一类选文，其他类的选文或言语活动，只要我们着眼于具体的言语情境，都会具有预设与生成的统一性。

关注过程性的语文课程内容，能够突显学生言语经验在课程内容选择中的作用。学生的言语经验本身就是语文课程内容的组成部分，作为语文课程内容的"类"言语经验总是要与个体学生以生命为载体的言语经验相融合，才能作为一个新的意义整体，构成新的课程内容，并最终化为学生的语文素养。作为个体学生的言语经验与作为"类"的言语经验并没有截然对立的界限，任何具体言语情境中的个体经验总是要融过去与现在、他人与自身的经验于一体，从这个角度看，课程内容就是一个不断运转、变动、处于过程中的经验统一体。这一过程明确地告诉我们，语文课程内容的选择必须关注学生的言语经验，"学习者的个人知识和经验、学习者在同伴交往和其他社会交往中所形成的社会经验是课程内容的基本构成"②。具体说，应当从以下三个方面来理解学生经验在课程内容选择中的作用：其一，学生既有的言语经验构成了他语文学习的预期和指向，他学习语文的过程就是在既有言语经验的基础上，同化、融合、改造他人的言语经验并形成自己新经验的过程；其二，学生是学习的主体，也是课程的开发者，他在口语交际、阅读、写作、综合性学习的任一领域都有可能存在独特的认识、体验和见解，换言之，他不仅在接受他人的经验，而且他也在创造着自己的经验，即一种知识和文化，因而选择学生的经验作为课程内容，是形成"生本课程"的重要环节，也是尊重学生主体地位、重视学生个性差异的表现；其三，学生的言语经验融入了社会生活经验，它本身也是对社会生活的体验、思考与表达，因而选择学生的言语经验能与广阔的社会生活和丰富的人生意义相联系，起到了对知识与能力、过程与方法、情感态度和价值观的统整作用。

第四，依据语文课程方向性要求，选择和建构未来性、超越性的课程内

---

① 王荣生：《语文教材的教学化编制》，山东教育出版社 2021 年版，第 66 页。
② 张华：《课程与教学论》，上海教育出版社 2000 年版，第 208 页。

容。课程要引领学生反思和超越现实的存在，追求一种理想的、面向未来的新文化。语文课程是面向未来的课程，它所培养的学生是未来社会的建设者与未来文化的创造者，它应当帮助学生获得较为全面的语文素养以适应未来学习、生活和工作的需要，以开拓和建设理想的新生活。因而，语文课程不能仅仅满足于提供基础知识与基本技能，更要着眼于学生与社会的未来发展，选择那些能够激发学生主体意识、创造人格与批判精神的课程内容，以发挥课程为未来社会培养新人的重要作用。

早在 20 世纪 70 年代，联合国教科文组织在提交的报告中就指出："我们要学会生活，学会如何去学习，这样便可以终身吸收新的知识；要学会自由地和批判地思考；学会热爱世界并使这个世界更有人情味；学会在创造过程中并通过创造性工作促进发展。"[①] 这的确是对教育的洞察和具有智慧的判断，同样启迪我们今天的语文教育。对语文课程内容来说，在基础知识和基本技能之外，那些有助于激发学生认识和反思生活、理解和建构自我的人文性知识——学会生活的知识，有助于形成学生终身学习能力和超越性思维方式的方法性知识——激发自由和创造性、批判性思考的策略等，都会不同程度地启迪和激发学生的未来意识。

语文课程的人文性知识，主要是内含在经典性言语作品中的意义和生成于言语活动中的个体对于人生意义、社会生活的反思和体验。作为一种反思性知识，人文知识具有非常明显的"个体性"（指个体独特的人生遭遇和内心经历的结果）、"隐喻性"（指非逻辑、非实证的人生意义体验）和"多质性"（指对同样的意义问题会出现多种多样的体验和回答）[②]。人文知识为学生提供立足社会、追寻生活意义的坐标，让学生承担起更多建设未来社会的责任，就像联合国教科文组织的报告《反思教育：向"全球共同利益"的理念转变?》所说的，要将人文主义价值观作为教育的基础和宗旨："尊重生命和人格尊严，

---

① 联合国教科文组织国际教育发展委员会：《学会生存——教育世界的今天和明天》，教育科学出版社 1996 年版，第 98 页。

② 石中英：《知识转型与教育改革》，教育科学出版社 2001 年版，第 282 页。

权利平等和社会正义，文化和社会多样性，以及为建设我们共同的未来而实现团结和共担责任的意识。"① 语文课程的方法性、策略性知识，不仅有助于学生"学会学习"和反省、调控自己的认知过程，而且有助于培养和形成学生独立思考与作出价值判断的能力。作为面向未来、具有超越性的语文课程，最终要超越知识获得与技能训练，而上升为发展学生的思维品质与人文精神。优秀的思维品质，是"适应终身发展和社会发展需要的必备品格和关键能力"。钟启泉认为，"个人的反思性思维"是"关键能力"的核心，"反思性思维"不但能够"应对当下的状况，反复地展开特定的思维方式与方法，而且具备应变的能力、从经验中学习的能力、立足于批判性立场展开思考与行动的能力"②。

关注语文课程内容的超越性，就要关注它的未来意义（为未来社会培养新人）与建构本质（建构新的自我与新的文化）。为此，我们可以选择具有思想启迪意义和能够拓展想象空间的言语作品，以激发学生面向未来、建设新文化的想象力；可以提供多样的、复杂的、能够引发不同价值观念碰撞的异质文化，以培育学生包容多元文化的开放性心态；可以在"综合性学习""学习任务群"等言语活动中设计具有思维含量和思想挑战度的任务，以培养学生创造性、批判性思维方式，以及善于发现、提出和解决问题的能力。教育在"大量和有效地传授越来越多、不断发展并与认识发展水平相适应的知识和技能"的同时，还应"找到并标出判断事物的标准，使人们不会让自己被充斥公共和私人场所、多少称得上是瞬息万变的大量信息搞得晕头转向"③。这种判断事物的"标准"，可以理解为学生未来发展必须具备的学习力和思维力。学生的反思、追问、创造和批判既是一种学习力，也是一种思维力，它是打开未来知识大门的钥匙，也是适应未来生活和工作的关键能力。依据这个标准，

---

① 联合国教科文组织：《反思教育：向"全球共同利益"的理念转变?》，联合国教科文组织总部中文科译，教育科学出版社 2017 年版，第 30 页。
② 钟启泉：《基于核心素养的课程发展：挑战与课题》，《全球教育展望》2016 年第 1 期。
③ 联合国教科文组织：《教育——财富蕴藏其中》，联合国教科文组织总部中文科译，教育科学出版社 2014 年版，第 49 页。

语文课程要从关注"教什么"与"学什么"开始，引导学生在语文学习的过程中超越个体、超越社会，发展和形成一种反思批判的精神，一种独立自由的人格，一种超越自我与现实、创造未来新文化的能力和智慧。

"现实"不应像人们传统上所理解的那样只是一种"物质形态的、实存的东西"，它还应该包括"精神形态的、尚未实现的东西"。它从过去走来，积淀着过去曾经发生过的一切，又蕴含着人们对未来的希望，推动着人们按照自己的希望去创造未来。[①] 在这个意义上，课程内容是"过去"流传到"现在"呈现给我们的东西，而"现在"不仅仅指实然的存在，而且包括"尚未实现"的东西，我们的责任就是引导学生把这"尚未实现"的东西揭示出来、创造出来。

第四节　经典文本与大众文化

经典文本是在历史长河中经大浪淘沙流传下来的具有恒久意义而又历久弥新的典范性言语作品，是学生要学习的一种重要课程文本。在大众文化流行时代，经典文本的阅读、理解和教学遇到了新挑战。尽管对什么是大众文化、它与流行文化、通俗文化有什么区别等还没有一致的意见，但相对于高雅文化来说，它以大众传媒为主要传播手段、以市场运作为基本方式、以批量生产为基本形态、以满足大众精神愉悦和大众文化消费为目的的特征还是显而易见的。

一、经典文本遭遇大众文化

经典文本，是语文教学的重要载体。经典文本教学，是通过引导学生阅读和理解经典作品来培养其语言运用能力、提升其精神境界、促进其生命成长的

---

① 王元骧：《审美超越与艺术精神》，浙江大学出版社 2006 年版，第 234 页。

教育活动。由于电子传媒的普及和流行，越来越多的经典文本被网络化、音频化、图像化，越来越多的学生习惯于从电影、电视、手机的屏幕中获得阅读体验，习惯于在网络上浏览短、平、快的文章，越来越多地被屏幕和音响所包围。"一书在手，乐以忘忧"的文字阅读方式已渐渐转变为"读屏""读图"的视听方式。对有些学生来说，他们对经典文本的理解，很有可能就是来自电影、电视剧的故事情节或人物形象，也许只是只言片语地哼唱一段插曲，或插科打诨地模仿几句来自大众传媒的流行语。对《三国演义》《水浒传》《西游记》《红楼梦》等经典文本的了解，对有些学生来说，或许只是来自电视连续剧或"大话""戏说"系列的某个人物、某段情节。学生眼中的哪吒，也许不再是小说《封神演义》《西游记》中的那个哪吒，而是来自影视、网络的印象。即便是影视、网络中的印象，也不再是"是他、是他、是他，就是他，我们的朋友小哪吒……上天他比天要高，下海他比海更大"的当初那个小英雄，而是今天电影《哪吒之魔童降世》中"生而为魔"但能"逆天改命"的"小魔童"。

当然，学校里的经典文本教学仍然以语言文字的阅读和理解为主，除来自经典作品中的教材选文外，还有"整本书阅读与研讨""中华传统文化经典研习"等学习任务群所指向的经典文本，课程标准也为学生推荐了必背古诗文、课外阅读的经典书目。但是语言文字的阅读方式还是难以抵挡以大众传媒为主要渠道的娱乐方式，语言文字版的经典文本经由图像化改编也就具有了流行化、戏说化、娱乐化的倾向。《西游记》中的悟空，到了今天，在作者今何在那里，成为网络小说《悟空传》中带有悲剧色彩的、为爱和自由而战的叛逆者形象且为学生异常喜欢的"另类"，是对《西游记》原著中孙悟空形象的颠覆：

"悟空，我饿了，给我找些吃的来。"唐僧往石头上大模大样一坐，命令道。

"我正忙着，你不会自己去找？又不是没有脚。"孙悟空拄着棒子说。

"你忙？忙什么？"

"你不觉得这晚霞很美吗？"孙悟空说，眼睛还望着天边，"我只有看看这个，才能每天坚持向西走下去啊。"①

不只是孙悟空，唐僧在《悟空传》中的形象也不同于原著中的形象。《西游记》的网络化、影视化、"大话化"，各种版本不下几十种。孙悟空、猪八戒、沙僧，各有一个系列的"大话"或影视化改编。不只是《西游记》，《三国演义》《水浒传》《红楼梦》等其他经典名著同样具有"大话""戏仿""重写"，甚至被"恶搞"等经历。

随着电子传媒影响范围的不断扩大，学者讲解经典文本成为一种大众文化现象。借助于广播电视，如王立群讲《史记》，蒙曼讲《长恨歌》、李菁讲《诗词红楼》，他们将个人对经典的理解带给普通百姓，产生了越来越大的影响力。

经典文本的教学，也因为大众文化的传播而增加了更多的花样。教材中的《林黛玉进贾府》，在课堂教学中不只是有文字欣赏，而且还会有电视剧相关故事情节、相关插曲的播放。教学《木兰诗》，播放影片《花木兰》，从中国版到美国版，学生从中欣赏、比较。不仅如此，就像大众文化的流行，课堂教学也有类似的"戏说"。鲁迅的《孔乙己》，经过教师"独具匠心"的设计，就有了"孔乙己告状"的课堂表演。《愚公移山》中的愚公，也会被课堂教学颠覆原来的形象：一改"移山之举"，"名智"地选择"搬家"。经典文本的教学，如同"大话""戏仿"式改编，成为博人一笑的"小品"类表演。

经典文本遭遇了大众文化，究竟是一种机遇，还是走向衰落的开始？有专家认为，现在的时代是网络的时代，是新媒体和自媒体的时代，是电影、电视的时代，是流行歌曲的时代，是"网红"的时代，不要再执着于那些传统的、过去的经典作品，而是要关心现实、关注当下，创造和参与流行的大众文化。

---

① 今何在:《悟空传:完美纪念版》,湖南文艺出版社 2011 年版,第 2 页。

有学者说："过去我们常想，在没有经典的日子里，我们是否能够活下去？不过从明天开始，我们要勇敢地试一试。让我们伸开双臂，热烈欢迎去经典化时代的来临。"① 在这位学者看来，经典文本曾经主宰了我们的命运，而在大众文化的时代，"去经典化"终于让我们具有不读经典、不受经典束缚的轻松，具有随心所欲创造"流行文化"的自由。当然也有学者针锋相对，认为我们必须"回归经典阅读的传统"，回到"韦编三绝""悬梁刺股""囊萤映雪"之类的发愤苦读精神，就像朱熹所说的"只管看来看去，认来认去，今日看了，明日又看，早上看了，晚间又看，饭前看了，饭后又看"的阅读方式，这种看似最笨，但其实是一种最科学、最有效的读书方法。② 关于经典文本阅读、理解与教学的争论会依然持续，但无论如何，我们都应当勇敢地接受大众文化带来的挑战，不应当排斥大众文化，而要寻求一条经典文本教学与大众文化融合的有效路径。

二、经典文本的"真理性要求"

经典文本不会因为大众传媒的冲击而失去其生命力，也不会因为"大话""戏说"式改编而失去其对人的持久影响力。文本的经典化，根本原因在于它具有内在的"真理性要求"，具有"意义的自身意蕴"，而且会作为一种强大的影响力量作用于读者。德国哲学家海德格尔在《艺术作品的本源》中说："在作品中发生着这样一种开启，也即解蔽（Entbergen），也就是存在者之真理。"③ 他的意思是，随着艺术作品建立一个"世界"，存在者真理"发生"了，它开启了一个敞亮之域，使那些隐蔽的、不在场的东西渐渐显现出来。从这个角度说，经典文本，是一个自持的存在，是一个没有时间性的存在，它主动地走向一代又一代的读者，对着每一个当下的读者说话，以其"真理之光"

---

① 季广茂:《经典的黄昏与庶民的戏谑》,《山东师范大学学报(人文社会科学版)》2005 年第 6 期。
② 许总:《经典阅读与人文精神重建》,《江淮论坛》2011 年第 4 期。
③ ［德］海德格尔:《林中路》,孙周兴译,商务印书馆 2015 年版,第 27 页。

将读者带入它所建立的世界，而读者在感受到强烈吸引力的同时也会发现，文本的世界就是自己的世界。这就是经典作品的"真理性要求"。就此来说，经典作品作为"自行置入"的真理一直在发挥其影响力，并不是有人说"去经典化"，经典作品便不再具有影响力和教育意义了。

经典文本的"真理性要求"，在阅读活动中，表现为对读者影响的持久有效性。海德格尔说，作品的创作是作为一个事件而发生的，"作品作为这样一件作品而存在，这一事件把作品在自身面前投射出来，并且已经不断地在自身周围投射了作品"①。经典文本，将自己"投射"向周围世界，对周围世界产生影响、发挥作用，这是它成为它自己、实现它自己，"让作品成为作品"的一种方式。伽达默尔说："不管古典型概念怎样强烈地表现距离和不可企及性并属于文化的意识形态，'古典的文化'（Klassische Bildung）依然还总是保留着某种古典型的持久有效性。甚至文化的意识形态也还证明着与古典作品所表现的世界有某种终极的共同性和归属性。"②经典文本，作为历经大浪淘沙而流传下来的不朽之作，超越了时间限制，总是对一代又一代的读者说些什么。从这个角度说，经典文本不是与读者相对峙的自为存在的对象，它始终与读者、与每一代的读者处于互动的关系之中，在经典作品向读者提出"真理性要求"的同时，也将读者一并移入它所开启的世界——它向读者发出了邀请，要求读者参与其中、与它一起建构或生成经典作品的意义。这也是经典文本得以流行、传播并不断扩大影响的根本原因。

《文心雕龙·知音》说："夫缀文者情动而辞发，观文者披辞以入情，沿波讨源，虽幽必显。世远莫见其面，觇文辄见其心。"经典文本在赏识它的"知音"那里，总是会得到一种强烈的反响。读者从文本理解中获得意义的感悟、情感的体验、境界的提升、审美的反应，实际上就是被经典文本"移入"它所建立的世界。明代思想家李贽（号卓吾）的《读书乐》说："读书伊何？

① ［德］海德格尔：《林中路》，孙周兴译，商务印书馆2015年版，第58页。
② ［德］汉斯-格奥尔格·伽达默尔：《诠释学Ⅰ：真理与方法》，洪汉鼎译，商务印书馆2010年版，第410—411页。

会我者多。一与心会，自笑自歌；歌吟不已，继以呼呵，恸哭呼呵，涕泗滂沱。歌匪无因，书中有人；我观其人，实获我心。哭匪无因，空潭无人；未见其人，实劳我心。"明清时期的评点家金圣叹也说过，"天下之乐，第一莫若读书"。这种读书之乐，就是读者对经典文本意义领悟基础上的情感反应和审美体验。金圣叹在评点《西厢记》时说到这种读书之乐，竟然是"悄然废书而卧者三四日"，以至于不知"是死是活、是迷是悟"，"不茶不饭，不言不语，如石沉海，如火灭尽"。之所以具有这样的"高峰体验"，就是因为来自经典作品的力量会触及读者的心灵，让读者"感到自己窥见了终极的真理、事物的本质、生活的奥秘，仿佛遮掩知识的帷幕一下子给拉开了"[1]。应当说，无论是在什么样的时代，无论阅读方式发生了什么样的变化，经典文本所具有的"真理之光"总是存在的。它照耀我们，将我们移入它特有的"光晕"之中，唤醒我们内心深处的民族精神和文化基因，让我们感受到经典作品的伟大力量，就像意大利作家卡尔维诺所说的："'你的'经典作品是这样一本书，它使你不能对它保持不闻不问，它帮助你在与它的关系中甚至在反对它的过程中确立你自己。"[2]

三、经典文本走向大众文化

经典文本以其"真理之光"开启和建立一个世界，但并不是说，它所表达的东西是永恒不变的"真理"。经典作品的创作，是作为一个事件而发生的，并不是一个自为性的存在，而是在不断地对读者产生影响、发挥作用的过程中实现自己，从而"让作品成为作品"的。面对大众文化的冲击，我们既不能以"去经典化"的态度消解经典文本的价值，否定经典文本在教育教学中的作用，也不能固守传统意义上经典的"权威地位"，试图以经典的权威性去对抗大众文化。事实上，经典文本与大众文化并非界线分明、彼此无涉的，而是在大众传媒的作用下，形成了你中有我、我中有你的复杂关系。

---

① ［美］马斯洛:《马斯洛人本哲学》,唐译编译,吉林出版集团有限责任公司2013年版,第189页。
② ［意］伊塔洛·卡尔维诺:《为什么读经典》,黄灿然、李桂蜜译,译林出版社2012年版,第7页。

第一，大众文化是经典文本发挥影响的另一种方式。经典文本的"真理性要求"不是一个封闭的系统，它的"持久有效性"就在于它在时间上的延续性、空间上的开放性，在它影响不同时代、不同地域读者的同时，不同时代、不同地域的读者以其当下视域和自己特有的方式来解释经典作品，实现经典作品的意义增殖。这实际上就是一种多层次的视域融合：文本意义在时间上的延伸、在空间上的拓展，读者视域在作品阅读中所实现的更新与升华，以及作品所代表的传统视域与读者的现实视域在特定时空背景下经融合所产生的新的意义。经典文本，"不是关于某个过去东西的陈述，不是某种单纯的、本身仍需要解释证明的东西，而是那种对某个现代这样说的东西，好像它是特别说给它的东西"①。经典文本，面对发生变化了的时代，并不固守它原有的意义，而是向这个时代讲话，就好像是专门为这个时代的人所讲的一样。对理解者来说，我们阅读、理解经典作品，无论产生这一文本的时代多么久远，都不会阻隔我们以理解的视域和经验进入文本世界，也不会阻隔文本意义融入我们当下的生活。我们的理解"总是涉及比单纯历史地构造作品所属的过去'世界'更多的东西"，"总是同时包含某种我们一起归属这世界的意识"，"但是与此相应，作品也一起归属于我们的世界"。② 就此来说，经典作品不属于某段特定的时间，它是没有"时间距离"的存在，具有"无时间性"特征，它超越了时间与空间的限制，在我们的理解中实现了过去与现在的融合。今天，经典作品遇到了大众文化，但是它并没有停止对我们的影响，只是影响我们的方式发生了变化。我们不仅有"一书在手，乐以忘忧"的传统阅读方式，而且有以图像、音频、网络为媒介的理解方式，还有作为经典文本改编这样的阅读方式。经典文本的图像化、视听化、网络化，乃至漫画、"大话"以及"戏仿"，已经成为一种文化潮流而不可阻挡。这不应当被视为经典文本与经典教育的没

———————————

① ［德］汉斯-格奥尔格·伽达默尔:《诠释学Ⅰ:真理与方法》,洪汉鼎译,商务印书馆2010年版,第410页。

② ［德］汉斯-格奥尔格·伽达默尔:《诠释学Ⅰ:真理与方法》,洪汉鼎译,商务印书馆2010年版,第410页。

落，而是经典文本走向大众、影响大众，与大众文化相融合、持续发挥影响力的另一种方式。

第二，雅俗共识是经典文本融入大众文化的标志。人们一般认为，经典文本属于高雅文化，而大众文化则是通俗文化、流行文化，无非一种消遣娱乐。但实际上，雅俗之间并没有截然的界线。朱自清曾这样评论文体演变过程中的雅俗转化：

> "雅俗共赏"是以雅为主的，从宋人的"以俗为雅"以及常语的"俗不伤雅"，更可见出这种宾主之分。起初成群俗士蜂拥而上，固然逼得原来的雅士不得不理会到甚至迁就着他们的趣味，可是这些俗士需要摆脱的更多。他们在学习，在享受，也在蜕变，这样渐渐适应那雅化的传统，于是乎新旧打成一片，传统多多少少变了质继续下去。①

在没有电子传媒的时代，那些传统意义上的雅文化、雅文本同样遭遇大众文化。词、传奇、平话、章回小说之类的"俗玩意"，就是那些个时代在民间大众中流传、以满足消遣娱乐为旨趣的大众文化。作为大众文化的新文体，它们尽管一开始处于"卑微"的地位，但终究由于读者的接受和欣赏向着"雅化"的方向发展："雅"迁就了"俗"的趣味，"俗"也随之摆脱、蜕变，渐渐适应了"雅化"的传统，于是"雅俗共识"也就成为"新提出的尺度或标准"。可见，"雅文化"与"俗文化"并非界线分明的，"雅士"与"俗人"也存在相互转化的过程，用"雅文化"提升"俗文化"，也会使不少的"俗玩意"上升到经典的地位。

在黑格尔看来，像莎士比亚的作品也会根据观众理解的需要加以生动性改编，对评论家骂听众趣味低劣的现象，他评论说："艺术作品以及对艺术作品的直接欣赏并不是为专家学者们，而是为广大的听众，批评家们就用不着那样

---

① 朱自清：《朱自清：经典常谈 论雅俗共赏》，吉林出版集团股份有限公司 2016 年版，第 146 页。

趾高气扬。"① 今天，当一部部的经典文本被搬上屏幕、被拷贝到网络、被进行数字化改编的时候，也不是经典文本的边缘化，而是在新的历史条件下生命力的再次萌发。这里，经典文本内在的意义并没有消失，只不过是传播经典的媒介发生了变化。实际上，也正是因为这种变化，使经典文本吸引和影响了更多的大众，而大众则以另一种方式表达了热爱和享受经典作品的感情。正如当年黑格尔所说："事实上一切民族都要求艺术中使他们喜悦的东西能够表现出他们自己，因为他们愿在艺术里感觉到一切都是亲近的、生动的，属于目前生活的。"② 经由数字化、图像化改编的经典正是以"属于目前生活"的亲近性和生动性走进了现代人的生活，表现了现代人的情绪。经典文本因植根于现实的沃土而获得新的生命力，就我们当下流行的电子传媒而言，经典文本不会被取代，反而可以通过电子媒介的传播发挥更广泛的影响，保持持久而更加鲜活的生命力。

四、经典文本教学的新路向

语文教学，应当让经典文本以亲近的、生动的方式走进学生的生活、走进他们的心灵。经典文本的图像化、音频化、网络化、"大话化"改编，就是一种亲近的、生动的阅读和教育方式。借助大众文化的力量，学生会深切地感受到，经典文本并不总是板着脸来教育人，它也会以生动活泼的方式亲近人，只是这种亲近并非只有情感的共鸣，而且也带有理性思考的深度。这需要我们的教学引导。

第一，借助大众文化的力量，引导学生构建文本的意义世界。经典文本的教学，应当走向雅俗共赏。雅，是指坚守经典文本语言文字这一学习阵地，从中建构和生成文本的意义世界，接受文本的"真理性要求"；俗，是指在教学

---

① ［德］黑格尔：《美学》（第 1 卷），朱光潜译，商务印书馆 2017 年版，第 351 页。
② ［德］黑格尔：《美学》（第 1 卷），朱光潜译，商务印书馆 2017 年版，第 348 页。

中要融入大众文化，以亲切、生动、活泼的方式呈现文本中的语言文字。刘心武揭秘《红楼梦》，康震评说"唐宋八大家"，鲍鹏山"新说"《水浒》，姚淦铭解读"老子的智慧"……都是借助电视、广播、网络等大众传媒，让经典文本呈现亲切的面孔，滋养普通大众的心灵。《中国诗词大会》《朗读者》《经典咏流传》等一批电视节目，完全可以凭借其"属于目前生活"的亲近性和生动性，浸润精神、滋养心灵。康震教授说起电视节目《经典咏流传》的现场，"观众全都沉浸在诗词音乐的强大感染中"，他们"随着歌手的欢乐而欢乐，随着歌声的惆怅而惆怅，也随着非常富有文化意蕴的歌词而心有触动"，曲终之时"情不了、意不散、神不灭，它们所延绵的精神和风骨，和今天的我们紧密握手，浸润着我们，指引着我们".① 经由大众媒体传播，经典文本的教学可以实现文字作品与声像作品相融合，"读文"与"读图"相渗透。

图文并茂、声情相生，当然可以成为经典文本教学的一种方式。就经典文本的理解来说，它能够超越文字的层面，呈现给学生一个形象画面、一个意义世界，比如学生读《论语》时油然而生"高山仰止，景行行止""虽不能至，然心乡往之"的景仰之情，那是文字激发情感、提振精神的力量，但这并非意味着我们排斥大众文化的影响。当我们借助大众传媒，呈现电影《孔子》中的特定镜头时，那些蕴含在文字中的形象世界、意义世界就有可能因为视听冲击产生直击心灵的力量，引发情感共振和高峰体验。"鲁国，我的父母之邦，我终于回来了"，周游列国、历经磨难的孔子，回到鲁国，颤抖地跪拜在城门前，这样满含热泪地呼喊；"衰老了，很久没有梦见周公了，礼乐仁和的梦想只能托付给未来了"，临终的孔子这样无奈地发出慨叹。这种镜头的时空转换和视听冲击力，与《论语》的文字一起建立起一个审美的意义世界，让学生在感动的瞬间理解了"什么叫悲壮、什么叫崇高、什么叫人格"的力量。

"媒介即讯息"，经典文本传播方式的变化引发学生理解方式的变化。在

---

① 康震：《〈经典咏流传〉:唤醒经典的生长力》，《文艺报》，2018 年 3 月 28 日。

屏幕上，经典文本可以以乐曲的形式演奏、传唱，以朗读的方式传播、弘扬，以书画的形式阐发、诠释，以故事的形式呈现、分享。当多媒体走进了课堂、走向了学生，以电子媒体播放的多彩画面和立体声音激发了学生更浓的学习兴趣。我们不应为了经典而经典，不应当将视频、网络等电子媒介排斥在课堂之外，而是巧妙地借用它，让学生以另一种方式理解经典文本内在的意义，以不同的渠道接受来自经典文本的滋养。《论语》《道德经》《庄子》等国学经典的教学，可以穿插电影、电视剧的相关故事情节，提供专家解读国学经典的视频片段，可以让学生通过网络查阅提出不同的解读观点。《空城计》《失街亭》《林黛玉进贾府》《林教头风雪山神庙》等文学经典，为什么不可以播放相关影视片段？这样教学经典文本，不是哗众取宠，也不是迁就学生，而是让经典文本回归生活，在孩子的心中植入民族文化的基因，激发文化反思的力量。

第二，借助大众文化的力量，引导学生对经典文本的深度学习。将大众文化引入教学，不是为了表面的热闹，而是为了更好地引导学生深度学习。不少人具有这样的担心：影视类的图像艺术会不会"以虚拟的直观真实性替代了思考的深刻性，以肤浅的趣味性消解了理性与意义的深度，以直觉快感取代了精神美感"[①]？流于浅薄，还是导向深入，还在于教师的教学引导。不同类型的文本，传播什么样的文化、怎样传播文化、如何引导深度思考，取决于我们的教学设计。当我们借助于大众文化，拉开罩在学生面前的那些"遮掩生活奥秘的帷幕"时，学生可以强烈地感受到来自经典文本的"真理之光"，产生深度思考的快乐。

比如，我们引导学生阅读《庄子》时，《庄子·齐物论》有一段关于梦的议论：

梦饮酒者，旦而哭泣；梦哭泣者，旦而田猎。方其梦也，不知其梦也。梦之中又占其梦焉，觉而后知其梦也。且有大觉而后知此其大梦也。

---

① 赖大仁：《当代文学及其文化——何往与何为》，江西高校出版社 2008 年版，第 175 页。

而愚者自以为觉，窃窃然知之。君乎，牧乎，固哉！丘也与女，皆梦也；予谓女梦，亦梦也。

在这段话中，庄子指出这样几层梦境：第一层是"方其梦也，不知其梦也"，第二层是"梦之中又占其梦"，第三层是"觉而后知其梦也"但"大觉而后知此其大梦也"，第四层是"丘也与女，皆梦也"，第五层是"予谓女梦，亦梦也"。层层梦境层层觉，每一层"觉"都发现上一层仍然不过是"梦"，那么清醒的现实究竟在哪里？这里可以借助电影《盗梦空间》的相关片段来理解。该影片同样表现了五层梦境，尽管故事情节是主人公在梦境中向目标人物植入一种意念，但影片揭示的还是关于人生的哲理，比如结尾处以旋转着的似乎要倒下但终未倒下的陀螺在启发观众思考梦与现实的关系。从《庄子》的说梦到电影故事的"造梦"，这样"互文本"的教学，将一层层的梦境推给学生，也就带给学生层层深入的思考、层层辩证的解析，从而感悟人不应当沉溺于梦幻而应追求生命"大觉"的道理。这就是借助大众文化的一种深度教学。

实际上，经典文本与视频文本的组合是一种新形式的"互文本"教学，完全可以用来引导学生更具深度的理解和思考。比如，有教师教读《西游记》时，将电影《大圣归来》引入课堂，让学生比较原著中的唐僧形象与经过电影改编的唐僧形象后，回答"更喜欢哪一个故事"这个问题。[1] 这样的比较，不仅有趣，而且拓展学生思考和想象的空间，引导学生参与文本意义的创造。教学《珍珠鸟》时，有教师播放电影《群鸟》《肖申克的救赎》《象棋的故事》相关剧情片段，教给学生一种批判性的思维方式：作者"欣赏囚禁"的嫌疑来自自由意识的缺失。[2] 师生在"图—文"式的"互文本"阅读中，或许可以直抵作者的潜意识状态！

随着"互联网+"和"融媒体"时代的到来，"互文本"或"群文"教学的理念也需要进一步更新。基于互联网的"文字+视频+图像+音频"的呈现方

---

① 熊芳芳：《生命语文课堂观察》，漓江出版社 2017 年版，第 123 页。
② 郭初阳：《言说抵抗沉默——郭初阳课堂实录》，华东师范大学出版社 2006 年版，第 101 页。

式，可以理解为一种新的"互文本"方式。教师可以引导学生读文字、看视频、听声音、写评论，让静态的文字作品变成实时互动的"立体世界"。这样的教学，让经典文本成为"可写的文本"，呈现更大的意义空间。于是，经典文本跨越时空的距离以令人亲近的方式向学生讲话，学生在自觉和不自觉间便被"移入"文本所开启的意义世界。"读图""读屏"，并非意味着学生思维与趣味的肤浅，同样可以引导学生在"图像"与"文字"的交互作用中更加深刻、透彻地理解文本的意蕴。美国学者费斯克在借鉴罗兰·巴特提出的"可写的文本"概念的基础上提出了"生产者式文本"。在他看来，有些电子文本、图像文本同样是"生产者式文本"，同样具有开放性，"它自身就已经包含了与它的偏好相悖的声音，尽管它试图压抑它们；它具有松散的、自身无法控制的结局，它包含的意义超出了它的规训力量，它内部存在的一些裂隙大到足以从中创造出新的文本。它的的确确超出了自身的控制"[1]。事实正是如此，呈现在电视、电影、音频、网络等媒介上的经典文本，同样具有特定媒介的独特性，比如蒙太奇的转换、声音与图像的组合、"超链接"实现的文本交叉等，同样引导学生参与意义的创造，让学生在与文字文本的比较、交互作用中发展自己的思维和智慧。

五、经典文本教学的超越性

尽管大众文化在经典文本教学中具有重要作用，但仍然只是作为工具、手段起辅助作用，而不能代替经典原著的教育影响力。在教学中，我们应当以辩证思维把握大众文化与经典文本的关系，实现经典文本教学对大众文化的超越。经典文本的图像化、网络化、音频化以及各类改编，不能失去经典文本以语言文字来滋养心灵、启迪智慧的力量。对语文教学来说，它是语言文字为学生开启和建立了一个意义世界，从文本诞生之日起，这一意义世界就不断丰

---

① ［美］约翰·费斯克：《理解大众文化》，王晓珏、宋伟杰译，中央编译出版社 2001 年版，第 128 页。

富、扩展，及至今天，它又凭借大众文化实现新的意义增殖。经典文本的教学，就是引导学生在揣摩语言文字的过程中进入文本所开启的意义世界，任何脱离语言文字的架空分析、随意改编，都会消解经典文本自身的价值。这就是文本意义开放性与限定性的辩证统一性。

第一，我们要辩证分析大众文化现象。对大众文化来说，它并非"铁板"一块，其中既存在为了大众、引领大众、促进雅俗共赏的"popular culture"，也有迎合大众、博人眼球、庸俗媚俗的"mass culture"。在经典文本教学中，我们必须具有分析、辨别、批判的眼光，具有借助但又要超越大众文化的魄力，善于"拿来"为我所用。有些经典文本的改编系列，不过是以经典文本中的某个因素如人物、事件或环境等为引子"另起炉灶"，比如作为电影文本的《哪吒之魔童降世》《大圣归来》等，仅仅是"只取一点因由，随意点染，铺成一篇"，与原著已经相去甚远；还有些改编则是以迎合消费、哗众取宠、滑稽搞笑的"戏仿"和"恶搞"，目的就是颠覆经典、博人一笑，比如对名著的"戏仿"或"歪说"系列，"Q版语文"系列，均无从谈及经典文本内在的精神意蕴。对于"另起炉灶"类的经典文本改编，可以根据教学需要拿来为我们所用，比如，"大话西游"系列、"哪吒"改编系列，引导学生在人物、情节等方面同原著作比较分析，借以提升他们分析和鉴赏的能力。但是，对那些对经典文本的"戏仿""恶搞"，由于"没有正面的价值与理想的支撑"所导致的一种虚无主义与犬儒主义式的人生态度①，不相信一切价值和"玩世不恭"的文化立场，我们应当保持高度警惕。这种搞笑版的经典改编，在校园里占有一定的市场，就是因为学生感到"好玩"，但"好玩"久了，他们就会因为驱逐经典的厚重而导致思想上的钝化和肤浅、审美上的庸俗和鄙陋。

第二，防止庸俗大众文化对学生精神成长的误导。大众文化不等于庸俗文化，但不能否认其中会存在一些"mass"类的庸俗文化。经典文本的"戏仿""恶搞"式改编是"随手拈来，大口吞下"的"庸俗文化""快餐文化"，钱

---

① 陶东风：《大话文学与消费文化语境中经典的命运》，《天津社会科学》2005年第3期。

理群教授引用鲁迅的话说："吃下的'不是滋养品,是新袋子里的酸酒,红纸包里的烂肉',其结果不只是倒胃口而已:吃'烂肉'、喝'酸酒'长大,是可能成为畸人的。"① 英国一位作家赫胥黎,在 20 世纪 30 年代发表了科幻小说《美丽新世界》,小说描绘了这样一个"美丽新世界":按照工业化流水线方式制造出的人,在技术力量和迷幻药物的作用下,尽情享受着娱乐世界的幸福快乐;但是,他们不再具有独立的思想、不再具有自由的意识,从此成为技术的奴隶。这警示我们,如果任凭学生沉溺于"快餐文化",那么他们将会以"娱乐"的名义制造一个不要思想、不要智慧,"忘了烦恼忘了忧,只要欢乐不要愁"的未来世界。这是多么可怕的事情! 在一个经典文本遭遇大众文化的时代,语文教学还应当坚持自己的理想,秉持未来意识、超越意识,承担为未来社会培养新人的责任,即我们不只是引领大众文化的方向,还要培养学生分析、鉴别、筛选、批判大众文化的能力,创造新文化的精神,如《普通高中语文课程标准》所说,让学生学会"理解、辨析、评判媒介传播内容的水平,以正确的价值观审视信息的思想内涵,培养求真求实的态度"。"在一个科技发达的时代里,造成精神毁灭的敌人更可能是一个满面笑容的人,而不是那种一眼看上去就让人心生怀疑和仇恨的人。"② 学会辨别真假美丑,才能识别"满面笑容"的人的虚假和欺骗。面对作为"mass culture"经典文本的搞笑式改编,那些具有理解力、鉴别力和批判力而又内心精神强大的人不但能保持高度警觉,而且还能致力于改变、发展和引领,将大众文化改造为一种服务于人类精神发展的新文化。培养具有这样鉴别力、创造力和引领精神的学生,是语文教学的时代使命。

第三,回归经典文本的语言滋养。借助大众文化而又超越大众文化,实现大众文化向经典原著、向文本语言的回归,是语文教学应当坚守的方向。经典之所以为经典,就是在于它表现出"心灵和意志的较高远的旨趣""真正长存

---

① 钱理群:《我们为什么要读经典》,《基础教育》(月刊)2006 年第 12 期。
② [美]尼尔·波兹曼:《娱乐至死》,章艳译,中信出版社 2015 年版,第 186 页。

而且有力量的东西""心灵中人类所共有的东西"①。在语文教学中，这种旨趣、力量来自经典文本的语言文字。如果我们不去引导学生揣摩语言文字，不去感受隐含在语言文字中的强大精神力量，而是交给形形色色的表演，交给花样繁多的电子媒体，交给电子屏幕的碎片化阅读，我们将难以培养有独立思维能力和创造精神的新人。在科幻小说《美丽新世界》中，除了技术书，这个新世界禁止了一切历史书和文学书，因为它们会让人产生不愉快，产生独立的想法。这正是让赫胥黎所担心的，这样的社会再也没有人会读书，因为我们生活在"充满感官刺激、欲望和无规则游戏的庸俗文化"之中，"我们将毁于我们热爱的东西"②。从这个意义上说，无视经典文本的语言文字、沉溺于屏幕的感官刺激也是一场没有意义的"滑稽戏"。

美国学者波兹曼说："有两种方法可以让文化精神枯萎，一种是奥威尔式的——文化成为一种监狱，另一种是赫胥黎式的——文化成为一场滑稽戏。"③为了突破文化的"监狱"，我们引导学生以自己的眼光、自己的经验阅读和理解经典文本，将经典文本的意义引入当下的生活世界，就是让经典文本以开放的姿态包容学生多样化的理解，包括创造性、批判性的理解。但同时，我们决不能让经典文本走向"娱乐至死"般的"滑稽"和"恶搞"，因为作为经典文本的语言文字，不只是培养学生对语言文字的敏锐感受力，而且还要激发学生的联想力、想象力和创造力，培养学生领悟、理解生活和有创意地表现生活的能力。这也是借助大众文化并超越大众文化的辩证法。大众文化只有在辅助学生理解经典文本的语言文字，在图、文、声的相互补充中促进学生理解经典文本"心灵和意志的较高远的旨趣"时，才真正实现它的价值。

---

① ［德］黑格尔：《美学》（第1卷），朱光潜译，商务印书馆2017年版，第354页。
② ［美］尼尔·波兹曼：《娱乐至死》，章艳译，中信出版社2015年版，"前言"第Ⅱ页。
③ ［美］尼尔·波兹曼：《娱乐至死》，章艳译，中信出版社2015年版，第185页。

第三章

视域融合论

视域融合，对个体的人来说，是在解释学处境中开放自己的视域、不断超越已有经验而生成新经验的过程。作为理解的教学，是一种视域融合：既是学生、文本、教师等教学要素彼此发生视域融合的过程，也是每一要素——无论是学生、教师，还是文本——自身视域不断延伸、拓展并最终实现自我超越或意义丰富的过程。

从教师与学生的关系看，师生围绕文本所进行的交流与沟通，显示师生相互影响、相互启迪、共享意义的过程性特征；从文本与师生的关系看，每一个文本都是为了师生的理解而存在的，理解构成了文本的存在方式，因而文本也就处于师生认同性融合、创造性融合与批判性融合的意义生成之中；从文本与文本的关系看，每一个文本都不是孤立、静止的存在，其内部交织了不同的声音，始终处于对话交流的动态过程之中。视域融合的动态生成性决定了语文教学的过程属性。

第一节　视域融合的解释学理解

理解文本、理解他人或理解某个事物，总是从历史在先给定的有限视域开始的。视域就是看视的区域，"囊括和包容了从某个立足点出发所能看到的一切",而这个视域也是"我们活动于其中并且与我们一起活动的东西"①。视域融合在时间维度上就是古与今的融合。就意义理解来说,它表现为自古而今的意义生成过程;从文本的角度看,文本的意义存在于它自诞生以来的"自我表现"之中。

一、古今融合与解释学循环

视域融合在其本义上,并不是几个独立存在的视域相互融合为一体,伽达默尔一再强调:"正如没有一种我们误认为有的历史视域一样,也根本没有一种自为的(für sich)现在视域。理解其实总是这样一些被误认为是独自存在的视域的融合过程。"② 视域就是那一个视域,它在不断地运行、延伸、扩展,就像不断延伸的地平线,它随着我们的前行而一直前行,以至于我们难以明确地分辨出是哪一条地平线、是谁的地平线。作为"地平线"的视域,始终处于动态地开放性融合过程之中。

在时间维度上,视域融合就是古今融合。古与今是一个相对的概念,所谓"古"即古人的"今",而"今"不过也是未来的"古"。狄尔泰说:"我们是持续不断地沿着这条河流航行的,因此,一旦未来变成了现在,现在就会沉入到过去之中。""生命所具有的特征,就是存在于现在、过去和未来之间的关系。"③ 狄尔泰强调的是生命历程的连续性,即每一个"现在"包含着"过去"与"未来"的连续性。对现在的视域来说,它由过去视域延伸至此,不仅"沉积着过去",还"包含着过去的痕迹"。但同时,这一自过去而来的视域经由"现在"并继续延伸向未来。一个事件、一个文本,无论是古代的,还是现在的,它都不会是"自在自为"之物,它总是要在"过去—现在—未

① [德]汉斯-格奥尔格·伽达默尔:《诠释学Ⅰ:真理与方法》,洪汉鼎译,商务印书馆2010年版,第428、430页。

② [德]汉斯-格奥尔格·伽达默尔:《诠释学Ⅰ:真理与方法》,洪汉鼎译,商务印书馆2010年版,第433页。

③ [德]威廉·狄尔泰:《历史中的意义》,艾彦译,译林出版社2014年版,第41页。

来"的时间轴上显现自身、展示它的意义。"宇宙整体也好，人类历史的整体也好，其每一瞬间都既隐藏着——负载着和沉积着过去，又隐藏着——孕育着和蕴涵着未来。"① 这是一个开放的视域融合观，它让置身于这一历史进程中的我们带着我们自身的视域前进，而我们自身的视域显然又受到过去、传统东西的影响，当过去的视域融入我们当前的视域，它便顺应了这一趋势延伸、拓展向未来，从而形成更为宽广的视域。

视域融合在海德格尔、伽达默尔那里，是生存论、本体论意义上的概念，是一个"效果历史事件"，意即过去、传统的东西总是作用于我们的"理解前见"，并和我们理解的传统一起构成更大的视域。"理解前见"，就是理解者在现实处境中形成的意义预期。在理解过程中我们无法抛弃据以理解历史、理解文本、理解他人的"前见"，但是"前见"又是由历史、传统所形成的，因为我们本身就处于历史传统之中。我们总是带着由传统形成的"前见"来理解作为"传统"的文本、历史事件。这似乎进入了一种"循环"。但是"解释学循环"，不是一个封闭的系统，而是一个不断开放、没有止境的循环。我们在"理解前见"的支配下预设、猜测理解对象的意义，但这种"意义预期"在理解的过程中会不断地发生变化，直到我们被理解对象（比如历史事件、作为传统的文本等）所改变。这种"理解前见"的自我修正或改变意味着自我的提高。但同时，我们由于"理解前见"的作用又会让那些理解的对象在新的情境中产生新的意义，生发新的生命活力。这意味着我们能够以新意义的生成和创造反作用于文化传统。这就是具有古今融合的解释学循环。理解中的解释学循环，可借用肖恩·加拉格尔"解释与传统"的关系作如下图示②：

① 张世英：《哲学导论》（第3版），北京大学出版社2016年版，第283页。
② ［美］肖恩·加拉格尔：《解释学与教育》，张光陆译，华东师范大学出版社2009年版，第127页。

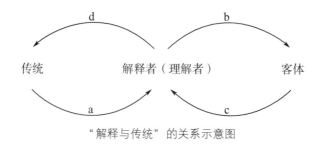

"解释与传统"的关系示意图

理解者的理解要受到文化传统的制约，他的"理解前见"是由文化传统所构成的，表现为 a 步骤；理解者以其"前见"来理解某个文本、事件或其他"客体"，表现为 b 步骤；文本、事件或其他"客体"等被理解对象作用于理解者，引起理解者既有经验或"前见"的改变，表现为 c 步骤；理解者综合形成的经验再次反作用于文化传统，成为改变传统的一种创造性力量，表现为 d 步骤。其中，a 和 d、c 和 b 是理解过程中的两个小循环；而从 a 到 d 的四个步骤体现的理解过程中的大循环；a 和 c 是理解者被传统所制约，被理解对象所改变的过程；b 和 d 体现的是理解者的创造性力量，即可以对理解对象作出创造性解释，反作用于文化传统、引发文化传统的改变。

对教育来说，人们往往更加重视自我改变即 c 这一个步骤。利科尔认为，在文本中必须解释的东西就是"我能居住并在那儿我们能筹划我们最密切的可能性的意欲世界"，而"我所占有的东西乃是意欲的世界"，意欲的世界"不是在文本之后，像一个隐藏的意图那样，而是在文本之前"。理解就是在文本面前理解我们自己，"它不是一个把我们有限的理解能力强加于文本的问题，而是一个把我们自己揭露给文本并从它那里得到一个扩大自我的问题"①。他的意思是，在理解之后，我们变了，或者获得新的知识，或者具有精神上的充盈，或者达到了境界的提高，由此，形成我们新的理解视域。实际上，解释学循环的每一步对教育来说都具有启发意义，尤其是以自我理解的方式反作用于文化传统，引发传统改变和更新的第四步。教育不只是学生改变自我，还要

---

① ［法］利科尔：《文本是什么?》，引自洪汉鼎、傅永军：《中国诠释学（第七辑）》，山东人民出版社2010 年版，第 10 页。

培养学生更新、创造文化，引领社会发展的责任意识。

二、文本视域及其自我表现

对理解对象来说，比如作为历史传承物的文本，它也具有视域的古今融合。自它诞生以来就构成了一条连续不断的意义生成链。这一意义生成链，实际上就是文本视域的古今融合。文本视域的融合表现为不断前行、运转摆脱原有的处境限制而融合为新视域的过程。我们把文本视域融合的过程看作是它的"自我表现"。"自我表现"，意思是说文本意义的生成不依赖于它最初的创作情境，也不受作者创作意图的控制，它把自我表现交给了"境遇"，在不同境遇中它就会有不同的表现。伽达默尔将这一特性称为"偶缘性"，即"意义是由其得以被意指的境遇（Gelegenheit）从内容上继续规定"①的特性。"偶缘性"不是理解者、解释者给强加上的，而是文本自身要求的一部分，从属于文本的自我表现。那么，作为自我表现的"文本视域"与理解者的"理解视域"是不是两个视域呢？不是的，视域，仍是那一个不断融合的"视域"，"所谓视域融合，与其说是理解者融合了文本视域，毋宁说是文本真理或效果历史融合了理解者的视域；对于理解者来说这是文本真理被'应用'于自身……对于文本真理而言则是'自我表现'于新的处境"②。这仍然是同一个视域在"过去—现在—未来"的时间维度上的拓展和运行。

文本的自我表现，比如戏剧的演出、器乐的演奏、歌曲的演唱、绘画的欣赏、文字的阅读等具有"游戏"的特征。这是因为，"游戏的存在方式就是自我表现"，它"所有表现活动按其可能性都是一种为某人的表现活动"③。那就

---

① ［德］汉斯-格奥尔格·伽达默尔:《诠释学Ⅰ:真理与方法》,洪汉鼎译,商务印书馆2010年版,第211页。

② 李清良:《伽达默尔自相矛盾吗?》,引自洪汉鼎、傅永军:《中国诠释学(第七辑)》,山东人民出版社2010年版,第61页。

③ ［德］汉斯-格奥尔格·伽达默尔:《诠释学Ⅰ:真理与方法》,洪汉鼎译,商务印书馆2010年版,第159页。

是说，文本的自我表现，是不受游戏者（比如创作者）控制但为观赏者而进行的"表演"，只有在被观赏、被阅读、被理解、被展现、被再创造的过程中它才成为真正的存在。伽达默尔认为，自我表现是游戏的真正本质，游戏就是通过其表现与观赏者对话，因此，观赏者不管与游戏者的一切间距而成为游戏的组成部分。① 文本在表现中与观赏者对话，是在向观赏者发出吁请：请"你"参与到"我"的表现中，"我"请"你"与"我"同戏。

"我"与"你"的对话关系，早在施莱尔马赫那里就已经提出，只是施莱尔马赫认为，这个"你"并非文本，而是文本背后的作者，"我"通过文本来理解"你"就是要重新经历一遍"你"的精神创造过程，以期在文本阅读中能够比"你"更好地理解"你"，即"我们应当比作者本人更好地理解作者"。狄尔泰也是这样认为，文本是作者精神生命的表达，理解文本就是通过内在的体验在"你中发现我"，那些文本在我们尚未理解时，都是异己的或陌生的"它"，一旦我们真正理解了这个陌生的"它"时，"它"也就变成了熟悉的"你"，其陌生性和不可思议的特点将随之消失。② 他们追求的是重建作者精神生命表达的历程，也就是由于人与人之间所具有的共同性、普遍性以及由此产生的共通感，"我"可以通过心理体验重建"你"生命表达时的最初情境。狄尔泰说："一个语句之所以是可以理解的，是因为一种语言、各种语词所具有的意义、各种语调的抑扬顿挫所具有的意义，以及各种句法安排所具有的意味，都是一个共同体所共同具有的财富。"③ 正是建立在"普遍同情"基础上的意义理解让重建过去的情境成为可能。施莱尔马赫、狄尔泰，都没有将文本从作者的创作情境那里独立出来，没有发现文本脱离作者控制的自我表现特性。

到了伽达默尔，作为文本理解过程中的"我"与"你"的对话，不再寻

---

① ［德］汉斯-格奥尔格·伽达默尔：《诠释学Ⅰ：真理与方法》，洪汉鼎译，商务印书馆2010年版，第171页。

② 何卫平：《通向解释学辩证法之途——伽达默尔哲学思想研究》，上海三联书店2001年版，第224页。

③ ［德］威廉·狄尔泰：《历史中的意义》，艾彦译，译林出版社2011年版，第70—71页。

求对过去创作情境的重建，而是文本在与"你"的"偶缘""境遇"中表现它自己。在他看来，离开文本当下的"偶缘""境遇"，重建文本产生时的情境，既不可能也无必要。他引用黑格尔的话说"缪斯的作品"：

> 现在就是它们为我们所看见的那样，——是已经从树上摘下的美丽的果实，一个友好的命运把这些艺术品给予了我们，就像一个姑娘端上了这些果实一样。这里没有它们具体存在的真实生命，没有长有这些果实的树，没有土壤和构成它们实体的要素，也没有制约它们特性的气候，更没有支配它们生长过程的四季变换——同样，命运把那些古代的艺术作品给予我们，但没有把那些作品的周围世界给予我们。①

过去的文本与今天的我们相遇，不是为了要我们重建它的过去，就像我们不能让"果实"重新回到树上一样，而是要在我们现在的条件、境遇下表现出不同的东西。但同时，文本仍具有自我表现的特征，即不论在后来的境遇中文本具有什么样的表现，仍然是它的自我表现而不是变成其他的什么。这就是文本视域融合的辩证法：既是文本自身自古而今的视域融合，也是今天的境遇中"你"与"我"的视域融合。因此，视域融合作为一个理解发生的"事件"——使文本意义表现出来的"事件"——处于古今沟通与融合的无限过程中。

三、语文教学的解释学转向

视域融合是对理解活动的一种形象描述，正如理解是人的存在方式一样，它是人置身于历史进程中将过去延伸向现在并指向未来的一个源源不断的理解过程。从这个角度看，语文教学应当转向关系性、生成性思维方式，引导学生

---

① ［德］汉斯-格奥尔格·伽达默尔：《诠释学Ⅰ：真理与方法》，洪汉鼎译，商务印书馆2010年版，第245页。

在自我理解与相互理解中实现与语文知识、文本意义的交互作用和自我发展。

（一）以自我理解为根基的经验融合

理解是人的存在方式，也是教学的存在方式。学生的语文学习是一个自我理解的过程，语文教学是师生与文本之间相互理解的过程。这里的自我理解，不是认识论意义上个体对自己的认识或评价，而是本体意义上的作为个体的一种存在方式。在教育意义上，自我理解是指，作为个体的学生以自己的方式来理解生活、理解课程、理解他人，并将所理解的意义整合进自己的经验、实现自我提升的活动过程。在解释学意义上，自我理解就是一种视域融合，也就是学生在理解一个对象时自觉不自觉地将自我的处境意识带进去，并伴随了整个理解过程。但是，在这一过程中他并不固守自己的"前见"，而是向理解对象开放自己，随着理解的深入他可能改变自己，也可能改变理解对象原有的观点或意义。无论是学生的自我提升还是理解对象因个体学生理解的"自我方式"而产生的新的见解或意义，都是视域融合的表现方式。

作为学生的自我理解，它实际上就是从自我出发、以自我的方式进行、并为了自我提升的一种解释活动。从自我理解的角度看，语文知识不是外在于学生的客体，比如那些汉字、词语、句子、文章等，不是作为认知的对象呈现给学生，而是带有自我表现特点与学生"周旋""交往"的"伙伴"。学生的学习，就是与那些字、词、句、篇等知识相"周旋""交往"，将它们化为"自我经验"和"为我所用"的东西，在"我与它""我与你""我与我"的沟通、交流中上升为自我理解。比如，有位教师批阅学生的随笔，惊喜地看到学生写有"抓一把月光"的句子，他想起曾经和学生一起欣赏"月光如流水一般，静静地泻在这一片叶子和花上"的情景，觉得当时分析"泻"字的妙用在这篇随笔里得到了照应。这就是作为自我理解参与其中、相互交融的学习，而不是静观他物、彼此无涉、寻求主客体相符的"认知"。如果教师能够随手回复一句"照之有余辉，揽之不盈手"（陆机《拟明月何皎皎》）或者"不堪盈手赠，还寝梦佳期"（张九龄《望月怀远》），又可以引导学生更深的思考：词语运用的知识和技能，因为特定情境中的自我理解而变得如此鲜活！苏霍姆林斯基带领学生在大自然、周围世界中学习知识，"儿童学习看出并且通过亲身体验去认识事物跟词之间的深刻的联系"，他们"不仅是用智慧，而且是用整个心灵来感知周围世界的"，那些用心灵来感受学习到的每一个词，"好比是一点火花，去点燃思维的火药"①。可见，语言文字只有在与学生的自我经验联系在一起、成为他们经验的一部分并能在不同的情境中灵活运用时，才真正成为他们自身的有机构成部分，成为活的知识。

（二）以相互理解为中介的教学交往

视域融合也是语文教学中的相互理解。语文学习是作为个体学生的自我理解，即他要把知识化为他自己的东西，但语文教学中的相互理解同样不可缺少。作为个体的学生，无论他理解的对象是课程知识还是作为他人如教师或其他学生所讲述的经验，都需要具有一种相互理解的意识，即我在倾听他人讲话的同时，他人也在理解我所说的话、回答我的问题。师生之间的相互理解，就在于师生都把对方作为理解的"你"，建立一种交互作用、交互影响的关系：学生要理解教师，因为在教师那里，具有经过选择的、重组的课程内容，是具有超越学生但又处于"最近发展区"的知识经验，倾听意味着自我经验的拓展和提升；教师要理解学生，因为学生那里的生活经验、言语经验是教学的起点，学生的学习困惑、思维局限是教师需要着重解决的问题，学生不同于教师的新见解、新思维、新方法同样会启发教师教学的新思路。

对课程文本或知识经验来说，同样存在彼此间的相互理解。那些呈现在学生面前的课程文本、有待于学习的语文知识也会从它们的角度理解学生吗？是的，只要我们把课程文本、语文知识看作一个可以交流、沟通的"伙伴"，而不是作为既定的、不变的"客体"，它们就会以吁请、回答、暗示等方式理解学生，正是与作为理解者的学生处于交往、周旋的"伙伴"关系之中，课程文本或知识经验才会成为具有生命力的存在。美国作家惠特曼有这样的诗句："伙伴哟，这不是书本，谁接触它就是接触一个人。"② 是的，伽达默尔将文本、

---

① ［苏］苏霍姆林斯基：《给教师的建议》，杜殿坤编译，教育科学出版社1984年版，第180页。

② ［美］惠特曼：《草叶集》，李野光译，北京燕山出版社2008年版，第432页。

知识之类的可被理解的对象，称为"传承物"，它可以生动地、亲切地讲话。他说："传承物并不只是一种我们通过经验所认识和支配的事件（Geschehen），而是语言（Sprache），也就是说，传承物像一个'你'那样自行讲话。一个'你'不是对象，而是与我们发生关系。……传承物是一个真正的交往伙伴。"① 学生面对的课程文本、课程知识就是"历史传承物"，当它流传到学生这里，它不是向学生呈现某种原始的、客观、永恒不变的面目，也不为原初的创作情境所束缚，而是经过不同形式的编排、改造出现在学生面前的"伙伴"，它以亲切的语气向学生说话，甚至会对不同的学生讲出不同的话。比如，学生所有要学习的语文知识，不论是"字词句篇语逻修文"的事实、概念、原理性的知识，如何听说读写的技能性知识、方法性知识，还是蕴含情感、态度、价值观的人文性知识，都要经过教科书特意地编排和重构，以及教师结合具体教学情境的再加工、再创造。因而，这些知识以理解学生并为学生所理解的亲切面目出现，激发起学生问答的欲望，而学生问的越多，它就回答的越多。反过来，它也在向学生提问，那些暂时不能内化为学生经验的东西，比如造成理解停顿、让学生感到困惑的知识，都是向学生提出的问题。

当然，课程文本、语文知识不可能自觉地、无条件地理解学生，而是在教学情境中经由别具匠心的重组，以亲切"伙伴"的方式进入学生的心灵，为学生所喜欢。我们大概不会想到，《论语》经过师生的重组和改造变成了《嗨，孔夫子——中学生读〈论语〉》《大画〈论语〉》的校本课程。这里，有学生根据论语内容创作的漫画，有学生由此联想到的中外故事的"同龄人语"，有师生共同翻译成的英文，还有学生的阅读感受。② 实际上，让课程文本、课程知识理解学生，就是让它们适应学生、引导学生、为了学生，让它们

---

① ［德］汉斯-格奥尔格·伽达默尔：《诠释学Ⅰ：真理与方法》，洪汉鼎译，商务印书馆 2010 年版，第506 页。

② 潘志平：《嗨，孔夫子——中学生读〈论语〉》，浙江教育出版社 2016 年版；潘志平：《大画〈论语〉》，杭州出版社 2017 年版。

和学生进入一种"问答结构"，最终实现相互理解，以至于不知道哪些是原来课程文本、课程知识的内容，哪些是学生既来的经验，只是知道相互融合在一起构成更大、更宽广的新视域。

（三）以自我教育为目的的深造自得

自我理解与相互理解最终要上升为自我教育。伽达默尔说："教育就是自我教育，教养（cultivation）就是自我的修养（self-cultivation）。"① 学生以自我特有的方式来理解文本、理解知识、理解社会、理解生活，并在这种理解中实现自我理解，建立起自我成长与理解对象之间的关系，实现自我视域的扩充和提升。在语文学习中，学生理解生活，就是站在自己的处境、以自己的思考来参与生活、进入生活并建构新的生活。学生不是置身于生活之外，而是以其自己的思考、自己的方式体悟生活、把握生活、创造生活。语文教学，从根本上讲就是激发学生参与生活、思考生活、表现生活的激情和意识，引导学生以言语活动的方式把他所理解的生活表达出来，并把这一切言语活动上升为自我教育。苏霍姆林斯基说："一个少年，只有当他学会了不仅仔细地研究周围世界，而且仔细地研究自己本身的时候；只有当他不仅努力认识周围的事物和现象，而且努力认识自己的内心世界的时候；只有当他的精神力量用来使自己变得更好、更完善的时候，他才能成为一个真正的人。"② 如果教学的重点从知识传授转向自我教育，那么文字、词语、语段、语篇等知识，就会在学生的大脑里活起来，成为与学生世界相联系的、属于学生自己的东西，因而他可以通过运用知识来表现和展示自己的智慧，"由于经常不断地亲身感觉和体验到运用知识的快乐，感觉和体验到自己是知识的主人的自豪，他就会把这种对待周围世界的态度迁移到自己身上和书籍上来"③。那些原本外在于学生的知识在灵活运用中成为他自己的东西，学生与课程知识的相互理解也就最终转化为他的自我理解，进而上升为自我教育的自豪和快乐。

---

① Hans-Georg Gadamer," Education is Self-Education,"*Journal of Philosophy of Educaton* 35, No. 4（2001）:529.
② ［苏］苏霍姆林斯基：《给教师的建议》，杜殿坤编译，教育科学出版社1984年版，第347页。
③ ［苏］苏霍姆林斯基：《给教师的建议》，杜殿坤编译，教育科学出版社1984年版，第165—166页。

在解释学意义上，学生对于异己知识的理解，其实就是在他物中"学会理解我自己"，"所有自我理解都是在某个于此被理解的他物上实现的，并且包括这个他物的统一性和同一性"。① 伽达默尔在谈到教化时说："在异己的东西里认识自身、在异己的东西里感到是在自己的家，这就是精神的基本运动，这种精神的存在只是从他物出发向自己本身的返回。"② 从自我理解、相互理解到自我教育，体现出语文教学与学生成长的交互促进关系，教师的"教"是为了学生的"学"，而"学"的最高境界则表现为学生将那些异己的知识化为自己熟悉的经验，达到灵活运用、左右逢源的自由状态。孟子说："君子深造之以道，欲其自得之也。自得之，则居之安；居之安，则资之深；资之深，则取之左右逢其原，故君子欲其自得之也。"（《孟子·离娄下》） 其实，无论是道德修养还是学习求知，都应当是一个"自得"的过程，切己体察、内得于心，将知识化为自己的经验。如果用之得心应手有如"在家的感觉"，那就具有一种"左右逢源"的自得之乐。

第二节　基于视域融合的教学理解

语文教学是多层、多重视域融合的过程，学生与文本、学生与学生、学生与教师，以至于师生与文本作者、教材编著者、课程编制者等都会存在彼此融合和交互作用。其中，学生与文本的视域融合是语文教学的基础，其他层面的视域融合是以此为基础的拓展和深化。教学具有理解性，语文教学就是学生在教师的引导下基于已有知识经验理解课程文本，建构运用知识、生成文本意义，进而促进生命和精神发展的学习活动。

---

① ［德］汉斯−格奥尔格·伽达默尔：《诠释学Ⅰ：真理与方法》，洪汉鼎译，商务印书馆2010年版，第142页。

② ［德］汉斯−格奥尔格·伽达默尔：《诠释学Ⅰ：真理与方法》，洪汉鼎译，商务印书馆2010年版，第26页。

一、理解文本的不同方式

在历时维度上，视域融合就是来自学生不断前行的视域在某个特定情境中遇到了来自文本的视域，并将文本视域整合进自己的视域以实现自己视域扩充、拓展的过程。尽管视域融合的总体方向一致，但融合的方式不尽相同。从学生理解的角度看，可以分为三类：一是以语文知识接受、内化、应用，观点认同、意义沟通、文化共享为主的认同性融合；二是产生新理解、发现新知识、创造新文化的创造性融合；三是质疑、批判，实现思维方式转换和升华的批判性融合。

（一）对文本的认同性理解

课程文本，对学生来说，是经过重构和编排承载了语文知识和文本意义的学习文本。认同性理解，就是学生与以课程文本为载体的语文知识和文本意义发生视域融合，将其同化、整合进自己已有经验结构的过程。之所以称之为"认同性理解"，一是因为学生乐意承认、接受、应用这个知识，或赞同、支持这一观点，或在沟通交流中生成某种共享的意义；二是因为他将这一知识、观点或意义内化到自己已有的经验结构中，让它成为自己经验中的一部分。对语文知识来说，汉字的音形义、词语的解释和运用、文章的读法写法等知识，需要学生的理解，而理解不仅仅是指懂得了、知道了，而且是内化了、融合了、会用了，成为他经验中具有生机和活力的要素。比如，关于叙事文本的"叙事视角"，如果仅仅了解什么是"叙事视角"，不过是"知道"层面的学习，只是掌握信息但不能达成理解，很有可能这一知识仍然是外在于学生经验的"异己的东西"。但是，当学生在叙事文本的阅读中提出问题、思考问题，进而调用已有的经验分析、比较不同叙事视角的表现效果，甚至换一种方式来应用它，这就上升为对知识的理解。比如，为什么《孔乙己》的叙事者是"我"，以"我"的视角叙事与以"掌柜的"视角叙事会有怎样不同的效果；《变色龙》的叙事者好像是一个知道一些事情又不全然了解的旁观者，他为什么对警官奥楚蔑洛夫的行为不作任何评价等。如果学生能够提出或思考这样一些问题，说明他正试探着将这些"异己"的知识纳入已有的经验结构，说明他正试图理解"限知"叙事视角、"全知全能"叙事视角、"有限全知"叙事视角的不同，或者他还可以换一种叙事视角讲述故事，尽管他未必知道这些术语，但他的行动说明他已经上升为理解性应用。

对语文课程来说，人文知识也是学生学习的重点。那些蕴含在语言中的"意义"，内涵了对人文世界的解释、对生命价值和人文精神的追寻，可以理解为学生要学习的人文知识。但是，这类知识并不是固定在文本中的客观对象，而是学生在与文本对话中建构生成的意义。人文知识的认同性理解具有多种表现方式。比如，可以是乔治·布莱式的"精神之流"，学生通过语言把握隐含在文本中作者的"我思"，从而达到他的"我思"与作者的"我思"的认同；可以是狄尔泰式的"体验"，以其自身"体验"用文本或知识形态存在的"生命表达"，追求"在你中发现我"的境界；可以是海德格尔式的"投射"与"移入"，作品以其"自行置入"的真理"投射"出力量，将学生"移入"它敞开的领域之中，从而让学生感受到"与平常所处的世界迥乎不同的另一个天地"①；可以是伽达默尔式的"应用"，以语言文字方式存在的人文知识在学生现实情境中被激活，被"应用"于当下的情境中……尽管这些认同性融合的表现方式不同，但是其打破主客二分的思维方式是一致的，即以文本为载体的人文知识作为一个生命体与学生的思想发生了融合。人文知识的认同性融合，可以上升为文化的认同，比如在语文教学中将民族的精神和情感、民族的文化基因融进学生的血液，将不同国度、不同民族、不同时代的文化融入学生的心灵，以民族文化自信提升学生的思想境界，以人类共同的精神文化滋养学生的心灵，形成学生的人类命运共同体意识。这，也正是伽达默尔所提倡的，我们必须保持向文本的开放，倾听它讲给我们的故事。

随着文本力量的强大，认同性融合会上升为"高峰体验"或"情感共

---

① ［德］海德格尔:《人，诗意地安居:海德格尔语要》，郜元宝译，上海远东出版社 2011 年版，第98 页。

鸣"，让学生在"经历"文本世界的过程中领悟和感受到深刻的人生哲理，实现心灵的解放和超越："人的感知、回忆、联想、想象、情感、理智等一切心理功能都处于最自由的状态，人的整个心灵都暂时告别现实而进入无比自由的境界。"① 这种高峰体验的境界，对有经验的读书人来说，往往具有更为深切的体会。明清时期的金圣叹读《西厢记》，当读到"酬韵"一折中"他不偢人待怎生"一句时，竟然"悄然废书而卧者三四日"："此真活人于此可死，死人于此可活，悟人于此又迷，迷人于此又悟者也！不知此日圣叹是死是活，是迷是悟，总之悄然一卧至三四日，不茶不饭，不言不语，如石沉海，如火灭尽者，皆此七字勾魂摄魄之气力也。"② 这就是读书人在阅读中达到的"高峰体验"，来自文本的意蕴就这样触及人的心灵，让其达到快乐的巅峰。语文教学需要这样的沉醉和陶冶。特级教师于漪回忆她的老师讲授辛弃疾《南乡子·登京口北固亭有怀》的情景："老师讲着、读着'千古兴亡多少事？悠悠，不尽长江滚滚流'时，眼里噙着泪花，对国事感慨万千，令人揪心；讲述到'天下英雄谁敌手？曹刘。生子当如孙仲谋'时，激昂慷慨，使一室振奋。我们跟随着老师朗读，吟诵，思考，体味，历史风云如在眼前，家乡装进胸中，国家社稷装进心中。课后，大家仍激动不已……登上北固亭，面对滔滔江水，大声背诵'何处望神州？满眼风光北固楼……'爱国之情、报国之志充盈胸际，人好像一下子长大了，豪气冲霄汉。"③ 这就是激动人心的语文，这就是让学生产生强烈的家国认同情感的人文知识，它不但不会随着岁月的流逝而被遗忘，反而积淀为学生一生的精神底色！

（二）对文本的创造性理解

创造性理解，是学生在与文本以及以文本为载体的课程内容相遇和交往中建构新知识、提出新想法、生成新意义进而不断扩大视域的过程，它是认同性理解的升华。理解不是历史的重建，而是包含解释者自身情境的富有创造性的

---

① 童庆炳：《文学活动的审美维度》，高等教育出版社 2001 年版，第 59 页。
② 金圣叹：《金圣叹评点才子全集》（第 2 卷），光明日报出版社 1997 年版，第 79 页。
③ 于漪：《我们当年的语文课》，《语文教学通讯》2020 年第 5 期。

活动。创造性理解应当包含两个方面的含义：一是解释让文本成为"自我表现"的事件，实现从无生气的意义向有生气的意义转换，即一种"再创造"；二是对文本作出了不同于他人的解释，建构或生成了新的意义。前一种创造观实际上就是认同式融合，后一种创造观就是这里要说的创造性融合。学生的理解始终带有他的"前见"，语文教学要依据其"前见"促进他与理解对象的视域融合。但是，学生据以理解的前见与他人并不一定相同，那么，他就会产生一种不同方式的理解。"如果我们一般有所理解，那么我们总是以不同的方式在理解，这就够了。"[①] 不同方式的理解意味着，学生的理解可能超越作者的创作意图，超越他人的理解，创造出包含他自身情境在内的新意义。这是创造性融合的本质所在。

学生对新知识、新意义的发现或建构，并不是无中生有式的创造，而是他与理解对象之间所发生的视域的新扩充。这是因为，从理解对象来说，无论是课程知识，还是课程文本，它们本身即是理解过程中所构成的一个延续的意义之链，不同方式的理解都是这一意义链上的一环。对语文课程知识来说，它有一个延伸、演变、发展的过程，因为它所依托的学科，比如中国语言文学、外国语言文学、新闻传播学等文学学科，以及哲学中的美学等学科知识一直处于不断的发展之中，这势必也推动语文课程知识的发展变化。作为语文教学，我们不断地融入新的学科知识，这是作为以课程文本为载体的知识的新拓展。当课程知识或课程文本的意义之链延伸向学生的当下情境时，学生也有可能在新的情境中产生新的理解、新的意义，从而又构成了意义之链上具有创造性力量的一环，并继续将这意义之链延伸向未来。实际上，意义延伸，本质上就是因理解者的创造性参与而不断丰富的过程。

作为视域融合中的语文课程知识，在与学生相遇的时候，学生的言语经验（如关于如何听说读写的实践性知识）也会参与到知识的建构与发展之中。从知识生成和建构的角度看，学生同样能够发现"新知识"，尽管他发现的知

---

① ［德］汉斯-格奥尔格·伽达默尔：《诠释学Ⅰ：真理与方法》，洪汉鼎译，商务印书馆2010年版，第420页。

识，对这个知识领域的专家来说，是早已存在的事实，但是对学生来说，是他第一次惊奇地发现，也就带有了创造性的因素。比如学生在多次阅读杜甫的诗歌后，感受到杜诗深沉、忧郁、悲壮的风格以及那颗忧国忧民之心，尽管前人早已用"沉郁顿挫"来概括杜诗风格，但相对于学生来说，这是他自己的发现，可以算作是他与知识、文本的创造性融合。杜威说："我们有时说起'独创性的科学研究'，似乎这是科学家的特权，或者至少也是研究生的特权。但是一切思维都是科研，一切研究即使在旁人看来，已经知道他在寻求什么，但对从事研究的人来说都是独创性的。"① 从学生自身经验的角度看，学生的生活经验、言语经验也可以成为课程知识的一部分。在语文学习中，学生读出或写出不同于他人的体验和思考，或者在听说读写的过程中形成独特的方法性、技能性知识，都可以丰富课程知识。这也可以说，他创造了新的知识。比如教师在作文讲评课中，以学生的优秀作文来示范，为其他学生提供新的写作技法用以启发其他同学的写作思路，那么，这篇示范性作文表现出来的技能、方法、思路等，就是以学生经验形式呈现的"新知识"。

语文教学要引导学生以不同的方式去理解，激发其创造性力量，让他从消极的接受转向积极的创造，从被动的吸收转向主动的超越。这样，语文教学就会成为一种富有吸引力和挑战性的智力活动。学生的演讲、阅读、写作等，不仅可以训练其语言运用能力，也是在发展他们创造性阅读、创造性表达的思维方式和技能技巧。在阅读教学中，引导学生以联想、想象来填补文本中的空白、丰富文本的意义，以不同的理解方式发现和创造新的意义，甚至超越作者的原初意图；在写作教学中，让学生以独特的眼光发现日常生活中的种种不同之处、奇妙之处，以不一样的声音表达对生活事件的看法；等等。比如写作教学，教师要求学生"将日常观察内容虚构化"，引导学生观察、思考日常生活的某些地方，观察"那里一切可供阅读的东西，如路牌、墙上的涂画和文字、广告牌等"，学习"用陌生的眼光去观察"，设想一下"您此时是一只蚂蚁、

---

① ［美］杜威：《民主主义与教育》，王承绪译，人民教育出版社 2001 年版，第 162 页。

一只鸟、一个地球之外的生物或者一个展览橱窗或者其他什么的"。[①] 以一个陌生化的视角,从司空见惯的东西中发现一个"新鲜的世界"或者"令人惊奇"的东西。这就是一种创造性想象。换一种视角,就有可能产生新的知识经验。比如,学生阅读卡夫卡《变形记》之后发现,就是因为换了一种观察视角,才产生了这样一部伟大的作品:以一个荒诞的故事表现出现实社会中人的真实"异化"及社会的世态炎凉。显然,创造性融合对于培育和形成学生思考问题的新思维、表达思想的新方法具有非同寻常的意义。

(三) 对文本的批判性理解

批判性理解,是学生在知识学习和言语活动中经由反思、质疑、批判而更新传统、扩大自我视域的心智活动。在语文教学中,反思、质疑和批判的目的,不是为了解构文本的意义,而是通过提出问题、寻求解答、重建意义实现视域的自我更新和扩展。

尽管哈贝马斯和伽达默尔围绕批判性理解问题有过激烈的论争,但这并不影响我们汲取其中的合理成分,用于启发对语文教学中批判性融合的深入思考。哈贝马斯认为,伽达默尔执着于传统、权威、视域融合,难以发挥理性、反思和批判的力量。在他看来,理解的目的不是达成一致意见,接受历史传统和现状,而是要摆脱传统的限制,以一种理性精神寻求人的解放,也就是人在理解过程中,不只是要服从于传统,也要展开对传统的批判,而传统的每一步继续前行也应当通过批判的"过滤"。实际上,伽达默尔的视域融合,并非缺少批判,而是说理解本身即从属于传统,我们总是带着传统赋予的"前见"在理解。但在理解中,我们理解的现实情境还会给予我们一个新的参照系,我们在这个新的参照系中展开与传统的对话,包括反思性与批判性的对话,包括对理解对象比如伽达默尔所说的"历史流传物"的创造性理解,因此在创造、反思、批判中我们又可以改变传统。这种对历史传统的改变,既是我们与历史

---

① 江苏母语课程教材研究所:《当代外国语文课程教材评介》,江苏教育出版社 2004 年版,第 288—289 页。

传统的视域融合，也是作为理解者的我们视域的一种扩展。这样看来，我们不是为了批判而批判，而是致力于改变传统或他人的观点，在说服他人的同时达成新的视域融合。

语文教学中，学生理解知识、理解文本，同样要受到来自传统的限制，因为传统作为过去具有"社会整合性质的言行"，具有"使同一传统的群体凝聚在一起的稳定作用"①，会无时不在影响着学生的理解。但是这种理解，毕竟是发生在现实的处境之中，学生会以现在的眼光看待语文知识、看待所理解的文本，既会有认同性、创造性的理解，也会具有质疑性、批判性的理解，进而影响或改变过去的作为具有"社会整合性言行"的传统。学生的质疑性、批判性理解不是一种盲目的行动，而是让原来的知识、观点或推理方式接受理性的评价。正是这种质疑和批判，才让理解者超越了原有的视域，进入到一个更广阔的世界，并达成一个更高层次的视域融合。尽管学生理解的课程内容，是课程专家依据学科知识和学生身心特点特意编制、经得起推敲的课程知识，但我们也要让学生知道，所有的知识都会有一个更新替代的发展过程。语文知识同样不能例外。比如面对教材文本教给学生"学写故事""写故事一定要有头有尾，完整地叙述一件事"②，学生可以提出自己的质疑：故事一定要有头有尾吗？有头无尾或者无头有尾的故事就不是好的故事吗？如果学生能够提出这样的质疑，说明他不仅仅是在接受知识，而且也在质疑和批判中"创造知识"。这里，教科书教给学生的是传统的故事写法，全知全能的叙事者讲述一个有起因、有过程、有结果的故事，而有限视角的叙事则不一定这样讲故事，"我到现在终于没有见——大约孔乙己的确死了"，鲁迅的《孔乙己》到底也没有给出一个故事的结局。

在教学中，教师应当教给学生批判性、思辨性的思维方式，让学生懂得，对前人的知识、文本的观点、他人的理解，甚至对教师、对教科书等，都可以质疑，也都可以批判，即便是接受一个意见也需要经过严密的推理或论证。

---

① 张世英：《哲学导论》(第 3 版)，北京大学出版社 2016 年版，第 289 页。
② 教育部：《义务教育教科书　语文》(八年级下册)，人民教育出版社 2017 年版，第 128 页。

"提问就是暴露（Offenlegen）和开放（ins Offenestellen）。""针对意见的顽固性，提问使事情及其一切可能性处于不确定状态。"① 这不只是指学生把自己的意见暴露给文本与课程，而且也让文本与课程把意见暴露在学生面前，批判、创新正与保存一样，让传统与我们的现实建立起一种联系，实现新的意义的产生和建构。

当然，学生的提问、质疑、反驳、批判，应当经过严密推理和深度思考。我们应当培养学生立足于严密推理和深度思考的批判能力。鲁迅的《中国人失掉自信力了吗》、顾颉刚的《怀疑与学问》、罗迦·费·因格的《谈创造性思维》、陶行知的《创造宣言》，教科书所提供的"单元群文"启发学生：真正的创造需要批判性思维，正是批判才让思维更加严密、深刻。"逆境有利于人成长"与"逆境不利于人成长"，"知足常乐"与"知足未必常乐"，"近朱者赤，近墨者黑"与"近朱者未必赤，近墨者未必黑"等几组辩论话题②，可以让学生在反驳与被反驳、批判与被批判的过程中形成独特、深刻、辩证而又不失全面的思维方式。在一个相对熟悉的环境中待久了，我们可能会被文化传统和环境所制约，形成保守的心态和惰性的思维。对此，我们应当保持高度的警觉，不时打破这种固有状态，以带有多样、异质文化的"他文本"激发学生新的思考。比如，我们可以为学生提供一种新的参照标准，让他们经历不同的文化环境，见识不同的世界，思考不一样的意见，从而形成和发展开放、包容的心态，敏锐、独特的眼力，在质疑与批判中建设一个新的意义世界。

二、相互理解的不同层次

理解以文本为载体的课程知识，只是学习的基础，要想实现高效、有深度的学习，还需要学生与学生、学生与教师间的相互理解。其中，学生之间的相

---

① ［德］汉斯-格奥尔格·伽达默尔：《诠释学Ⅰ：真理与方法》，洪汉鼎译，商务印书馆 2010 年版，第519 页。

② 教育部：《义务教育教科书 语文》（九年级上册），人民教育出版社 2018 年版，第 97—112 页。

互理解是教学理解的基础，也是教师借以观察、实施和调整教学策略的依据。

（一）学生在学习过程中的相互理解

学习过程中的相互理解，是指学生群体围绕共同学习任务经由相互启发和合作实现相互促进、共同提高的一种学习活动。当然，学生的相互理解是在教师引导下的相互理解，而教师合理的引导有助于深化学生之间的相互理解和学生个体的自我理解。学生的相互理解，不是自然而然发生的，而是教学引导下的有目的行为。

第一，任务聚焦。语文学习是一种言语实践活动，聚焦具体的学习任务则是言语实践走向成功的前提和保证。任务聚焦，是指言语实践任务具有一致的方向、目标，以及共同的主题、路径等。这是学生深度学习的需要，也是群体学生间相互启发的方向性要求。有经验的教师往往善于"聚焦"、乐于"聚焦"、巧于"聚焦"："聚焦法需要我们面对一个文本时淡定笃定，不管文本多么精彩丰富，也不会'乱花渐欲迷人眼'，而是'弱水三千，我只取一瓢饮'。"① 特级教师余映潮引导学生读《说"屏"》时，将"概述文章内容"作为学习任务；特级教师王君教学《安塞腰鼓》时，只关注文本语言表达中"排比"这一特色。看上去，一次学习任务，分量并不重，但通过聚焦某一点，学生才会在这一点上学得深、记得牢、用得上，才能在某个重点任务学习中相互启发、相互补充、相互学习。比如余映潮在《说"屏"》教学时，围绕"概说课文内容"这一具体的任务进行，学生发表意见后，其他学生补充、纠正、整合，从而高效地完成了这一任务。② 可见，聚焦学习任务，不但可以实现学习任务的具体化、可操作化，而且也能够推动学生间的交流与合作。所以，推动学生的相互理解，我们必须为学生提供精准的言语活动要求。比如《红楼梦》的"整本书阅读与研讨"，可聚焦的任务非常多。人物形象分析、主旨立意寻求、叙事手法欣赏、语言艺术探索等方面都可以作为学习任务，但共同的学习任务不一定成为启发学生相互理解的"聚焦点"。比如，围绕《红

---

① 王君:《王君语文创新教学十一讲》,长江文艺出版社 2020 年版,第 114 页。
② 王君:《王君语文创新教学十一讲》,长江文艺出版社 2020 年版,第 118 页。

楼梦》整本书的阅读任务，你说你的林黛玉，我说我的史湘云；你谈你的"钗黛爱情"，我谈我的"女性悲剧"……各说各话，各行其是，无从达成"学"与"学"的融合。"巧于聚焦"的"巧"字，在于为学生提供可以共同瞄准的"靶子"，即一个可以共同思考、讨论甚至争论的问题，比如人物形象聚焦"林黛玉"，主旨探讨聚焦"女性悲剧"。每一次"聚焦"，都是围绕具体目标的一次自主探究、一次合作研讨、一次举一反三，久而久之，也就形成学生系统的"知识网络"、有效的学习方法和良好的学习习惯，也就达到了叶圣陶先生所说的"教是为了不教"的目的。

第二，话语交织。在理解过程中，每一个学生都存在他特定的前见和视域，伽达默尔甚至把这种特定的前见或视域称为"偏见"。但是，"偏见（prejudice，即 pre-judgement）并不是骂人的话，相反，它说明我们只能从某个特定的'视界'（horizon）来理解世界，该视界为我们提供了思想和行动的起点。只有当人们能够相互间展开交谈，由此产生不同的界的'融合'（fusion），形成新的共识，人与人之间的理解才是可能的"①。正是因为学生理解的处境和视域不同，才会产生差异化理解，并由此构成"学"与"学"交流的起点。作为言语实践的教学引导，应当致力于促进不同理解的交流，让学生在"话语交织"中达成彼此间的深度融合。以《红楼梦》"整本书阅读与研讨"为例，假如确立的学习任务为"主旨探寻"，那么围绕说不尽的《红楼梦》，就应当确立让学生辩论、交锋的话题，比如"爱情的悲歌"是"青春的赞歌""家族的悲剧"，是"女性的悲剧""人生的虚幻"，还是"自由的觉醒"等话题，以引发学生表达的欲望。在讨论时，每一个观点的提出都有充足的理由，而每一个反对的声音也都有足够的支撑。唯其如此，才能立体地、多角度地揭示《红楼梦》的多层意蕴，才能点燃学生思维和智慧的火花。多个声音才能构成对话，单一的声音什么也不是。钟启泉教授把这种话语与思想交织称为"间性思维"：间性思维主张不同主体之间的双向的、多向的碰撞，

---

① ［加］大卫·杰弗里·史密斯：《全球化与后现代教育学》，郭洋生译，教育科学出版社 2000 年版，第 118—119 页。

每一个主体都是一个因碰撞而不断变化的活生生的有机体，他不是机械地接纳，而是从他者身上汲取对自己有益的文化养分，从而产生新质文化。[①]

第三，协同学习。不同的学生具有不同的理解，但不同的理解具有角度、广度、深度等方面的不同，这种理解水平、能力等方面的差异构成互补与合作的基础。正是个体的"异质性"构成协同学习的起点和基础。钟启泉教授说："所谓'协同'，并不是以作业的均一分配或是成员的均质性为前提的，而是以成员间的异质性为前提，通过同异质的他者的交互作用而形成的活动。"[②]因此，协同学习可以定义为，建立在个性化和差异化学习基础上的互补性、主动性学习。学生差异是多方面的，比如学习基础、学习能力不同，理解方式、理解视角不同，关注点、兴趣点不同，见识广度、见解深度不同等。正是差异，才构成了真正的协同学习，才构成了学生的学习"互惠"。在协同学习中，他会受到其他学生观点的启发，从而发现和解决自身存在但未曾发现的问题，从而促进自我发展。同时，他也会以自己的独特见解和个性化学习方式启发、带动他人，以自我发展推动群体的发展。因此，差异构成了学生的相互理解和彼此视域的融合。言语实践中的各种"学习任务群"，需要学生间的协同与合作：小组共同确定学习目标，分工查找、整合资源，提出观点、阐发观点，相互讨论、评价，形成小组集体"创作"的成果，展示成果并全班交流和分享。比如，"当代文化参与"学习任务群，可聚焦研究的任务很多。学生可以通过建立课题小组、确定论证选题。当代的家乡文化、网络文化、影视文化、语言文化、民俗文化等，都可以进入学生的选题论证。我们可以把选题论证的工作交给课题小组的协同学习——建立在差异化基础上的互惠性学习。差异，是因为不同的学生对选题价值、意义、可行性的认识存在不同；协同，是因为他们经过互补性、互惠性学习要达成一致的意见。比如有教师将学生的"当代文化参与"学习任务群聚焦在"身边的陌生人"的访谈以及在此基础上的纪实文学创作。"学生自由结合组建小组"，然后"适当分工，发挥个人的

---

① 钟启泉：《课堂研究》，华东师范大学出版社 2016 年版，第 181 页。

② 钟启泉：《课堂研究》，华东师范大学出版社 2016 年版，第 65 页。

特长，如沟通、组织、写作、记录等"，最后"学生阅读各小组作品，既对本组作品作出评价，也至少给其他三个小组的作品作出评价"。① 从中可以看出，协同学习在学生完成真实性学习任务群中的重要作用。

(二) 师生在教学过程中的相互理解

师生的相互理解，是指在教学过程中教师与学生的相互影响、相互启发、交互作用的教学沟通行为，也是师生共同创造教学意义的过程。"教"与"学"始终相伴相随，"教"在于启发、引导，目的在于促"学"；而"学"是教师指导下的"学"，体现的是"教"的价值和效果。正如巴西教育家弗莱雷所说："只有通过学生思考的真实性，才能证实教师思考的真实性。教师不能替学生思考，也不能把自己的思考强加给学生。"②

既然教师的思考不能代替学生的思考，那么"教"也就意味着激发和调动学生思考的力量。在解释学意义上，教师的"教"就是和学生一起设计和创作"文本"。教师要将以课程标准、教科书及其他参考资料为代表的"课程文本"转化为适用于现实教学情境的"教学文本"。对教师来说，"教学文本"就是课前准备的教学设计（如教案、课件），课堂上"提问"与"答问"的现场语言操作等。"教学文本"应当是具有召唤性、开放性的文本，它吸引学生参与其中，让学生以自己的语言来解释它，以自己的行动来表现它，甚至与教师一起创作出新的文本。这样，学生在与教师的相互理解中也就将教师的"教学文本"转化为自己的"学习文本"——课前的预习设想和问题、课上"问"与"答"的语言操作及言语技能、课后的作业或作品等学习成果。在这样一系列不同文本的转换中，"教"的力量转化为"学"的力量。

引导学习茹志鹃的《百合花》时，教师抓住新媳妇"刚才借被子，他可受我的气了"这一句话，让学生想象通讯员向新媳妇借被子时究竟是怎样的一个场景。为了合情合理地还原出这个场景，教师引导学生通过寻找小说中的

---

① 韩露:《"当代文化参与"任务群案例:身边的陌生人》,《语文建设》2019 年第 3 期。

② [巴西]保罗·弗莱雷:《被压迫者教育学》(30 周年纪念版),顾建新等译,华东师范大学出版社 2001 年版,第 28 页。

语句暗示来合情合理地还原这个场景，比如通讯员"大姐、大嫂"地喊、说老百姓封建，新媳妇称通讯员是"同志弟"等。学生随着教师的启发发现一点就说一点，由点成线，由线成片，终于还原出那些隐藏在文字背后的场景：新媳妇开朗、俏皮，她的丈夫很可能也在前线，因而看到通讯员有一种天然的亲切感；面对通讯员先是"大姐"后又是"大嫂"地喊，便想逗一逗他；当通讯员为借被子讲大道理时，新媳妇很可能说"还用得着你讲这些大道理，我丈夫早就上前线了，你不就是通讯员吗？会打枪吗？遇到敌人手榴弹怎么办"等。还原这样一个个的情景，是师生在相互启发、沟通中共同完成的，可以理解为师生共同创造的"教学文本"。正是因为有了这样一段纯朴、美好的新媳妇"逗"通讯员的场景还原，才会有学生对后面另一个场景更深刻的认识：新媳妇面对身受重伤被担架抬下来的通讯员，"庄严而虔诚"地给他拭着身子，一针一线地缝着肩上的破洞；当卫生员为难地说"被子……是借老百姓的"时候，她气汹汹地嚷的那半句："是我的——"，接着就流下了眼泪。[1] 对待亲人般"同志弟"的爱与痛，在这个场景中如此打动人心，不只是因为小说艺术的内在魅力，也是因为教师激发了学生"学"的动力：教学情境中的教学文本因其留给学生的想象空间和"召唤结构"转化为学生的学习文本，并经过学生的主动响应、合理想象创作出新的更加生动的"新作品"。"从文本到作品"，可以视为师生与作者共同合作完成的新成果。

真正的教学文本，不是送给学生现成的结论，而是引导学生发现文字背后的东西。教师的"教"实际上就是在课程文本与学习文本之间架起的一座桥梁，而巧妙的问题设计就是引领学生跨过桥梁的路标。精当而巧妙的问题设计，不但能够"激发已学知识、生活体验与当前学习内容之间的意义关联"，而且"能够最大限度地吸引特定的、各种各样的学习者"。[2]《孔乙己》中有酒客问："孔乙己，你当真认识字么？"这句话背后内含了酒客和孔乙己的哪些

---

① 程翔：《我教〈百合花〉》，《语文学习》2019 年第 11 期。

② ［美］格兰特·威金斯、杰伊·麦克泰格：《追求理解的教学设计》（第 2 版），闫寒冰、宋雪莲、赖平译，华东师范大学出版社 2017 年版，第 121、124 页。

心理活动呢？教师让学生分角色朗读，并以"画外音"的形式把隐含在文字后面的人物心理活动读出来。

> 酒客：（瞧不起的神气和语调）"孔乙己，你当真认识字么？"
>
> 【画外音】听，诱敌深入啊！酒客的"问"看似简单，实则很刁。……要是问短衣帮，短衣帮直接就回答"不认识"，即使回答"认识"，大家也不信，一笑了之。但要是问孔乙己呢？不管孔乙己怎么回答，酒客都会给孔乙己重创的。假如孔乙己回答"不认识字"呢？
>
> 孔乙己：（赌气地）"我不认识字！"
>
> 酒客：（大笑，挖苦）"那你的书白读了……难怪你中不了秀才！"
>
> 【画外音】对于读过书的孔乙己岂不是白白受一顿挪揄？假如不屑回答，那就是证明自己是"认识字"的，那么正好落入酒客的圈套，酒客趁此杀个回马枪。
>
> …………
>
> 孔乙己：（一脸不屑置辩的神气）"我还不认识字么！超鄙视你们！"
>
> 酒客：（坏坏地）"你认识字，你怎么连——半个秀才——也捞不到呢？"
>
> 孔乙己："我，我，我……"
>
> 【画外音】这"半个秀才"是何等歹毒！何其残忍！像匕首一样直接刺进孔乙己心窝……①

这里，教师抓住"孔乙己，你当真认识字么？"这一关键句，设计补充了"画外音"的问题，在实现课程文本向学习文本的转换中搭建了桥梁。教师的教学设计，留给了学生思考和想象的空间，学生调动已有知识和生活经验填补教师有意设计的"文本空白"，从而说出作者要说但没有说出、教

---

① 肖培东：《语文教学艺术镜头》（初中卷），上海教育出版社 2019 年版，第 139—140 页。

师要讲但没有讲出的话语。这是"教"与"学"共同创作文本、实现意义生成的过程。

有时候，随着这种双向融合的持续进行，"教"与"学"的关系会变得更加复杂，"教"本身即蕴含了"学"，"学"本身也蕴含了"教"，"教"与"学"是一种交互作用的关系。"教"不是从教师向学生的单向传递行为，也意味学生的"学"有可能带给教师以新的启发和思考；"学"不只是接受来自教师和课程文本的知识，也蕴含了启发"教"的生产性契机。在教学过程中，教师与学生都可以提出好的问题。"那些引起思维困惑的、颠覆显而易见或权威'真理'的，或是引起不一致观点的问题"①，都是好的问题。对语文教学来说，好的问题不是为了让学生得到一个对或错的答案，而是开启学生的深度思维，形成学生全面的、多元的、辩证的思维方式这样的问题，是不是也可以由学生提出？可以的，进入深度思考的学生，完全可以提出具有学术水平的好问题。比如，引导学生理解《爱莲说》时，教师让学生自由提问，然后师生共同筛选、聚焦好问题。学生问某个字、某个词、某句话是什么意思，又问"莲什么样""莲怎么写""怎样的人才是君子"；随着对课文理解的深入，学生联系刘禹锡《赏牡丹》（庭前芍药妖无格，池上芙蕖净少情。唯有牡丹真国色，花开时节动京城）。再问同样的牡丹，为何在不同文人笔下冷暖如此不同，周敦颐为什么不无鄙夷地说"牡丹之爱，宜乎众矣"？"是什么""什么样""怎么样""为什么"，学生的提问不断深入。面对学生的提问，教师不必急于回答，而是把解答的权利暂时交给学生。这里的"学"就变成了"教"。如陶行知所说的，学生成为"小先生"："你跟学生学，是教学生做你的先生。如果停止在这里，结果怕要弄到师生合做守知奴，于大众毫无关系。你必得进一步教你的学生去教别人。你必须教你的学生把真理公开给大众。你得教你的学生拿着真理的火把指点大众前进。"② 当学生说"我不同

<hr>

① ［美］格兰特·威金斯、杰伊·麦克泰格：《追求理解的教学设计》（第2版），闫寒冰、宋雪莲、赖平译，华东师范大学出版社2017年版，第121页。

② 董宝良：《陶行知教育论著选》，人民教育出版社2015年版，第460页。

意你的意见"时，这已经表明，他是一个具有独立思考能力、敢于质疑批判的"小先生"了。

有教师教学《鱼游到了纸上》时，学生不认可教师说的"游"字最吸引眼球，而是认为"纸"字最吸引眼球。理由是，鱼游不稀奇，稀奇的是竟然游到了纸上，纸就像是"水"，给人以丰富的联想。这样的回答，是不是同样的精彩？无论是教师还是学生，都不是真理的占有者，"人们一旦进行美好的对话，往往在一定程度上忘却自我，将自我让位于对话本身，这样，对话过程中所认识到的真理（truth）绝不是某一说话者或一派的占有物，而是所有的参与者意识到为大家共同分享的东西"①。教师"忘却自我"，实际上就是指教师不把自己的意见强加给学生，而是顺应师生间的对话，引导向新的问题和新的发现，不断实现新的教学意义的建构和生成。

视域融合的观点改变了传统的"教"与"学"的关系。弗莱雷认为，通过对话，教师的学生及学生的教师等字眼不复存在，新的术语随之出现：教师学生及学生教师，教师不再仅仅是授业者，在与学生的对话中，教师本身也得到启发，学生在被教的同时反过来也在教育教师，他们合作起来共同成长。②师生合作的方向就是彼此在视域融合中扩充、拓展，围绕共同的文本不断建构和生成新的意义世界。

对教师来说，再完美的教学设计在实施状态中也不可能不作调整，再完善的结论在实际教学中也有可能被推翻。视域融合本身就是先前经验的"冒险"或"否定"。"教"与"学"之间相互影响、相互启迪，在相互作用中改变着对方，也被对方所改变。"真正的教育不是通过'甲方'为'乙方'（'A' for 'B'），也不是通过'甲方'关于'乙方'（'A' about 'B'），而是通过'甲方'与'乙方'一起（'A' with 'B'），以世界作为中介而进行下去的——这个世界给甲、乙双方留下了印象并提出了挑战，产生各种关于这个世界的观

---

① ［加］大卫·杰弗里·史密斯：《全球化与后现代教育学》，郭洋生译，教育科学出版社 2000 年版，第 126 页。

② ［巴西］保罗·弗莱雷：《被压迫者教育学》（30 周年纪念版），顾建新等译，华东师范大学出版社 2001 年版，第 31 页。

点或想法。"①

第三节　文本的互文性及其教学

一个文本自问世起就有可能对后来的创作产生持续不断的影响，也有可能由此形成不同文本之间千丝万缕的关系，从而构成一个基于原初文本扩展与链接的意义解释链。这种现象被称为"互文性"或"文本间性"。在克里斯特娃看来，互文性是文本之间以及所有读者和所有文本之间不可避免的关联，以至于每一部作品都是各种影响和阐释者组成的复杂网络的一部分。② 有学者在此基础上又进一步扩大了互文性或文本间性概念的外延，"在文本边缘之外或表达层之下，携带着大量没有进入文本本身的因素"，即"影响符号的生产与解释"的"伴随文本"。比如，作为框架因素的"类文本"，作为类型因素的"型文本"，作为引用因素的"前文本"，作为评论因素的"元文本"，作为链接因素的"超文本"，作为续写因素的"次文本"等。③ 实际上，无论是互文本，还是伴随文本，都在强调创作与阅读中文本间的交互作用、交互影响。

在语文教学中，课程文本间的融合是一种多层次的互文性融合：以课程文本为载体的知识存在文本间的融合，每一篇选文以及每一个由不同选文组成的群文单元，围绕某个主题组织起来的言语实践活动等，也存在文本间的融合。

一、课程知识的语用性融合

知识融合，是指学生建立知识纵向、横向关联，形成知识网络、达到融会

---

① ［巴西］保罗·弗莱雷：《被压迫者教育学》（30 周年纪念版），顾建新等译，华东师范大学出版社 2001 年版，第 42 页。

② ［英］尼尔·麦考：《如何阅读不同的文本——学生阅读的方法与技巧指南》，苏新连译，商务印书馆 2017 年版，第 122 页。

③ 赵毅衡：《论"伴随文本"——扩展"文本间性"的一种方式》，《文艺理论研究》2010 年第 2 期。

贯通的理解活动。纵向关联，是指某一知识点自过去而现在的演化及其内在联系，比如汉字字形在不同时代的变化及联系。横向关联，是指某一知识点在不同课程文本、不同教学情境或在与其他相关知识点的相比较中而获得的理解方式。比如"什么是记叙"这一知识点，可以通过知识短文呈现，可以通过"例文"让学生理解，也可以设计习题让学生运用，还可以在与"描写"的比较中加深理解等。对学生来说，语文知识的学习，需要综合利用不同的课程文本、在不同的言语情境中理解、运用，将原本静态性、结果性的知识转化为动态性、过程性存在，以实现不同知识之间的语用性联系，从而促进学生对知识学习和运用的融会贯通。

叶圣陶和夏丏尊合作编纂的《国文百八课》，从现在的眼光来看，就具有知识融合的倾向。教科书的每一课围绕着某个知识点将"文话""文选""文法或修辞""习问"四项贯穿起来，引导学生建立起知识的关联，以促进学生对知识的灵活运用和融会贯通。"文话"讲"文章理法"，比如第十课讲"记述和叙述"："我们对于外界事物有两种看法，一是从它的光景着眼，一是从它的变化着眼。对于某种事物，说述它的形状怎样，光景怎样，是记述；说述它的变迁怎样，经过情形怎样，是叙述。前者是空间的，静的；后者是时间的，动的。用比喻来说，记述文是寻常的照片，叙述文是活动的电影。寻常照片所表示的是事物一时的光景，电影所表示的是事物在许多时候中的经过情形。"① 为让学生彻底理解"记述与叙述"的联系与区别，并学会运用两类文体知识，叶圣陶精心设计编排教材。比如，安排了沈尹默的《三弦》、刘半农的《一个小农家的暮》两篇选文，作为对两类知识的"例说"。"习问"，让学生回答"如果用摄影片来比，哪一篇像普通照片，哪一篇像电影"，"从文选十六［《寄小读者》（通讯七）］里摘出记述文几句和叙述文几句"。在下一课里，教科书专门讲"记述的顺序"，选取了朱自清的《卢参》、魏学洢的《核舟记》，在"习问"里，问选文"写事物全体的是哪一些句子"，要求找出

① 叶圣陶:《叶圣陶教育文集》(第5卷),人民教育出版社1994年版,第85页。

150

"不是记述文的成分"，并要求回答"记述以外的成分，在文中有什么效用"。接下来，教材专门引导学生学习"叙述的顺序"。这一教材编排的最大特点就是促进学生将知识转化为灵活运用的能力，体现出明确教学意图：一个知识只有在与另一个知识的联系、区别中才能得到彻底理解，只有在理解、运用中才能转化为得心应手的"工具"。教材为学生提供相关知识的选文，围绕知识学习巧妙地建立选文之间的关联，精心地设计理解和运用知识的言语情境等，在知识的彼此关联与交互作用中，学生不但知道"是什么""什么样"，懂得"为什么"，而且学会了"如何用"。

尽管现行教科书的编排大多不再以语文知识为线索，但是教科书中的单元导语、阅读文选、写作指导、写作实践、综合性学习以及每一选文前后的"预习提示""思考探究""积累拓展"和"知识短文"等，依然或显或隐地带有了知识学习的方向性引导和要求，而且围绕某项知识学习的不同类型文本（选文或短文等）也具有交互作用，有助于促进学生知识学习和运用的融会贯通。

从《国文百八课》到现行的教科书编排，我们从中可以看出以语言运用为目标的知识教学导向，这就为引导学生以不同方式理解知识、在具体言语情境中运用知识创设了条件，有助于培养学生灵活运用知识的方法和习惯，从而达到"教是为了不需要教"的目的。关于语文知识，叶圣陶先生讲过一段话："我不大赞成'语文知识'这个说法。把语法、逻辑、修辞之类称作'知识'，好像只要讲得出来就行，容易忽略实际运用。现在大家既然用惯了'知识'这个词，那么就得把这个词的意义扩大，把能力也包括在内。要让学生把知识化为自己的血肉，在生活中能够随时运用，教学的目的才算达到了。"① 看来，在叶圣陶先生那里，语文知识是应当包含语文能力在内的，知识只有在运用中才能化为学生的"血肉"，也只有经历具体情境的运用才能变成学生终身受益的能力。课程文本的交互性为学生提供了这样的机会，让学生在不同的文本中

---

① 叶圣陶：《叶圣陶教育文集》（第 5 卷），人民教育出版社 1994 年版，第 712 页。

发现不同知识的联系与区别，懂得在不同情境中运用的技能与方法。知识教学中的文本交互作用不是目的，而让学生在文本交互作用的"脚手架"上探索、理解、运用知识并化为自身的综合素养才是目的，如叶圣陶先生所说："假如学生进入这一境界，能够自己去探索，自己去辨析，自己去历练，从而获得正确的知识和熟练的能力，岂不是就不需要教了吗？"①

二、单篇选文中的秘响旁通

刘勰《文心雕龙·隐秀》说："隐也者，文外之重旨者也；秀也者，篇中之独拔者也。""夫隐之为体，义生文外，秘响旁通，伏采潜发，譬爻象之变互体，川渎之韫珠玉也。"文艺批评家叶维廉据此以秘响旁通来指称"文意在字、句间的交相派生与回响"②。他说："一首诗的文、句，不是一个可以圈定的死义，而是开向许多既有的声音的交响、编织、叠变的意义的活动。"③ 我们在阅读或写作过程中理解和感受语言文字中的秘响旁通，也就算把握了互文性的内在奥秘。但是，在语文教学中让文本的"交响乐"在学生心中奏响，让"叠加的意义"在新的情境中生成，并不是一件轻松的工作，这需要精心的教学设计和引导，包括课程资源的开发、学习方法的点拨、深度思维的引导等。

第一，开发作为伴随文本的课程资源。根据赵毅衡先生的说法，伴随文本有这样几种类型：显示在文本表现层上作为"框架因素"的"类文本"（序言、插图、后记、编者按等），同一类的作为"类型因素"的"型文本"（同一作者、同一个风格、同一题材、同一种表达方式的文本），影响文本生产的作为"引用因素"的"前文本"（如被引用过的前文本），对文本的各类解读、评论的作为"评论因素"的"元文本"，超越单个文本以供读者"顺便浏览"

---

① 叶圣陶：《叶圣陶教育文集》（第2卷），人民教育出版社1994年版，第477页。
② 叶维廉：《中国诗学》（增订版），黄山书社2016年版，第68页。
③ 叶维廉：《中国诗学》（增订版），黄山书社2016年版，第79页。

的作为"链接因素"的"超文本"，对文本延续性改写的作为"续写因素"的"次文本"等。① 这样看来，任何文本都会具有一系列不同形式、不同作用的伴随文本，各类伴随文本共同作用于文本意义的"叠加式"理解和建构。

当然，并非每一篇选文的秘响旁通，都要求同时具有六个类型伴随文本的支撑，在现实教学中，我们应当根据教学目的和学生的学习需要开发或提供某一类的伴随文本。比如，针对朱自清的《背影》，可以开发相应的伴随文本资源：关于作者及其写作年代相关的"副文本"，像《朱自清传》《朱自清日记》《朱自清年谱》等作为"表现层上的附加因素"的"副文本"的相关片段；朱自清的其他散文，如写于1923年的《父母的责任》、1928年的《儿女》等"型文本"；叶圣陶的《〈背影〉点评》等作为评论的"元文本"；等等。教学时，我们可以根据教学目标任务、学生学习能力和教学条件等有选择性地加以开发和利用。王君在教学这一篇课文时，聚焦的学习任务是，不只是理解文中表现的父爱，还要体会父爱的"艰难"、人生的"苦痛"。当学生指出父亲信中"我身体平安，唯膀子疼痛厉害"与"大去之期不远"存在矛盾，似有"遮遮掩掩"的隐情时，教师便选择性地提供了相应的伴随文本：自1915年至1928年父子间的矛盾、冲突及冷战；1925年朱自清读到父亲的信，在泪水中写下了《背影》；1928年朱自清的父亲读到《背影》，父子冷战结束。学生读完这些伴随文本皆感慨，因为他们从课文中有了新的发现：父亲的信里隐藏着的欲说还休的"纠结"，"背影"里暗含着父爱的"艰难"。于是，学生理解了："爱是担当，是责任，是无私，是奉献……爱同时也是误解，是等待，是妥协，是包容……"② 所以，《背影》的价值，与其说是表现父爱的伟大，不如说是表现人性和爱的不完美。可以想见，如果缺少了这些伴随文本，学生就难以达到这样阅读和理解的深度。

实际上，教科书以附录短文形式附载的一些文本，有不少就是属于这样的伴随文本，其作用不容低估。比如某版本教科书在课文《背影》后附上的朱

---

① 赵毅衡:《论"伴随文本"——扩展"文本间性"的一种方式》,《文艺理论研究》2010年第2期。
② 王君:《生之苦痛与爱之艰难——〈背影〉教学实录及悟课》,《语文教学通讯》2014年第4期。

自清三弟朱国华写的《朱自清与〈背影〉》的短文:"父亲已行动不便,挪到窗前,依靠在小椅上,戴上了老花眼镜,一字一句诵读着儿子的文章《背影》,只见他的手不住地颤抖,昏黄的眼珠,好像猛然放射出光彩。"① 依据秘响旁通的观点看,这样的伴随文本的确可以与原文本一起在学生心中奏响不同声响的"交响乐",让学生在深度理解中生成文本的"叠加意义":从中真切感受到父子多年冷战的人生艰难以及冷战化解后的情感暖流。这就是复杂、矛盾、纠结的父子情,也是艰难、痛苦、厚重而又饱含真情的生活。

第二,教给学生举一反三的学习方法。教师不能只是限于为学生提供伴随文本、互文本,更要教给学生查找、利用伴随文本、互文本的方法,让学生在举一反三、触类旁通中领悟文本意义的秘响旁通。例如,对教科书从《三国演义》《水浒传》《红楼梦》等古典名著中编选的课文,教师引导学生查找、分析关于作者、创作年代、评论、后续改编等一系列的相关文本,以毛宗岗评《三国演义》、金圣叹评《水浒传》、脂砚斋评《红楼梦》等评点本作为辅助学习的课程资源,可以有效促进学生的深度学习。读《林教头风雪山神庙》时,学生在文本上作批注之后,再与金圣叹的评点本对照阅读,可以更加透彻地领悟文本所体现出的"才子文心"。在金圣叹的评点中,李小二"阁子背后听四个人说话,听得不仔细,正妙于听得不仔细";林冲在山神庙里听那三个人说话,却"听得极仔细,又正妙于听得极仔细"。金圣叹评论说:"忽断忽续,忽明忽灭,如古锦之文不甚可指,断碑之字不甚可读,而深心好古之家自能于意外求而得之,真所谓鬼于文、圣于文者也。"这样的对照阅读,学生可以从中学习叙事视角的转换之妙、作者"不写之写"的匠心独运之妙。针对文本中的细节如"火""葫芦""火枪",金圣叹在其评点本中一一为读者点出,以证实他所说的"草蛇灰线"法:"骤看之,有如无物,及至细寻,其中便有一条线索,拽之通体俱动。"这样的对照阅读,可以让学生更加透彻地理解、欣赏细节描写之妙,掌握文本细读之法,从中享受"天下之乐,第一莫若读书"

---

① 教育部:《义务教育教科书　语文》(八年级上册),人民教育出版社 2017 年版,第 77 页。

的审美愉悦。语文教学不在于为学生提供多少课程资源，而在于示学生以方法，教会他如何查找、利用课程资源，从中发现不同文本之间的关联处，从而在相互参照中形成举一反三、触类旁通的思维方式。就像金圣叹在评点《林教头风雪山神庙》的细节描写时说："文中写情写景处，都要细细详察。如两次照顾火盆，则明林冲非失火也；上拖一条棉被，则明林冲明日原要归来，今止作一夜计也。如此等处甚多，我亦不能遍指，孔子曰：'举一隅不以三隅反，则不复矣。'"示人以法，授人以渔，才会让人终身受益。学生是课程资源的开发者，是作为生命载体的课程资源，学会一种学习方法也就掌握了一种开发和利用课程资源的工具，这也正是叶圣陶先生"教是为了不教"教育理念的体现。

第三，拓展学生的联想与想象。对语文教学来说，秘响旁通不只是知识面的拓宽，更需要提升学生的思维力与想象力。就每一篇选文看，它交织着不同声响和意义，展现出广阔的文化表意空间，也隐含着文本与历史文化传统之间的多重关联。然而这种关联与融合，沉默地隐含于文本之中，需要经由学生的理解和解释才能显现出来。余光中《听听那秋雨》中的一段："大陆上的秋天，无论是疏雨滴梧桐，或是骤雨打荷叶，听去总有一点凄凉，凄清，凄楚，于今在岛上回味，则在凄楚之外，更笼上一层凄迷了。饶你多少豪情侠气，怕也经不起三番五次的风吹雨打。一打少年听雨，红烛昏沉。二打中年听雨，客舟中，江阔云低。三打白头听雨在僧庐下。这便是亡宋之痛，一颗敏感心灵的一生：楼上，江上，庙里，用冷冷的雨珠子串成。"在这一段文字中，我们似乎听到：

——温庭筠的《更漏子·玉炉香》："梧桐树，三更雨，不道离情正苦。一叶叶，一声声，空阶滴到明。"
——李清照的《声声慢·寻寻觅觅》："梧桐更兼细雨，到黄昏、点点滴滴。这次第，怎一个愁字了得！"
——韩愈的《盆池五首（其二）》："莫道盆池作不成，藕稍初种已齐生。从今有雨君须记，来听萧萧打叶声。"

　　——李商隐的《宿骆氏亭寄怀崔雍崔衮》："秋阴不散霜飞晚，留得枯荷听雨声"。

　　——蒋捷的《虞美人·听雨》："少年听雨歌楼上，红烛昏罗帐。壮年听雨客舟中，江阔云低断雁叫西风。而今听雨僧庐下，鬓已星星也。悲欢离合总无情，一任阶前，点滴到天明。"

　　来自不同文本的"雨声"交织在《听听那冷雨》中，立体地环绕在学生的心间，凝结成千百年来中华民族共同的文化心理结构。文本中这些秘响旁通的诗句，表现出的不只是中国文化特质的乡愁，还隐含了一种凄凉、凄清、凄楚、凄迷，以及"前尘隔海，古屋不再"的落寞。"义生文外、秘响旁通"的感染力来自联想与想象，而联想与想象又基于学生已有的知识经验。

　　在语文教学中，单篇选文与它所隐含的、关联的其他文本，构成"1+X"的互文性。"1"是学生要学习的主体文本，"X"是指其他的互文本，学生则会因知识积累、思维方式的不同而联想到不同的互文本。我们要尽可能调动学生联想与想象的积极性，让他们经由相似、相关、相反的联想，经由合理的想象，发现互文本秘响旁通的奥秘。比如，学习《听听那冷雨》，借助于相关、相似的联想，经由"1+X"互文本的"意义叠加"，文本所表现的凄凉、凄清、凄楚、凄迷，才会如此打动人心。阅读《珍珠鸟》时，借助于相反、相对的联想，通过互文本的辨析式比较，才会有意外的发现：筱敏在其散文《鸟儿中的理想主义》中"对笼中继续扑翼的鸟一直怀有敬意"，甚至"感觉惭愧"，而冯骥才在《珍珠鸟》中则对"笼中鸟"表现出创造了"美好境界"般的赞美和欣赏。[①] 推翻一个结论，培养一种批判性思维，这是互文本所起到的重要作用。文本间的对话与融合，无论是不是作者有意为之，都会是作为一个事实呈现在师生面前。学生倾听来自不同文本交互发出的声音，自觉形成一

---

①　郭初阳：《言说抵抗沉默——郭初阳课堂实录》，华东师范大学出版社 2006 年版，第 100 页。

种读书、思考能力，一种基于联想与想象的言语创造力，一种自主学习的精神。

三、群文单元内的交互作用

我们在教学中，有时会以一组文本作为教学对象，而这几篇文本之间的"互文性"关联点，则成为群文教学的重点。"只有音乐才能激起人的音乐感；对于没有音乐感的耳朵来说，最美的音乐也毫无意义。"在语文教学中，我们不但善于发现和把握不同文本间的意义关联，而且要善于根据教学需要将不同文本组织成为一个具有有机联系的整体，引导学生联想、想象，求同、辨异，分析、综合，以更好地达成言语活动的目标。

教材单元往往依据某个教学意图，将不同的篇目串在一起。比如，在《国文百八课》中两篇课文作为一个单元，以文章学某个方面的阅读或写作知识作为关联点，贯穿起"文话""文选""文法或修辞""习问"。在现行语文教科书中，以几篇选文作为一个单元，以某个人文主题贯穿起整个单元。但是，教材单元的几篇选文是否构成具有"互文性"的群文，还需要进一步研究。一般来说，构成群文的要素有三个：一是作为关联性并具有开放性的议题；二是这一组文章构成一个具有内在联系的相对整体，比如文本意义的交互派生、读写知识的相互补充、不同文本观点的相互交织等；三是指向学生语文核心素养的提升，特别是思维品质的提升。基于这三点，在实际教学中，我们要依据教学目标和教学内容对选文及相关联的其他互文本进行重构，使之构成具有关联性、有机性、整体性的群文单元。

《爱莲说》《陋室铭》《叶圣陶先生二三事》《驿路梨花》《最苦与最乐》这几篇文章，能不能构成一个群文单元？"中华美德"以及"时代对这些美德的呼唤"① 能否作为这一组群文单元的议题？通过深入研究，我们发现"中华

---

① 教育部：《义务教育教科书 语文》(七年级下册)，人民教育出版社 2019 年版，第 88—106 页。

美德"只是几篇选文表面上的关联,作为一种宽泛的人文主题,难以发挥聚焦话题、推动意义建构、提升语文核心素养的作用。此外,这一单元文本之间的内在联系,比如是否具有"叠加意义"的生成、是否推动学生核心素养发展等,也值得商榷。面对这种情况,我们可以根据教学目标和学生实际,重新构建"1+X"或"1+1+1"等不同形式的群文单元。以《爱莲说》的学习为例,我们可以将该篇与明末清初戏曲家李渔的《芙蕖》、当代作家颜元叔的《荷塘风起》、当代国学家季羡林的《清塘荷韵》作为一个群文单元来看待:在体裁上都是散文,在写法上都是托物言志、借物抒情,在思想内容上都表现出对荷的喜爱与赞赏。但同时,这四篇在思想内涵、写作手法上又有着诸多不同,可谓同中有异、异中有同。比如,同是在与"群葩"的比较中突出莲的某种精神,但《爱莲说》强调"高洁"的君子品格,而《芙蕖》则是以"可人"为线索赞美其"可目""可鼻""可用"的奉献精神;同是有层次地描写"莲"之形态、神韵,表现出追求自然、自由,摆脱世俗喧嚣的品格,但《荷塘风起》更多的是在人与景的"神会"中隐含对"文明"破坏自然的不满,而《清塘荷韵》则在对荷生长、繁茂的动态描写中赞美其生生不息的力量。这样,我们可以在相互关联的群文阅读中引导学生感受中国的"莲"文化。中国人对"莲"的喜爱,如季羡林在《清塘荷韵》中所说的,"香远益清是脍炙人口的",而楼前"池塘中独独缺少荷花"便成为一块心病。教师还可以进一步追问:四篇选文,作者志趣相通但写法不同,你最喜欢哪一篇呢?这样,在探索中国"莲"文化、追求"莲"高洁品格和蓬勃生命力的主题活动中,在同中求异、异中求同的选文比较中,引导学生上升为群文的"统整性"阅读、个性化阅读等。

当然,群文阅读不只是拓展文化视野、培养审美能力的需要,更是发展学生思维品质,培养和形成创造性、批判性思维方式的需要。一个群文单元,应当具有明与暗的关联性,明的关联就是群文的议题,而暗的关联就是比较、分析、创造、批判等的思维主线。比如,有位教师以"科学发展与人类幸福"为主线编选了一组科学家写作的文章:

爱因斯坦《科学与社会》：科学使人从极端繁重的体力劳动中解放出来，但是科学技术又使人类面临着十分严重的问题，它在于通过对人类心灵的作用，克服人们在自己和自然界面前的不安全感，"相信人类的思维是可靠的，自然规律是普天之下皆准的"。

德国理论物理学家玻恩《我的见解》：科学带给人类的或是一场"噩梦"，让人类面临未来的"黑暗"，"如果人类没有被核战争所消灭，它就会退化成一种处在独裁者暴政下的愚昧的没有发言权的生物，独裁者借助于机器和电子计算机来统治他们"。

美国科学家理查德·费曼《科学的价值》：科学作为开启天堂大门的钥匙，也能打开地狱的大门，但是科学的价值除了制造物品和提供智力乐趣，还在于科学家"自知无知"，保持怀疑和讨论的自由，解决过去未曾解决过的问题，开启通入未知的大门，以"为我之所能为，学我之所能学"，向下传递，以"使将来的人有自由的双手"。

印度天体物理学家钱德拉塞卡《科学中的美和对美的追求》：科学蕴含美，真与美天然地融合在一起，"一个科学家凭异常高超的审美直觉提出的理论即使起初看起来不对，终究能够被证明是真的"，难以置信的是，科学可以让"人类心灵最深处看作美的东西变成外部自然中的现实"。①

作为一个群文单元的几篇选文，在以明线"科学发展与人类幸福"关联不同选文的同时，还有一条思维暗线，即"科学带给人类的究竟是什么"的追问和反思。在教学意义上，暗线体现了对学生思维品质的培养。不同的科学家发出不同的声音，爱因斯坦是辩证的，玻恩是悲观的，费曼是乐观的，钱德拉塞卡是审美的。这样，不同文本之间就有了赞成、质疑、反驳、批判的对话，让这一组文章成为一个相互质疑、相互启发的群文，也就具有

———————————
① 严凌君：《青春读书课·人类的声音》(上)，海天出版社2018年版，第221、225、231、236、247页。

更为重要的教学意义：学生倾向于哪一篇文章的观点、对谁的文章提出质疑或批判，抑或是个人独抒己见，要由他们自己来决定。这是语文教学对思维品质的培养：独立思考、独立判断，能够多角度、辩证地分析问题，在综合比较中作出自己的选择和决定。① 致力于思维品质培养的群文阅读，是基于"互文性"、以促进核心素养发展为目的的深度阅读。教学《愚公移山》，可以与《精卫填海》《夸父逐日》同中辨异，与海明威的《老人与海》异中求同；教学《守财奴》，可以与《威尼斯商人》中的夏洛克、《儒林外史》中的严监生，以及世界文学经典中一系列吝啬鬼形象作比较分析……这些跨越时空、跨越文化、跨越文体的课程资源，让学生听到来自不同文本的声音，不只是经历多元的文化，更是在丰富的言语实践中开放理解的视域，获得多元文化的启迪，形成辩证的、多角度分析问题的方式，培养灵活性、深刻性、独创性、批判性等思维品质。

四、语言表达中的思想交织

语言表达，无论是口语交际，还是书面写作，都需要个体基于经验的思考、来自他人经验的启发以及对表达技能的掌握。每一个体与他人往往具有相似的生活经历、相通的生活经验，这是人与人之间沟通、理解的基础，也是文本"交互作用"的条件。但是面对相似的生活经历、相通的生活经验，由于观察、认识、理解方式的不同，也就有了言语表现的不同，而这些不同又构成了交流、对话的条件。"单一的声音，什么也结束不了，什么也解决不了。两个声音才是生命的最低条件，生存的最低条件。"② 言语表达，是作者在表现自己的生活、表达自己的观点，但同时他的表达也会穿插他人的思想，甚至会伴随与他人思想的对话或论争。

学生的言语表达，需要表达技能的指导，更需要生活经验的积累、他人思

---

① 核心素养研究课题组：《中国学生发展核心素养》，《中国教育学刊》2016 年第 10 期。
② ［苏］巴赫金：《诗学与访谈》，白春仁、顾亚铃等译，河北教育出版社 1998 年版，第 340 页。

想的启迪。如果说前者是作为"技"的指导，后者则是"道"的遵循。叶圣陶先生说："阅读的基本训练不行，写作能力是不会提高的。常常有人要求出版社出版'怎样作文'之类的书，好像有了这类书，依据这类书指导作文，写作教学就好办了。实际上写作基于阅读。老师教得好，学生读得好，才写得好。"① 叶圣陶先生强调阅读是写作的基础，实际上也是在强调他人生活经验和成熟思想对学生表达的启迪和影响。一个文本总是在与其他文本的交互影响、交互作用中构思完成的，学生的言语表达，实际上可以认为，是他以自我生活经验为基础，经由与其他相关文本的借鉴、比较、整合产生自己的认识、思考，进而形诸书面的或口头的言语作品的过程。换言之，学生在提起笔来时，不可能大脑里空空，不可能不受其他文本的影响。善于借鉴、利用，通过明引、暗引的种种手法，经历认同性理解、商榷性质疑或创造性建构，表现鲜明的个体生活经验或独特的思想观点，应当成为学生写作的基本功。概括起来讲，"互文性"给予写作的启示就是，任何一个话题，对学生来说总不会是完全陌生的，它总会带有让人似曾相识、引发联想的某些元素，而学生在对这些元素的比较、分析、综合、改造中渐渐让叙述、描写、说明、阐述、论证等言语表达趋于完善。

互文性写作，需要扎实的读书功底。比如，一道以"器"为话题让考生展开写作的作文命题，依据互文性观点看，如果缺少经典文本阅读的底子，就难以写出具有深度的文章。从审题来看，"器"有"实用之器"，如石器、陶器、铜器、铁器、机器、电器，以至引申到现代意义上的技术手段；"功能之器"，比如用于沟通交往的语言文字、手机等；"象征之器"，具有象征意义能够发挥某种器具作用的道德、礼仪、理想、信念等，像"礼器"，就不只是一种器具也是身份、等级与权力的象征；作为生活装饰、具有审美价值的"审美之器"，比如花瓶、青瓷器等工艺品。器，在中国已经形成了一种文化，由"器"生发开去的立意可谓极为丰富。考生以某一类型的"器"为写作对象，

---

① 叶圣陶:《叶圣陶教育文集》(第3卷),人民教育出版社1994年版,第279页。

如果借助于互文本，就有可能实现写作主题的升华。依据《易经·系辞上》，从"形而上者谓之道，形而下者谓之器"写人要超越物质层面的"器"而在精神上追求"道"的境界，从"君子藏器于身，待时而动"写人要学会韬光养晦、以屈求伸。依据《论语·卫灵公》，从"工欲善其事，必先利其器"的角度，阐发"器"所象征的方法、能力、才华等对做事成功的作用；从"君子不器"写人要自由、全面发展，追求雄才大略以超越某种单纯"工具"意义上的用途。依据《礼记·学记》，从"玉不琢，不成器"写"成器"必须经历打磨、磨砺、锻炼的过程，从而写磨砺、锻炼对人才成长的重要性。依据《老子》，从"埏埴以为器，当其无，有器之用"写"器"因其"空""无"才具有其"用"，引申为做人应当有的"器度"、胸怀、包容、气量等。来自经典文本中的"器"，学生可以认可、引申、发展，可以质疑、反思、批判，也可以超越、创新、另立新意。由"器"所引申而来的才能、大德、器量、审美、科技、意志、包容等关键词，在相关文本的启发影响下，都可以用来形成关于"器"的佳作。互文性带给写作教学的提示就是，以广泛存在的互文本现象打开学生的思维，沟通阅读与写作之间的桥梁。

互文性写作，是提高思维品质的一种活动方式。有一道关于以"语言"为话题的作文命题："花解语，鸟自鸣，生活中处处有语言。不同的语言打开不同的世界，音乐、雕塑、程序、基因……莫不如此。语言丰富生活，语言演绎生命，语言传承文明。"依据文本的互文性，我们同样可以得到关于这个话题的叙述、描写、阐述，以及不同观点的论证等，同样在相互的问答、释疑、补充或批判中生成多角度的立意。"语言是一种生活方式""语言是文化"，甚至在哲学意义上"语言就是存在的家"，应当算作相当不错的立意，比如学生以他的眼光看爷爷、爸爸、"我"三代人的语言所反映出的社会变迁。在引申、比喻、象征意义上，手势、表情、雕塑、绘画、程序、基因……都是一种语言，遍观宇宙，花草虫鱼、山川湖海、日月星辰无不是一种语言。谈语言就是谈我们的生活，谈语言就是谈自然、宇宙。辛弃疾《西江月·夜行黄沙道中》中"稻花香里说丰年，听取蛙声一片"，青蛙的语言，诉说的是人与自然的和谐；周邦彦《六丑·落花》中"长条故惹行客，似牵衣待话，别情无极"，蔷薇花枝的语言，表达的是它对行人的依恋；苏轼《前赤壁赋》中"江上之清风，与山间之明月，耳得之而为声，目遇之而成色"，世间万物都具有与你对话的意愿，都在诉说着某一种语言。所以，在互文性基础上，顺着语言的某种意义上发掘下去，融入自己的生活经验，激发个体经验与他人经验的交互作用，便能够以"语言是一种……""……也是一种语言"或者"语言与……"为题，写出立意高远的文章。可以看出，互文性写作，是激发学生联想力、想象力、创造力的一种言语活动，有助于发展思维的敏捷性、灵活性、深刻性、独创性等品质。

当然，任何互文性写作，都不应当以"移用""借用""化用"为目的，而是在不同文本的启发下形成自己的观点和思路，推出符合现实生活需要的新文本。比如，以毛泽东1917年4月发表的《体育之研究》中论及"体育之效"的一段论述为材料的作文题目：人的身体会天天变化……生而强者如果滥用其强，即使是至强者，最终也许会转为至弱；而弱者如果勤自锻炼，增益其所不能，久之也会变而为强。因而"生而强者不必自喜也，生而弱者不必自悲也。吾生而弱乎，或者天之诱我以至于强，未可知也"。这段话谈论的是"体育之效"，但学生的写作可以超越"体育"而上升为"生命智慧"、国家和民族的"自强不息"精神。在互文本意义上，我们可以想起《周易·系辞下》："穷则变，变则通，通则久。"《周易·乾卦》："天行健，君子以自强不息。"《老子》："知人者智，自知者明；胜人者有力，自胜者强。""将欲歙之，必固张之；将欲弱之，必固强之；将欲废之，必固举之；将欲取之，必固予之。"《论语·泰伯》："士不可以不弘毅，任重而道远。"《史记·越王勾践世家》："（勾践）苦身焦思，终灭强吴，北观兵中国，以尊周室，号称霸王。勾践可不谓贤哉！"当然，学生还可以借鉴当代的文本，比如海伦·凯勒的《假如给我三天光明》，史铁生的《我与地坛》及其相关作品，电影《风雨哈佛路》（*Homeless to Harvard: the Liz Murray Story*）、《阿甘正传》（*Forrest Gump*），甚至流行歌曲《隐形的翅膀》等。所有这些文本在学生那里不过是"为我所用"的素材,用来表现"我的主张"。不同的文本围绕、交织在"强与弱"的辩证关系上,启迪立意、拓展思路,激发学生关于强弱之变的思考,表达以坚持和努力促进自我发展、实现中华民族伟大复兴的理想和信念。

生活经验是写作的源泉,而基于互文本的阅读则是对生活源泉的疏浚和引导。汩汩而流的源泉,如音乐的交响曲、交错编织的图纹,启发学生更多的联想、更为流畅的构思、更具创意的表达,进而实现新的语言文字的"再编织""再创造"。

五、言语活动的跨媒介交流

随着信息和多媒体技术的发展,"互文性"的概念也在发生变化。文本间的交互作用,不只是不同文本语言文字之间的"互文见义",还包括了语言文字与声音、图像以及网络超文本之间意义的交互派生。

传统的"语—图"互文性,即语言文字与图像之间的"互文见义",在语文教学中最为常用。比如,教科书选文中的插图,是"不言之教",蕴含了许多要说还没有说出的话,能够启发学生丰富的想象、深入的思考,可以用来欣赏,可以用来描述,也可以用来作为讨论的话题。丰子恺的漫画《孔乙己》[①],作为插图,学生可以对照课文阅读:漫画表现的是"茴香豆的'茴',怎样写",还是"不多了,我已经不多了"?周围那群人如此快活的原因是什么?漫画上那幅"群贤毕至"的书法又说明了什么?在这样的深度思考中,学生会领悟到,鲁迅塑造的人物形象就像一幅幅漫画,带有了某种深刻的内涵:"漫画要使人一目了然,所以那最普通的方法是'夸张',但又不是胡闹。"[②]作为语言文字的文本与作为视频的文本同样显示出"互文见义"的优势。电影《肖申克的救赎》与冯骥才的《珍珠鸟》之所以具有能够相互解说的互文性,就是因为电影所表现的监狱限制人身自由的情境与笼子限制小鸟自由的情

---

① 教育部:《义务教育教科书 语文》(九年级下册),人民教育出版社2018年版,第17页。
② 鲁迅:《漫谈"漫画"》,引自《鲁迅文集》,中国社会出版社2000年版,第478页。

境具有了关联，狱中人安迪以 20 年的时间谋求逃出监狱的自由，而在笼子中待惯了的小鸟绝不飞出去，这是何等鲜明的对比！

基于互联网的跨媒介学习呈现新特点。《普通高中语文课程标准》指出："引导学生学习跨媒介的信息获取、呈现与表达，观察、思考不同媒介语言文字运用的现象，梳理、探究其特点和规律，提高跨媒介分享与交流的能力，提高理解、辨析、评判媒介传播内容的水平。"[①] 跨媒介阅读与交流，可以让基于不同媒介的文本产生意义上的交互派生。以文字符号线性排列的纸质文本所具有的互文性，主要来自创作者的联想与想象、引用与借用，来自阅读者的分析与综合、抽象与概括、比较与鉴别等，而基于互联网"超文本"的互文性则不只是依赖于创作者或阅读者，还要借助于超链接的技术力量：网页形式的"超文本"因为非线性超链接而实现了快捷方便的跳跃和转换，文字的、图像的，音频的、视频的，现实的、虚拟的，各类不同媒介的文本都会呈现在学习者面前。这种依靠信息技术生成的"超文本"对语文学习来说，是一把"双刃剑"：一方面，它可能会让语文知识包括以选文为载体的人文知识以碎片化的形式呈现，造成学生学习的浅表化；但另一方面，在正确的引导下，它可能也会激发学生整合、重构"知识碎片"的创造性力量，促进语文知识的深度学习。但无论如何，在数字化时代，语文教学不应排斥互联网和依托互联网的各类媒体，而要致力于转变语文学习和教学的方式。有一道高考作文题这样说："在当代中国，人们对学习的理解与古人有相同之处，也有不一样的地方。请以'学习今说'为题目，写一篇议论文。"这一题目，向学生提出思考和阐发"学习"新概念、新方法、新途径等的要求。着眼于人工智能和信息技术的挑战，从学习目的、学习内容、学习方式、学习评价标准等方面提出"学习新说"，不只是需要学生思考的时代课题，也是他们正在经历的学习革命。

---

① 教育部：《普通高中语文课程标准》（2017 年版 2020 年修订），人民教育出版社 2020 年版,第14 页。

超文本作为"一个通过链接而关联起来的系列文本块体"①，使原文本与视频、音频、图像等多种媒体类型的副文本构成了广泛的互文性。基于互联网的"分叉选择"，以超链接的方式为学生提供了阅读、写作的不同入口和路径。基于互联网，基于超文本，学生可以阅读、共享言语作品，随时写下、上传阅读心得，或在网络上作出批注；可以合作创作言语作品，通过在线的方式相互讨论、交流修改、完善作品，展示最终成果。学生不只是依赖他人提供的现成的信息媒体，他也在创建属于自己的自媒体，比如以学生个体、班级集体为信息传播主体的博客、微博、微信公众号、网站及其他信息传播客户端等。作为自媒体的主人，学生具有了创作、分享言语作品的自主性和自豪感。学生可以创作作品，为作品配乐、插图，为作品添加注释，以超链接的方式实现与其他文本、图像、音频、视频的关联；可以赏析、分享、评论他人的言语作品，同时在上传、发布、分享自己的言语作品之后也为其他人留下评论的空间。可见，基于互联网超文本的互文性，要比印刷媒介的文字文本更具体、更生动、更具操作性。

基于互联网的语文学习，最担心的就是知识的"碎片化"，但如果教师给予明确而恰当的目标引导，学生完全可以实现知识的"创造性重构"。比如，作为班集体的自媒体，师生在这片"信息自留地"上共同确定语文学习的主题，围绕主题添加文本、围绕文本撰写评论，从而借助于超链接而形成具有主题学习目的、文本交互作用的群文单元。明确的学习目的、集中的学习主题，不同文本或文本的不同片段因学生的智慧和超链接的技术而得以重构和整合。所以，有学者认为："碎片化学习时代，学习者应该将各种途径获得的碎片化知识，通过零存整取的策略和方法，有机整合起来，形成个性化知识体系；而不必试图通过复原的方法，按照书本教材原来的知识结构，建立共性化的知识体系。"② 的确如此，学生的那些以博客、微信或网页为媒介的"博文""微文""网文"，是开放的、共享的空间，也是在相互讨论、交流启发下借鉴、

---

① 周宪：《从"沉浸式"到"浏览式"阅读的转向》，《中国社会科学》2016 年第 11 期。
② 王竹立：《新知识观：重塑面向智能时代的教与学》，《华东师范大学学报（教育科学版）》2019 年第 5 期。

利用其他课程资源的过程中不断改写、"创造性重构"的结果。从最初的意图酝酿到简单的雏形构造，再经历个体学生的修改、补充，群体学生的相互启发、合作，最终会展示一个"相对完美"的作品。这是语文知识在互联网上运转的过程，也是学生思维和智慧的体现。跨媒介阅读和交流，是信息技术时代基于互文性理论的一种新型学习方式和教学方式，需要我们以开放性、包容性思维主动迎接这一挑战。依据互文本阅读、互文性写作理论的教学改革，正在助力这一学习革命。

第四节　教学的过程性及其运行

在解释学意义上，理解是一个无限的视域融合过程，过程性是其鲜明的特征。作为理解的教学，同样具有鲜明的过程性特征。语文教学，不是把外在于学生的语文知识灌输给学生，而是在具体言语情境中引导学生以言语实践的方式将语文知识转化为鲜活的言语经验，形成语言运用的能力，上升为言语智慧。从过程意义上，语文教学就是师生把课程知识转化为系列"言语事件"的行动。

一、作为言语实践的语文课程

语文教学的过程性体现为语文课程的言语实践性。《普通高中语文课程标准》指出："语文课程作为一门实践性课程，应着力在语文实践中培养学生的语言文字运用能力。"[①] 听说读写是语文课程的言语实践形式，从"视域融合"的观点看，这一言语实践既存在意义生成的复杂过程，也存在彼此间相互转化的复杂关系。

---

　　① 教育部：《普通高中语文课程标准》（2017 年版 2020 年修订），人民教育出版社 2020 年版，第3 页。

（一）从经验转化为体验

经验是一种经历过程及其在意识层面的积淀，语文课程强调言语实践实际上就是强调学生在语文学习中的实际经历和经验，也就是，语文学习不只是知识的接受和理解，更是对语言文字的积累和运用，即通过多种情境、多种形式的反复运用掌握知识、培养语感、发展能力。但语文教学还不应止步于此，还要进一步引导学生从行动意义上的经验上升为审美意义上的体验。什么是体验？体验，是经验中触动心灵、值得回味、见于诗意的东西，"如果某个东西不仅被经历过，而且它的经历存在还获得一种使自身具有继续存在意义的特征，那么这种东西就属于体验"①。追求体验的言语实践，不仅仅是为了获得关于听说读写的知识和技能，更要关注听说读写这一"亲历过程"的生命意义。言语体验，是作为言语实践主体的学生主动亲近语言、理解语言、运用语言，渐渐浸润、沉醉其中，从而达到"人"与"言"交互融合的"自得过程"。对学生来说，语文学习，就是他在语言文字世界里"摸爬滚打"的行动，在"跌跌撞撞"中领悟和掌握言语活动规律进而达到灵活运用语言文字的自由状态。对语言文字来说，学生是激发它生命活力的"交往伙伴"，学生的自主性、能动性越高，语言文字的亲和力、召唤力就越强。所以，在言语体验中，语言文字不再是外在于"我"的陌生客体，而是熟悉的、亲切的、具有魅力的，随时与"我"呼唤应答、情感共振、相互融合的作为生命体的"你"。比利时批评家乔治·布莱这样说自己的阅读体验：

> 我说过，这是一件闻所未闻的事。所谓闻所未闻，首先是我称为物的那种东西的消逝。我拿在手中的书到哪儿去了？它还在那儿，然而同时它又不在了，哪儿也不在了。这个全然为物的物，这个纸做的物，正如有些物是金属的或瓷的一样，这个物不在了，或者至少它现在不在

① ［德］汉斯-格奥尔格·伽达默尔：《诠释学Ⅰ：真理与方法》，洪汉鼎译，商务印书馆2010年版，第93页。

了，只要我在读书。①

　　这就是作为言语体验过程对于学生的意义。听过或读过，就是一种情感、精神在心头流过，就是"人"与"言"和"言"与"人"融合为一体的过程！美国批评家斯坦利·费什说过，一个句子重要的不是"表达了什么意思"（What does this sentence mean），而是它"做了什么"（What does this sentence do）。"表达了什么意思"，不过是说语言文字是信息的"储存物"，而"做了什么"则意味着它正在激起读者的一系列反应。"它不再是一个客体，一个独立存在的事物，而成为一个事件（event），某种对读者说来已经发生而且有读者参与其中的事件。"② 语言文字不是静态的客体，而是读者参与其中的"事件"，经由言语活动化为读者心头流动的精神、情感和意义。

　　言语体验是超越了知识迁移的深度学习，是对文本意义的预期、咀嚼和回味，是对语言文字比喻义、引申义、象征义的发掘、理解和领悟，也是对语言文字情感色彩和生命气息的感应、浸润和体味。作为语文课程，学生面对一个文本，并不是以获取某种信息为目的，而是在意义预期支配下建立起与语言文字的生命关系。在阅读过程中，他猜想下一句话、下一段文字，预测故事的结局、人物的命运，补充、填补文本要说但没有说出的话，假设、想象另一种结局或更多的可能。这就是体验意义上的语言运用。就像法国作家让·凯罗尔在谈到阅读结束时所说的："作者在最后一页上结束了，而我却仍在继续——不是对已经读过的东西作出总括，而是要采取新的步骤，说出新的话语。我并没有触犯什么规矩，只不过比热爱自己主人公的作者继续走得更远罢了。他结束了，他并没有替我设想一切。"③ 作为言语实践，无论是阅读还是写作，都应当这样，浸润在语言文字中，揣摩、体会语言文字的美妙，在推敲、锤炼中追

---

　　① ［比］乔治·布莱：《批评意识》，郭宏安译，广西师范大学出版社 2002 年版，第 239 页。
　　② ［美］斯坦利·费什：《读者反应批评：理论与实践》，文楚安译，中国社会科学出版社 1998 年版，第 135 页。
　　③ ［法］让·凯罗尔：《阅读和人物》，李毓榛译，引自《法国作家论文学》，王忠琪等译，生活·读书·新知三联书店 1984 年版，第 548 页。

求遣词造句、言传心声的准确和周密。

体验也是人文知识学习的一种方式。人文知识，作为语文课程内容的重要组成部分，就是一种体验性知识，是认识者个体通过对历史上所亲历的价值实践的总体反思呈现的对人生意义的体验。[①] 这类知识具有不可复制或代替的"个体性"，难以通过逻辑来实证的隐喻性，多种多样体验和回答的多质性、开放性。[②] 作为"体验性知识"，人文知识具有鲜明的过程性特征。它无法作为一个最终的结论或普适性的真理"完整而准确"地传授给学生，对语文课程来说，只有借助于言语实践引发学生关于生活、生命，关于自我与他人、自我与社会关系的思考才能让其有所体会、有所思考，而这种体会和思考又往往带有个体性、隐喻性和模糊性。赵汀阳先生认为，人文知识的对象就是人自身，但是"这个对象不得不同时滞留在原地充当主体，这种'分身性'或者说'此地'和'彼处'的同时存在注定了自我认识具有'测不准'的性质，因此人文知识不具备科学的那种客观判断"[③]。人通过自我认识产生的人文知识，不能像自然科学知识、社会科学知识那样，在学习之前确定一个可以清晰描述的目标、学习结束后可以精确测量的学习结果，而是具有"测不准"的模糊性，因而我们要顺应人文知识的特点，把它交给学生的自我体验。如果说，人文知识的学习，也应当具有一个确定结果的话，那么这个结果就是经由体验而积淀形成的素养。

文学史上有一个经典案例：有人要托尔斯泰概括出《安娜·卡列尼娜》要表达的东西，托尔斯泰说，如果他想用词句来说出他原想用一部长篇小说去表现的那一切思想，那么，他就应当从头去写他已经写完的那部小说。因为作品的思想就在作者写作的过程之中、在读者阅读的过程之中，没有了这个过程，这部作品还有什么意义呢？对语文课程来说，人文知识就是蕴含在学生言语实践过程中的情感、精神和意义，相对于结果来说，过程、情境、体验更具

---

① 石中英:《知识转型与教育改革》,教育科学出版社 2020 年版,第 261 页。
② 石中英:《知识转型与教育改革》,教育科学出版社 2020 年版,第 261 页。
③ 赵汀阳:《现代性与中国》,广东教育出版社 2000 年版,第 240 页。

有本源意义。因而，语文教学应当为学生创设自由表现的言语情境，让学生在阅读、表达、讨论中展开联想、想象、内省、反思，从而在言语体验中生成作为过程性的人文知识，进而积淀成为他的人文素养。

（二）从知识转化为智慧

言语实践是一种转化活动，是从知识转化为能力、从能力转化为智慧的过程，而语文课程则是这种转化的过程表现。广义上的语文知识，包括关于语言文字概念、事实、原理的陈述性知识，体现言语活动规律、方法的策略性知识，如何运用语言的程序性知识，而程序性知识作为一种言语技能则是语文知识的核心，陈述性知识、策略性知识都要借助于程序性知识转化成学生的言语能力。按照李海林的说法，语文知识就是"言语知识，是关于言语主体、言语客体和言语环境及其相互关系的知识，主要包括言语内容、言语形式、言语理解、言语表达等内容"，即一种"程序性知识""策略性知识"。[①] 尽管我们不能赞同语文知识完全等同于言语知识，因为语文知识还应包括关于听说读写的概念、事实、原理等作为陈述性知识的语言知识，但还是能够从他所说的言语知识这一概念中获得深刻启发，即言语知识来自经由言语实践向言语能力转化的过程中。如果说语文课程内容就是广义上的语文知识，语文课程目标是言语能力和言语智慧，那么，言语实践就是将语文知识转化为言语能力和言语智慧的根本途径。言语能力，是正确理解和运用语言文字的能力，是形成言语智慧的基础；言语智慧是"言语主体在处理与言语对象和言语环境各要素的关系时所表现出来的创造性质和自由状态"[②]。虽然从知识到能力、从能力到智慧不是自然而然转化形成的，因为它还要经历一个复杂的言语实践过程，其中也不乏"意不称物、文不逮意"或"心了了而口不能解"的困惑，但是只要坚持"积学以储宝，酌理以富才，研阅以穷照，驯致以绎辞"的言语实践，经历"披文入情，沿波讨源"的自主探究，终究还是能够体验到沉浸于语言文字中的自由和快乐，并进而积淀形成自己的言语能力、言语智慧。

---

① 李海林：《言语教学论》（第 2 版），上海教育出版社 2006 年版，第 252 页。
② 李海林：《重构"语言训练观"》，《中学语文教学》2009 年第 12 期。

（三）听说读写的相互转化

从听说读写的言语实践看，语文课程的过程性特征表现为不同言语方式的相互转化。听说读写作为四种不同类型的言语活动，存在相互转化的过程。在传统意义上，听和读，往往被认为是信息接收活动，而说和写被认为是信息表达活动。实际上，在过程意义上，言语活动要复杂得多。听与读不只是语言接受，同时也是参与，在听或读的同时，还有可能用"内在的声音"讲话，或赞同欣赏，或提出困惑，或质疑批判。比如，接受美学所说的文本"空白结构"，解释学所说的文本"隐喻—象征"结构，学生可以依据已有的知识经验填补"空白结构"或将"隐喻—象征"结构具体化，即以说或写的形式来完成听或读的活动。这样，原来"可读"的文本因为学生的参与和创造就成为"可写的文本"。

同样，说或写，不只是表达，也蕴含"接受"：一是言语表达总是根据现实情境中所听、所读的信息来进行，写与读、说与听总是相伴而行；二是人在言语表达的过程中有时候会感受到一种来自语言的"惯性"力量，不是"我要说"，而是"要我说"，好像有一种神秘的力量推动着"要我说"，或者是在与假想的读者或听众对话、争论，以至于话越说越多竟发现不是"我在说话"而是"话在说我"。学生在言语实践中往往也会具有这样的经历，比如在演讲、辩论、写信、作文等言语活动中，有时会说出一些自己未曾预料的内容，说出自己未曾想说的话。"话在说我"听上去似乎很神秘，但实际上，这可以理解为通过言语实践和经验所形成的"语感"，也可以理解为过去所听、所读在现实情境中的即兴式提取和运用。有学者认为这是"在语言惯性冲击下的语言自由流淌"，以至于"言语流动达到与无意识的同步"[1]。谢灵运咏诗时说，"此语有神助，非我语也"。可见，此类现象自古而今，并非罕见。当然，语言表达的"神助"境，离不开积累、梳理与探究的言语实践和积累过程。

---

[1] 赵奎英：《文学语言惯性的哲学、心理学探究》，引自赵宪章等：《文学与形式》，南京大学出版社2011年版，第363页。

于漪说:"学生写作冲动感一经形成,就会思绪纷呈,妙语连珠,写作进入佳境。"[1] 可见,听说读写并不是单纯的技能训练,而是在相互转化过程中由语言积累而形成的言语能力和言语智慧。

(四) 从理解转化为行动

语文课程中的言语实践不同于日常交际的言语活动。在日常生活中,我们关注的是言语活动的结果,比如"读到了什么""写下了什么",目的在于获知"有用的信息";而语文课程的言语实践,不只是要理解"读到了什么""写下了什么",而且要在语言的运用中生成和建构意义。换言之,日常交际中的言语活动,目的在于"知道信息",而语文课程的言语活动,目的在于"理解意义"。"理解"是一个很难理解的概念。按照生存论哲学的说法,"理解"是人的存在方式,是"人在他生存于其中的生活世界的语境关联中把握其自身存在可能性的力量"[2]。对学生来说,他所经历的一切构成了他的生活世界,知识、文本、语言文字等都是他生活世界的组成部分,他存在于他的世界之中,领会这个世界之于他的意蕴,以自己的方式形成"某某东西作为某某东西"的意义解释。更为重要的是,理解也是一种"应用性"的行动,在语文课程的实践中,学生理解知识、文本、语言等,不是在"主客"意义上去认识、验证它,而是在"你我"的对话中建立起彼此的关系,将那些知识、文本、语言等应用于自我的现实情境,使之产生新的意义并延伸向未来。

在认知心理学意义上,"理解"作为认知过程维度中的一个阶段,同样体现出意义建构的性质。美国学者安德森等人修订的布卢姆教育目标分类学,将认知过程分为记忆/回忆、理解、应用、分析、评价、创造六个层次。其中,理解是"从口头、书面和图像等交流形式的教学信息中构建意义"[3],可以具体化为解释、举例、分类、总结、推断、比较、说明七类行动。对语文课程来

---

[1]　于漪:《于漪全集20·教育人生卷》,上海教育出版社2018年版,第302页。

[2]　[美]理查德·E.帕尔默:《诠释学》,潘德荣译,商务印书馆2012年版,第172页。

[3]　[美]洛林·W.安德森等:《布卢姆教育目标分类学:分类学视野下的学与教及其测评》,蒋小平、张琴美、罗晶晶译,外语教学与研究出版社2009年版,第51页。

说，理解可以具体化为不同言语方式的转换、举出言语规则的例证、确定某类文章体裁等具体行动。如果说，布卢姆目标分类学的理解只是认知维度上的某一个方面的话，珀金斯、威金斯等人的"为理解而教"则将理解上升为应用性行动，"而不仅是心智行动"："理解的核心是表现性能力。理解意味着能够智慧地和有效地应用与迁移——在实际的任务和环境中，有效地运用知识和技能。"① 这样，"为理解而教"的教学理论，将理解与知道作出了明确的区分：知道的关涉对象是事实或者大量相关事实，"可证实的主张""对或错"，需要学生知道一些正确的事情或根据所知回应提示；而理解则是要建构事实的意义，提供事实关联和意义的理论，探求事实的有关程度或复杂性，"我理解为什么它是知识，什么使它成为知识"与"我能够判断何时使用以及何时不用我所知的内容"。② 对语文课程来说，"为理解而教"，意味着让学生的言语实践超越单纯的事实性知识记忆而上升为以理解为核心的深度学习。因此，无论是安德森等学者针对理解所提出的解释、举例、分类、总结、推断、比较、说明等理解行动，还是威金斯等学者提出的解释、阐明、应用、洞察、神入、自知六个理解的侧面，都共同地指向了行动：灵活利用所学知识进行思考和行动的能力，即学生在不同情境中行动的能力。③

行动，也就意味着语文教学要关注学生言语实践的过程，关注学生在多种情境中变换着方式"做"。比如学生的听说读写，在过程意义上，听过、说过、读过、写过之后，并不是为了获得某个结论或结果，而是换一种方式、换一个情境，多个角度、多个侧面地再一次开始言语活动。对言语实践来说，过程远比结果重要，比如作为写作的言语表达，从一个话题的选择、酝酿、构思，到具体情境中的写作、写作过程中的即时性修改，修改之后根

---

① ［美］格兰特·威金斯、杰伊·麦克泰格：《追求理解的教学设计》(第2版)，闫寒冰、宋雪莲、赖平译，华东师范大学出版社2017年版，第7页。

② ［美］格兰特·威金斯、杰伊·麦克泰格：《追求理解的教学设计》(第2版)，闫寒冰、宋雪莲、赖平译，华东师范大学出版社2017年版，第39页。

③ ［美］格兰特·威金斯、杰伊·麦克泰格：《追求理解的教学设计》(第2版)，闫寒冰、宋雪莲、赖平译，华东师范大学出版社2017年版，第51页。

据他人意见的再修改等过程，决定了学生的写作能力和学习方式，以及学生对生活世界、生命意义的理解和思考能力。意义就在这一理解过程中生成：他清晰、透彻地理解了所要写作的话题（对象），形成了自己逻辑的、辩证的、创造的或批判的思维方式，深化了关于生活、生命意义的认识和思考。所以，针对语文课程，我们要始终强调言语实践的过程意义，引导学生说过之后再说，写过之后再写。从"说（写）了什么"，到"怎么说（写）"，再到"为什么这样说（写）"的思考和实践，就是语文课程过程属性的体现，也是教育的过程价值。

二、作为过程结构的语文知识

根据修订的布卢姆教育目标分类学的观点，学科内容可以由知识来代替，而知识这个概念强调的是，"整个历史上的共享知识"这一事实，"它通过一个学科内部现有的共识而获得，并随时间的推移而变化"。[①] 语文课程知识，是在历史上形成的关于言语活动的事实、概念、原理、方法等的共识及其在语文教育史上的变化，是对语文课程"教什么"与"学什么"的规定或生成。

（一）认知目标分类学的知识维度

根据安德森等人修订的布卢姆目标分类方法，知识可以分为事实性知识、概念性知识、程序性知识和元认知知识。事实性知识是"学生通晓一门学科或解决其中的问题所必须了解的基本要素"，概念性知识是"在一个更大体系内共同产生作用的基本要素之间的关系"，程序性知识是"做某事的方法，探究的方法，以及使用技能、算法、技术和方法的准则"，元认知知识是"关于一般认知的知识以及关于自我认知的意识和知识"。[②] 事实性知识与概念性知

---

① ［美］洛林・W.安德森等:《布卢姆教育目标分类学:分类学视野下的学与教及其测评》,蒋小平、张琴美、罗晶晶译,外语教学与研究出版社2009年版,第11页。

② ［美］洛林・W.安德森等:《布卢姆教育目标分类学:分类学视野下的学与教及其测评》,蒋小平、张琴美、罗晶晶译,外语教学与研究出版社2009年版,第35—36页。

识有着重要区别。事实性知识是"分离的、孤立的、'信息片段'形式的知识",而概念性知识则表示"更为复杂的、结构化的知识形式"。[①] 对语文课程来说,事实性知识包括字词句篇语修逻文,以及选文中具体细节和要素等。比如,学生要懂得某个字、某个词是什么意思,一篇选文的内容是什么等,这是他运用语言的基础。但是每一个字、每一个词、每篇选文的内容,对语文教学来说,不能被作为"信息片段"来记忆,而是要上升为"复杂的、结构化的知识形式"即概念性知识,并进而内化为言语能力。如果说事实性知识的认识过程以识记为主,而概念性知识则需要基于事实性知识的深度理解。同时,作为应用的程序性知识,以及伴随整个学习过程的元认知知识,都是语文课程知识不可缺少的重要组成部分。程序性知识可以理解为"如何进行听说读写"的言语技能,元认知知识可以理解为"怎么听""怎么说""怎么读""怎么写"的方法和策略,贯穿方法、策略选择的思维方式,对学习任务情境和条件以及自我学习特点、方式、动机、兴趣等的认知和调控等。作为语文课程内容的四类知识,不是相互隔绝的,而是彼此融会贯通的,而且也只有在彼此的融会贯通中才能实现言语能力的提升。这需要一种知识的过程结构。

(二) 语文知识的过程结构

知识的过程结构,是美国学者埃里克森和兰宁在倡导"以概念为本的课程与教学"时提出的。他们强调基于概念性知识的理解,建立了"知识的结构图"和"过程的结构图"。在"知识的结构图"中,最下面的是"主题和事实",可以理解为"无法跨时间、跨文化、跨情境迁移"的事实性知识;在此之上的"概念"则是从"主题与事实"中抽象概括了的"可以跨时间、跨文化、跨情境迁移"的以"共同属性框定一组实例的心智建构"。对"概念"的理解需要一系列的过程:由概念上升为概括("表述两个或两个以上的概念之间关系的句子")、原理("对概念性关系的表述") 和理论("一个推论或

---

① [美]洛林·W.安德森等:《布卢姆教育目标分类学:分类学视野下的学与教及其测评》,蒋小平、张琴美、罗晶晶译,外语教学与研究出版社 2009 年版,第 32—33 页。

者一组用来解释现象或实践的概念性观点"）。① 从概念到概括，从概括再到原理和理论，这是对概念性知识的理解过程。在认知维度上，"理解需要在将要获得的'新'知识和已有知识之间建立起联系，更为具体地说，理解是新获得的知识与现有的心理图式和认知框架的整合"②。新知识与原有认知框架的整合，意味着语文知识的迁移、转化和应用，意味着学生在新的情境中对知识灵活、自由、富有智慧的应用。概念性知识理解在语文学习中占据重要地位："积字成句，积句成章，积章成篇"，需要学生在字词句篇的事实性知识基础上掌握语言运用的原理或通则；不同的文体在结构安排和语言表达上具有明显的不同，需要学生进行概念的归类和比较；阅读一部文学作品需要学生与自己的生活建立起一种联系，从而在自己的生活情境中揭示、提炼、体验作品的意义等。因此，以概念为本的课程与教学，以一种过程结构打通了四类知识：事实性知识不只是识别与记忆，而且要上升为学生的深层理解；作为程序性知识——听说读写的言语技能，与概念性知识理解交互进行，言语技能促进了概念性知识理解，而概念性知识的理解促进了知识的迁移和运用。在整个知识学习过程中，策略、思维方式、自我认知等元认知知识始终在发挥作用。

在埃里克森、兰宁看来，知识和过程是双人舞，"没有一个，另一个也难以表演"。他们指出："过程和知识是互补的，而且有一个共生的关系。知识自身是迟钝的并且毫无用处，除非将它付之于包含策略和技能的过程行为上。"③ 因此，兰宁将"英语语言艺术知识"作为一个过程驱动的学科进行课程设计，建立了过程的结构，使"技能、策略、过程"与概念性理解互为共生。总体上讲，"技能、策略与过程"，是学生的操作、行动或者自我认知监

① ［美］林恩·埃里克森、洛伊斯·兰宁：《以概念为本的课程与教学——培养核心素养的绝佳实践》，鲁效孔译，华东师范大学出版社 2018 年版，第 26—27 页。
② ［美］洛林·W. 安德森等：《布卢姆教育目标分类学：分类学视野下的学与教及其测评》，蒋小平、张琴美、罗晶晶译，外语教学与研究出版社 2009 年版，第 54 页。
③ ［美］林恩·埃里克森、洛伊斯·兰宁：《以概念为本的课程与教学——培养核心素养的绝佳实践》，鲁效孔译，华东师范大学出版社 2018 年版，第 20 页。

控策略，在行动中上升为概念，达到"知识结构框架"顶端的"概括、原理和理论"①，即掌握概念的关系性表达或者某种概括和抽象了的规律或通则。在语文课程与教学中，无论是哪一类知识，都不是静置于学生对面、等待学生去认识、了解和掌握的静态知识，而是在言语活动过程中激活、生成和发展的动态性、过程性知识。就语文知识来说，无论是语音、文字、词汇、语法、修辞、文体、文学常识等事实性知识，还是在此基础上经由概括而来的概念、原理或理论，都必不可少地需要一种过程和行动来支撑，需要在丰富的言语活动中来理解、掌握和应用。在动态的语用过程中，学生不仅掌握语言文字，而且要在听说读写的言语实践中掌握语言文字运用的普遍性规则，形成语言文字运用的态度和习惯等。② 只有在特定的言语情境和实际运用中，学生才会领悟一个词、一个句子是什么意思，懂得变换一种言语形式、一种表现方式会发生怎样的效果变化等。依据解释学视域融合的观点看，那些知识，不是可供学生现成使用的外在工具，而是在特定情境中与学生"相遇"，为学生利用、驾驭或改造并迁移到新的情境中去的过程。

事实性知识需要知道，概念性知识需要理解，程序性知识需要操作，基于过程的知识学习让学生超越了事实性知识的知道层面，从而在实际的任务和情境中，有效地运用知识和技能。无论哪种类型的语文知识，只有将它转化为灵活自如的听说读写能力，才能证明学生成功地、具有智慧地内化了那些知识。比如，那些范文以及蕴含在范文中的知识，都应化为学生以文求意、披文入情、沿波讨源的行动：经由语言文字、结构布局等外在的形式进入文章内在的旨意，进而把作者立意、构思、谋篇布局和语言的运用、修改、润色等一系列写作过程或作品形成的流程展示出来，从而让这些知识成为一种流动的过程性存在。知识的过程结构，让知识在运用过程中"流动"起来，使原本外在的知识成为可供学生操作的技能，进而上升为一种方法、

---

① ［美］林恩·埃里克森、洛伊斯·兰宁：《以概念为本的课程与教学——培养核心素养的绝佳实践》，鲁效孔译，华东师范大学出版社 2018 年版，第 38 页。

② 曹明海：《语文教育目标和任务的探讨》，《课程·教材·教法》2014 年第 10 期。

策略和语用的习惯，一种把握语言运用规则和原理的思维方式。这就是过程性知识教学的意义。

三、作为行动事件的语文教学

既然语文课程具有鲜明的实践特征，语文知识具有一种过程结构，那么作为课程实施的语文教学就成为一种体现实践特征和过程结构的"系列事件"。在美国学者加涅看来，教学是"经过设计的、外在于学习者的一套支持内部学习过程的事件"①。什么是教学事件？在实际教学中，师生围绕教学目标所发生的交往行动，不论是教师有意识设计的还是未经设计在具体情境中偶然发生的，都可以称为教学事件。依据性质和作用的不同，教学事件可以分为系列性事件、引导性事件和生成性事件。

（一）系列性事件

系列性事件是教师依据学生认知规律设计和实施的具有前后关联性和内部规定性的师生交往行动。比如，加涅根据信息加工学习理论提出"引起注意""告知学习者目标""提供学习指导"等九个教学事件，分别用来支持学生"接受神经冲动模式""激活执行控制过程""语义编码"或"提取线索"等九个学习事件。② 每一个事件都对应学生内部学习的某一个阶段，九个事件构成一个相对完整的教学过程。当然，并不是所有的学习任务都需要这样完整的系列事件支持，但教学事件突出系列性，可以将课程知识转化为环环相扣、具有内在联系的系列化行动，构成相对完整的教学过程。

以写作教学为例，针对某一写作学习任务，我们可以将有关写作的知识、应当达到的目标具体化为系列行动。比如，国外某版本教科书针对"学会描

---

① ［美］R·M·加涅等:《教学设计原理》（第 5 版修订本），王小明等译，华东师范大学出版社 2018 年版，第 188 页。

② ［美］R·M·加涅等:《教学设计原理》（第 5 版修订本），王小明等译，华东师范大学出版社 2018 年版，第 188—189 页。

写"的学习任务，给出了系列化教学行动设计①。这里，每一步行动都可以作为一个"事件"来看待。

事件1：提供一篇范文，指导文章阅读策略，想象作者描写的画面。

事件2：引导写作前的准备，指导如何选择写作话题，给出"画画或速写""浏览日历""设计蓝图"，以及如何获得更具体的描写话题的建议。

事件3：指导"缩小话题范围"，教给学生使用"话题网"挖掘话题的方法，建议从读者需要和写作目的出发选择描写的细节；"运用方块法"收集细节，就像"方块体"有六个面一样，从描述、联想、运用、分析、比较或对比、评论六个方面来收集细节。

事件4：指导撰写形成初稿，把握运用修辞手法拓展细节这一重点。

事件5：指导修改，分别从结构、段落、句子、用词几个方面提出如何修改的策略，引导学生相互修改。

事件6：指导"校改"。

事件7：指导"发表"；引导写作反思，"以后再写描写记叙文你会用什么方法选题"等；然后从读者和写作目的、结构、展开、语言运用列出自我评判标准，对作品作自我评价。

事件8：定稿，以一名学生的成稿为例，并作旁批。

教科书的活动设计体现出明显的"事件思维"：依据学生的学习需要，瞄准学习任务和教学目标，将"描写"这一知识及技能化为八个具体化、系列化的事件。事件与事件之间，前后相连，步步深化，不断迁移，以其系列化行动构成相对完整的教学过程。其中，每一个事件，如关于话题选择的方法、关于写作修改的策略等，又由一系列小的事件构成，借以教给学生操作的具体方法。在这样一个有机的、具体的、系列化行动中，学生可以较好地理解描写、描写的类型，掌握描写的技能和自我评价、反思的元认知知识。

阅读教学同样需要系列事件的设计。系列事件，如同一个个相对独立而前

---

① 洪宗礼、柳士镇、倪文锦：《母语教材研究》(7)，江苏教育出版社2007年版，第65—74页。

后衔接的板块，引导学生步步深入、深度理解。肖培东教学《皇帝的新装》时，依据"童话"的文体特征，设计了具有内在联系的系列化教学事件：一是读，读出最夸张处；二是思，思考是谁在导演这场戏；三是探，探寻大人的内心世界；四是写，写出结尾设计。[①] 每一个教学事件，都有一个问题引导，作为一个巧妙的切入点引导学生贴近文本、走进语言、深度思考、解决问题的具体行动。比如，学生要读出最夸张处，必须找到最夸张处在哪儿，思考为什么最夸张，怎样读才能表现出最夸张的语气。随着读出最夸张处问题的解决，学生开始回答下一个具有深度的问题"谁是这场戏的幕后导演"，于是在理清人物之间的关系中分析不同人物的性格特征，判断谁是"幕后导演"。当得出"幕后导演"是"大人"时，教学进入下一个事件，学生寻找并说出成人世界的"人性黑洞"。最后师生针对成人世界的"人性黑洞"寻找解决的出路，师生开始写课文的结尾，在不同结尾的比较中思考成人应当坚持的做人原则。系列事件围绕总体教学目标前后贯穿、步步推进，既构成一个完整、有机的教学过程，又体现每个事件内在的逻辑性、系统性。

（二）主导性事件

主导性事件，是以完成整体性学习任务为目标、以主导性话题或行动指令为主线，能够对整体性学习过程发挥关键引领作用的教学行动。这里，主导性话题或行动指令，是引发学生学习行为的切入点；关键引领作用，是指统领学生的学习过程为主导性教学事件，并聚焦主要学习任务。宁鸿彬教学《皇帝的新装》时，以两个课时解决两个关键问题，设计了两个主导性事件：以"一个……的皇帝"为课文加一个副标题，"用一个字概括故事情节"。[②] 每个课时以一个主导性话题，推动完成一个主导性事件，而每一个主导性事件的完成都离不开学生对课文完整、深入的阅读和独立思考，以及全体学生的相互讨论和启发。

---

① 肖培东：《我就想浅浅地教语文：肖培东语文课例品读》，长江文艺出版社 2016 年版，第 298—319 页。

② 郑桂华、王荣生：《语文教育研究大系(1978—2005)·中学教学卷》，上海教育出版社 2007 年版，第 238—239 页。

主导性事件，能否发挥统领学习任务全局、调动全体学生学习积极性的作用，在于教师能否对主导性话题或行动指令作出巧妙设计。教读《走一步，再走一步》，让学生为文中的父亲设想一个心理独白；教读《苏州园林》，让学生以导游、摄影师或画家的身份通过某项技能（如解说、拍照、绘画）来展示和介绍苏州园林；教读《茅屋为秋风所破歌》，让学生将诗歌改写为电视剧本……此类话题，切入角度小而巧，却具有"牵一发而动全身"的关键性统领作用。学生的学习，不再是被动地接受来自教师或文本的信息，而是通过换一种言说方式参与到与教师、与文本、与其他学生的对话中，更加深刻地理解或建构文本的意义。

当然，主导性事件可能由小的系列性事件构成，小的系列性事件在交互作用中共同支撑主导性事件的完成。王君教学《皇帝的新装》时，主导性话题是"皇帝为什么会被骗"，而围绕这个话题又具体化为几个小的系列性事件：听到骗子的"广告词"时皇帝会怎么想，请设计他的心理活动；当皇帝面对空织布机"什么也没有看见"但如果有足够的自信时，他又会怎么想；皇帝应当怎么想、怎么做才不会被骗呢。通过几个小的系列性事件，学生思考：面对那个本不高明的骗局，皇帝为什么仍然会被骗呢？现实生活中会不会发生这样的故事呢？[①] 主导性事件中有系列性事件，而几个系列性事件又构成相互触发、催生的关系，共同支持主导性话题。教学需要具有这样一种复杂的、动态的"事件思维"。

(三) 生成性事件

生成性事件，是在教学情境中发生的出乎教师预料但又可以顺势借用来推动教学进行的行动。教学事件，离不开教师的预设，但是师生一旦进入教学情境，也就进入了"即席创作"的状态，而开放的、动态的教学情境，有时会催生师生未曾预料到的"新作品"——生成性教学事件。王开东执教《祥林嫂》公开课时，他设计的教学事件是，以"焦点访谈"的形式探讨"祥林嫂

---

① 王君：《认识你自己——〈皇帝的新装〉教学实录》，《语文教学通讯》2013 年第 5 期。

的性格特征"。当讨论正激烈时，有学生洋腔怪调地说："祥林嫂克夫。"学生的回答出乎教师的意料，但又不便置之不理，因为学生的发言看起来似乎"有理有据"："祥林嫂嫁了两个丈夫，可是祥死了，贺老六也死了。"面对突发性事件，教师没有再坚持原来的教学设计，而是交由学生讨论：文中哪些人会认为祥林嫂"克夫"？祥林嫂她本人会认为自己"克夫"吗？由此，学生展开了激烈的争论。有学生认为，鲁四老爷会认为"祥林嫂克夫"，依据是他老是骂她是"谬种"；有学生认为，普通民众认为"祥林嫂克夫"，可以从他们"脸上鄙夷的神色"看出；有学生认为，祥林嫂自己也会认为自己"克夫"，因为她反抗越激烈，越能说明她受封建礼教毒害之深。这样，师生在讨论中揭示出男权社会是女性处于社会最底层、受封建思想毒害最深的根本原因。[①] 当教师把关注的重点从事先的预设转向新的教学情境的创设和引导上，教学过程的复杂性、生成性就突显了出来。正因如此，教学才成为具有无限魅力的"迷人的想象王国"。

实际上，生成性教学事件是一个具有关系性、动态性的行动，教师、学生与课程知识三者的关系会根据不断变化的言语情境、教学情境不断地调整、适应，而趋于新的平衡。当学生在新的问题情境中，"发现无法以原有的认知结构去理解新来的刺激，而感到需要调整原有的结构时，这种认知失调或冲突就是学习的原动力"[②]。这样看来，生成性事件在教师、学生、知识等要素的交往互动中、在不断变化的复杂性教学情境中产生，并成为推动教学运行、实现教学诸要素新平衡的动力性因素。在这里，"没有人拥有真理而每个人都有权利要求被理解"，因而教学也就成为具有了"'适量'的不确定性、异常性、无效性、模糊性、不平衡性、耗散性与生动的经验"[③]，大概这就是后现代课程观的代表人物多尔把课程称为"迷人的想象王国"的原因。

对语文课程来说，"迷人的想象王国"还可能来自人文知识的激发和触

---

① 王开东：《深度语文》，漓江出版社 2015 年版，第 21—22 页。
② 钟启泉：《知识建构与教学创新——社会建构主义知识论及其启示》，《全球教育展望》2006 年第 8 期。
③ [美] 小威廉·E. 多尔：《后现代课程观》，王红宇译，教育科学出版社 2015 年版，第 159、181 页。

动。人文知识的隐喻性、多义性，人文知识理解的个体化、多样化、情境化，也决定了教学事件的情境性、复杂性和开放性。这需要教师具有灵活处理复杂教学事件的智慧。加拿大学者范梅南说："在教学当中，常常是那些不稳定的、不连续的、变化不定的时刻需要某种无法计划的机智的行动。这些不稳定的时刻并不是教学中的偶然事件，它们从本质上是教学的一个有机的组成部分。"① 具有智慧的教师，不是谋求教学过程的稳定性、可控性，而是顺应教学事件的偶然性、不稳定性来激发学生言语活动中思维力、想象力，在打破学生原有的理解平衡中促进深度理解、深度学习。窦桂梅教学《皇帝的新装》时，在学生表演"游行大典"后，她顺势采访学生："皇帝，小孩说你什么也没穿，百姓们也对你指指戳戳，你为什么还要游行，甚至表现出一副骄傲的样子？""大臣，你看见你的皇帝，在众人面前裸奔，你什么心情啊？"教师的这些教学设计具有开放性，为学生提供了更多思考和想象的空间，是教师的事先预设，但也意味着新的教学情境的生成，由此引发学生深刻的理解和精彩的回答。

总之，作为具有实践性质的语文课程和作为具有过程性的知识学习，决定了语文教学的过程属性，需要教师的"事件思维"。在过程和事件意义上，教学目标不是立于学生面前的客观标准，而是在教学过程中不断变化生成的动态性任务要求，目标如同"地平线"一样，随着学生理解的"前行"而"前行"，形成一个永远走在前方的"地平线"；而课程知识也不是作为客观的、普遍的"真理"而为学生所记忆、再现，而是化为一个个持续发生的理解性行动而上升为学生的言语能力和言语智慧；作为由教学事件构成的教学过程，以其系列性、主导性和生成性建构了语文课程"迷人的想象王国"，体现出教师的教学智慧。

---

① ［加］马克斯·范梅南：《教学机智——教育智慧的意蕴》，李树英译，教育科学出版社2014年版，第138页。

第四章

教学对话论

教学即对话，是教师、学生、课程文本及其所承载的课程知识围绕教学目标所进行的语言性沟通。在解释学意义上，文本是"可被经验"之物，但"不只是一种我们通过经验所认识和支配的事件（Geschehen），而是语言（Sprache），也就是说，传承物像一个'你'那样自行讲话"①。课程文本及其承载的课程知识，与师生构成了一种问答结构，由此形成学生、文本、教师等要素之间的多重对话。

第一节　理解教学对话的解释学维度

教学对话是多重的语言性沟通行为，视域融合是检验教学对话有效性的一个标尺。视域融合是教师、学生、文本在语言性沟通中达成新视域的过程，既包括对话每一方过去与现在、熟悉与陌生的融合，也包括师生和文本及其所传承知识达成更宽广的视域。从视域融合的解释学原理看，教学对话具有理解性、开放性、语言性特征。

---

① ［德］汉斯-格奥尔格·伽达默尔:《诠释学 I :真理与方法》,洪汉鼎译,商务印书馆 2010 年版,第 506 页。

一、理解性：教学对话的旨归

教学对话的目的在于寻求理解和自我理解。"理解"是什么？在认知意义上，理解被看作是对某个对象的认识和把握，或是在此基础上所作的分析、推断或应用，比如，认识了某个事物、懂得了某个知识点、产生了与对方共同的情感就是一种理解行为。但是存在论意义上的理解，是指人的一种存在方式，人生在世就是一个寻求理解与自我理解的过程。人的存在本身即一个理解的过程：理解自己、理解他人、理解由其自身行动所构成的世界，并在理解中筹划其"能在"的世界。同时，寻求理解蕴含了自我理解，即理解者以自我的方式理解他人、理解世界，并将所理解的东西整合进自己的经验，从而成就一个新的自我。

作为理解的教学对话，就是学生在与课程文本、与教师的对话中揭示和建构课程文本的意义，并将这种意义与已有知识经验建立起一种关联，应用于自我的现实情境之中。"领会于它本身就具有我们称之为筹划〔Entwurf〕的那种生存论结构。""领会把此在之在向着此在的'为何之故'加以筹划，正如把此在之在向着那个使此在的当下世界成为世界的意蕴加以筹划。"① 教学对话的意义不只是让学生"知道""懂得"知识，而且要引导学生生成关于知识的价值和意义：在新的情境中自由、灵活地应用知识，建构起知识与知识、知识与生活之间的关联，深化对生活、生命的思考等等。

于永正教学《翠鸟》时，其中有一个环节是引导学生认识、理解"翠"字。他先让一位同学讲"翠"字怎么写，当学生讲完、写会后，他问："人们为什么把这种鸟叫'翠鸟'，'翠'是什么意思？"学生回答，"翠"是"绿"的意思，鸟的羽毛是绿色的，并以课文中的语句为证。于老师在表扬学生读书认真、思考深刻后，进一步追问：既然翠是"绿"的意思，为什么我们不叫

---

① ［德］海德格尔：《存在与时间》，陈嘉映、王庆节译，商务印书馆 2017 年版，第 205 页。

它"绿鸟";为什么杜甫说"两个黄鹂鸣翠柳",不说"绿柳";为什么人们称竹子为"翠竹",不说是"绿竹"。这样的问题可以激发起学生探究的欲望,经过热烈的讨论,终于清楚地理解了"竹叶和柳叶都有点儿亮闪闪的",所以叫"翠竹""翠柳"。于是师生达成一致意见:"柳叶、竹叶绿得很鲜亮;同样,翠鸟的羽毛也很鲜艳,亮闪闪的,很讨人喜欢,所以人们叫它'翠鸟'。"① 记住、写会一个"翠"字,属于对事实性知识的掌握,仅仅限于知道层面,但是经由理解性对话,学生在课文的上下文中、在与其他文本的联系中、在联系自己的生活经验中,生动地、彻底地理解了"翠"字,会读,会写,会讲给他人,会根据情境、联系生活灵活而得体地应用,也就让知识与生活、生命建立起了意义关联。

对语文课程来说,从一个字、一个词的学习,到一个文本、一部经典的解读,都需要在对话中达成自我理解。学生面对《论语》《孟子》《老子》《庄子》等文化经典,根本目的不是记住、背诵、默写,而是在与文本的对话中建构起生活的意义。理解性对话意味着,学生把文本所说的东西与自我的生活、生命,与周围的世界联系起来,将文本的意义引向自我的心灵和生活。伽达默尔以悲剧为例说明了这种自我理解的连贯性:"是突然降临观看者身上的震惊和胆战深化了观看者与自己本身的连续性",而"观看者在悲剧性事件中重新发现了自己本身,因为悲剧性事件乃是他自己的世界,他在悲剧里遇到这个世界"。② 引导学习文化经典,同样是这样,在与文本的对话中将文本意义整合到自己的经验,以此启迪思想、充实生命,引导面向未来以筹划"可能生活"。

学生与文本的对话是教学对话的前提和基础。好的文本是激发好奇心、求知欲和乐意与人交往的"小伙伴",学生在阅读中忍不住要提出问题,而文本"总是对向它询问的人给出新的答案,并向回答它问题的人提出新的问题"③。

① 于永正:《儿童的语文:于永正语文教学思想精义》,上海教育出版社 2018 年版,第 119 页。
② [德]汉斯-格奥尔格·伽达默尔:《诠释学Ⅰ:真理与方法》,洪汉鼎译,商务印书馆 2010 年版,第 195 页。
③ [德]汉斯-格奥尔格·伽达默尔:《哲学解释学》,夏镇平、宋建平译,上海译文出版社 2004 年版,第 58 页。

学生就是这样在与文本循环往复、不断深入的"问答结构"中建构意义、生成新的理解。在此基础上，教师与学生的对话则指向理解的延伸和深化。教师在对话中要判断学生与文本"问答结构"的有效性，即学生是否达到了自我理解。当学生在与文本的反复对话中把文本中那些陌生的东西纳入自己已有的经验范围，与自己的过去、现在发生关联，并指向未来意义的建构时，即上升为自我理解。不仅如此，在与文本的对话中，学生还要凭借自身既有的知识经验说出文本要说但还没有说出的话，将自己的力量投射在文本中，参与创造一个属于"我"自己的文本。教师根据自己的判断顺应问题趋势，引发学生更多的问题、更深刻的思考，说出更多、更深的理解。

对话不同于谈话，谈话可以独抒己见，可以劝导别人，但对话会因教学情境的动态变化而呈现不同程度的应变性、灵活性。在对话过程中学生始终带着他的意义预期，在意义预期的支配下他既有可能与对方产生契合或共鸣，也有可能因对方的不同观点而实现自我否定、自我视域的扩充，当然还有一种可能，他提出不同的意见甚至对文本、对他人提出一种质疑和批判。质疑和批判同样是对话的有效形式，而且是一种实现思维转换的深度对话。对话中的不同声音有时会作为一种影响对话趋势的力量，促进对话各方的相互理解、深度理解。因而，教学对话的目的，不仅仅是表达自己的意见，而且还要善于倾听对方的意见，并根据对方的意见作出相应的调整。王崧舟教学《丑小鸭》，当其他学生陶醉于丑小鸭变成白天鹅的情境时，有一名学生发出别样的声音：丑小鸭本来就是天鹅蛋里孵出来的，长大后自然就是一只天鹅啊！学生质疑的声音，尽管稚嫩但不是无中生有，确实"她没有理由不成为天鹅"。王崧舟没有忽视学生的声音，根据学生的意见提出新的问题，顺势引导向更深的意义理解：假如丑小鸭在成长中没有离开妈妈，没有越过篱笆，没有对大鸟飞天的向往，那么，丑小鸭能成为一只真正的天鹅吗？这里，"真正的天鹅"正是问题的关键，由此师生围绕"真正的天鹅"展开深度对话。① 王君在教学《丑小

---

① 王崧舟：《语文的生命意蕴：王崧舟诗意语文教学》，长江文艺出版社 2016 年版，第 37 页。

鸭》时，干脆将这一问题交由学生辩论。一方的观点是：这只处处受排挤、受嘲笑、受打击的丑小鸭，始终不屈地奋斗，终于变成了一只美丽、高贵的天鹅。另一方的观点是：丑小鸭本来就是一只天鹅，这是由它的遗传基因决定的，而不是由它自身努力决定的。经过激烈的辩论，学生更加深刻地理解：每一个人天生就是白天鹅，但也许仅仅是生理意义上的白天鹅；同时，每一个人天生就是丑小鸭，但是不要怕，当有了向死而生的勇气时，就会变成天白天鹅。① 在每一个人的内心，都会既存在"白天鹅"的崇高，又存在"丑小鸭"的卑微，关键是我们如何来看待自己、改变自己。深度对话实现了对他人、对文本的深度理解，实现了彼此的相互理解和视域的共同拓展。

可见，真正的对话以理解为旨归，既发挥自己已有经验和意义预期的作用，试图说服他人，但同时也认真倾听他人，承认他人意见的合理性。对话的目的，不在于说服与被说服、战胜与被战胜，而在于共同让位于对话所拥有的"真理"。虚假的对话，并不以达成视域融合为目的，而是陈述一己之见，说着只有自己才懂的话语。缺少理解性的"问答"或"答问"，既不能将自己的视域向对方开放，也不能置对方的视域于自身情境之中，彼此的观点没有交锋，更不要说在相互启发中实现相互理解和自我理解。理解性将真正的对话与形形色色的虚假对话区分开来。

二、开放性：教学对话的过程

正如无限开放的视域融合一样，教学对话也是一个无限开放的过程。因为，教学对话的目的，不是为了回忆、再认一个事实、一条信息，而是为了寻求理解和自我理解，因而在对话中构成不断扩展、延伸、更新的视域。

第一，理解视域的开放性。据以理解的视域在对话中一直保持开放，它要倾听对方所言说的内容，并把它整合进自己的经验，以此实现视域的扩展和更

---

① 刘远：《语文名师经典课堂》（七年级下册），山西教育出版社 2016 年版，第 39—40 页。

新。在时间维度上，这种对话的开放性促进了理解视域自过去而现在、自现在而未来的关联和延伸。因而，那些由经验所构成的理解视域往往具有"一种真正创造性的、揭示性的瞬间，但是像在它之前的其他瞬间一样，它将被未来的视域克服并与之融合"①。学生与文本对话，实际上就是让"意义预期"在文本世界里穿行，穿行在"熟悉与陌生的中间地带"上，在作为"问答结构"的对话中化陌生为熟悉，实现自身视域的更新。《桃花源记》虽短，但在学生的理解中仍然可以构成一个不断趋向深入的问答结构：既然渔人"便扶向路，处处志之"，为什么太守"遣人随其往"却"遂迷，不复得路"？为什么南阳刘子骥"欣然规往"，却也是"未果，寻病终"？既然"先世避秦时乱"来此"绝境"并"遂与外人间隔"，为什么还会"男女衣着，悉如外人"？

学生在文本或者互文本中寻求可能的解答。有些问题，学生完全可以自己得出结论：自由美好的"桃花源"不过是作者虚构出来的"乌托邦"，因而再次寻找时便"不复得路"。有些问题不必强求解答，"男女衣着，悉如外人"的"外人"究竟作何解，历来就有争议，不妨交由学生自己思考、讨论，自圆其说地作出他们的理解。把文本交给学生、由学生提出问题，体现的是学生的理解视域，随着问题不断解决和不断提出，视域也就得到不断拓展和更新。

师生的对话同样保持理解视域的开放性。教师的提问和启发，不但保证了学生问题提出和解决的方向，而且不断引导拓展和深化；而学生的问题和质疑，让教师也面临了挑战，也就实现更高层面的教学相长。"谈话艺术的第一个条件是确保谈话伙伴与谈话人有同样的发言权。"② 无论是教师还是学生，面对他人的意见，都不能固守自己的意见，而是认真考虑别人意见的实际力量。这对教师来说，尤其重要，因为只有他保持意见的开放性，才能让问题继续下去，就像是苏格拉底的"助产术"一样，让学生的意见得以表述，直至

---

① ［德］汉斯-格奥尔格·伽达默尔：《哲学解释学》，夏镇平、宋建平译，上海译文出版社 2004 年版，第 9 页。

② ［德］汉斯-格奥尔格·伽达默尔：《诠释学Ⅰ：真理与方法》，洪汉鼎译，商务印书馆 2010 年版，第518 页。

最后，文本的意义、教学的意义在对话的过程中揭示而出，以至于教师也常常感到有某些新奇的东西出现。

虚假的对话忽视了理解视域的开放性，或者固守于自己的成见封闭了自己的理解视域，或者视对方的话语为权威，一味地顺从他人的意见。其实质都一样，割裂了自身视域或他人视域的关联，也割裂了理解视域过去之于现在、现在之于未来的联系。

第二，文本意义的开放性。文本的生命力，就在于其意义生成的开放性。文本面向理解它的人讲话，会因为理解者不同、理解情境、理解方式不同讲出不同的"故事"。学习一个文本，就是向它提出问题，提问越多，它就会讲得越多。对教学理解来说，学生通过与文本的对话建立起文本意义与他所在的时代生活的联系。安徒生的童话《皇帝的新装》，之所以具有意义的生成性，就是因为这样的故事，还会在现实生活中"上演"，而且会在以后的时代继续演下去。宁鸿彬在教学中引导学生理解"只有无私才能无畏"的道理，肖培东要求学生把故事讲给父母听听，希望"这份纯真能重回并永驻我们的内心"，王君则得出"只要我们对自己有足够的自信，能认识我们自己和他人，我们被骗的可能性就很小"。一个童话在不同的情境中被不同的理解者所解读，其意义也就在不断生成和丰富。

文本意义的开放性还表现为它的未完成性。期待读者与之对话的文本，以结构的多层性、语言的多义性、意义的空白性等特征启发学生联想、想象、填充，召唤学生以多种方式与之对话。《桃花源记》中"此人一一为具言所闻，皆叹惋"，他究竟说什么了，会让桃花源的人皆叹惋？渔人一定会带着无限的感慨离开桃花源，那么他的感慨究竟是什么？既然桃花源的人提出"不足为外人道也"，为什么渔人还要"诣太守，说如此"？文本召唤学生的对话，而学生则在与之对话中生成文本更丰富的意义。对此，教师让学生以渔人的语气讲述桃花源的人所未知的事情：秦灭六国、楚汉战争、王莽篡汉、三国鼎立、东汉灭亡、魏晋更替，无休止的征战，百姓流离失所……身处自由、美好、和谐、快乐的桃花源，此中人听闻桃花源外的战乱生活，岂能不叹惋？任何一个课程文本，即便是课程内容确定化程度较高的课程文本，都具有不同程度的未完成性，需要学生在新的情境中理解它、运用它、完成它，换一句话说就是，在与作者、编者的合作中完成"文本"，使之成为属于"我"的、"我们"的"作品"。

第三，问答结构的前后继起性。教学对话是以文本为媒介的问答，而"问"比"答"更为重要，因为"问"使一切事情处于不确定状态。"为了能够提出问题，我们必须要知道，但这也就是说，知道我们并不知道。"① 提出问题的前提条件是什么？那就是我们要知道自己"不知道"，这样才能保证我们向这一问题开放自己。对于提问的回答并不是意味着问题的结束，而是新一轮问题的开启。"提问艺术就是能继续提问的艺术。"② 一个问题的解决，又意味着另一个问题的开始，我们不能不注意那些被他人认为理所当然东西的可疑性，并把那些既成的结论转入问题中。一位教师教学《我与地坛》时，学生问："地坛离我家很近"与"或者说我家离地坛很近"有什么不同？一个问题的提出意味着对话的开始。教师顺势问："地坛离我家很近"与"我家离地坛很近"，删掉一个或互换一下顺序不行吗？学生试探着回答：好像参照点不一样，好像也是作者想表达从"我家"走向"地坛"的过程。教师因势利导："地坛离我家"是即将走向，是向往；"我家离地坛"是完全融入，是完成。文中能找到这个"走向"的过程吗？当学生从参照点的不同看出作者从家走向地坛、置身地坛的过程时，教师便开始引导学生探寻作者的"心路历程"。③ 面对学生的问题，教师不急于回答，而是换一个提问方式，把问题抛给学生，让学生开始深度阅读和思考；而学生的回答，并非意味着探索的结束，而是新问题的开启。这种问答结构的前后继起性，让文本理解、教学对话处于开放的过程中。教学是围绕问题、寻求解答的过程，教学的意义就这样在前后继起的

---

① ［德］汉斯-格奥尔格·伽达默尔：《诠释学Ⅰ：真理与方法》，洪汉鼎译，商务印书馆 2010 年版，第 513 页。

② ［德］汉斯-格奥尔格·伽达默尔：《诠释学Ⅰ：真理与方法》，洪汉鼎译，商务印书馆 2010 年版，第 518 页。

③ 肖培东：《语文教学艺术镜头》（高中卷），上海教育出版社 2019 年版，第 34—35 页。

问答结构中展开。杜威说："提问应当成为继续讨论的原动力。如果每个问题都是各自独立的，学生回答完一个问题之后，提出另外的特殊的主题，那就不会有问题的继续发展了。"① 一个不断循环往复而又开放的问答结构，会引出一些意想不到的问题和出乎意料的答案，将对话提升为更高层次的理解。这样的教学对话，伴随了偶然性，但又在偶然中透着必然；具有不可预知的惊奇感，但又在惊奇感中诱发继续探究的欲望。

三、语言性：教学对话的媒介

语言是存在的家，语言揭示了我们生存的意义。"不是人使用语言去描述世界的，而是世界体现在语言中，在语言中蕴含人类的各种世界观念和文化建构。"② 作为理解的对话，从根本上讲，是与世界、与他人、与文本所建立起来的语言性沟通、交往，是视域融合的语言表现方式。伽达默尔说："一切理解都是解释（Auslegung），而一切解释都是通过语言的媒介而进行的，这种语言媒介既要把对象表述出来，同时又是解释者自己的语言。"③ 教学对话，是教师与学生基于课程文本的语言性交往，学生参与对话，就是以自己的语言来表达对文本、对教师、对他人、对世界的理解。

文本是由文字符号组成的语言世界，与文本的对话就是与文本的语言融合。语言的一个基本特点是讲话者的"无我性"，如果一个人说着无人理解的话，那他就不是在讲话，讲话不属于"我"的领域而属于"我们"的领域。但是文本语言不同于口头语言，由书面文字组成的文本是沉默的，与理解它的人特别是学生具有时间距离，但它要求在新的情境中被理解，因而它要寻求一个能够让它开口讲话的人。语文教学，就是千方百计地让学生"开口说话"，

① ［美］杜威：《我们怎样思维·经验与教育》，姜文闵译，人民教育出版社 2005 年版，第 218 页。
② 潘德荣：《诠释学导论》，广西师范大学出版社 2015 年版，第 108 页。
③ ［德］汉斯-格奥尔格·伽达默尔：《诠释学Ⅰ：真理与方法》，洪汉鼎译，商务印书馆 2010 年版，第 547 页。

让他们以自己的语言说出文本表达的或未明确表达但隐含其中的东西。学生将书面的语言符号转换为自己的口头语言，或者以自己的方式转换为另一种书面语言，也就意味着他激活了文本，让文本在新的言语情境中焕发新的生命活力。"在具体处理一个文本时，只有当文本所说的东西在解释者自己的语言中找到表达，才开始产生理解。"①

　　语文教学中的默读、朗读、背诵、复述、听写等言语活动，都是学生理解文本的一种方式，也是一种对话方式。"朗读和朗诵一样都是'对话式的'。甚至我们自己对自己作的大声朗读也是对话式的，因为它必须要把音调的显现和对意义的理解尽可能地糅合在一起。"② 只要学生用心去读、去复述、去写，那么他就会带有自己的理解，就会有不同的语气、语速、语调，不同的联想、想象、思考。教育改革家魏书生说，"一句话可以有 100 种说法"，他以"为人民服务"一句话为例说，"就语气而言，可陈述、可感叹、可疑问、可祈使，加语调、速度、方言和感情色彩的不同，同一句话各种各样的说法表达的意义并不相同"③。诵读一个文本，之所以用这种而不是那种的语气、语调、语速，就是因为我们具有这样而不是那样的理解方式。于漪引导学生"把无声的文字变成有声的语言"，连同标点符号都要在"有声的语言"中体现出来。教学《变色龙》一课时，她提醒朗读的同学，叙述性语言该怎么读、人物语言该怎么读、人物插话的衔接该怎么读，特别强调那么多的省略号该怎样把握。在学生朗读时，她要求其他学生，"仔细地听，并在书上做好记号，你觉得他是不是把握得非常准确，能不能把灵魂卑劣小人的内心世界通过语言读出来"。在她的课堂上，学生围绕着"怎样读"展开了热烈的讨论，并达成了共识。④ 这样的朗读，之所以是对话式的，就是因为学生在与文本、与作者商

---

① ［德］汉斯-格奥尔格·伽达默尔：《哲学解释学》，夏镇平、宋建平译，上海译文出版社 2004 年版，第 58 页。
② ［德］汉斯-格奥尔格·伽达默尔：《诠释学Ⅱ：真理与方法》，洪汉鼎译，商务印书馆 2010 年版，第 449 页。
③ 魏书生：《魏书生谈语文教学》，河海大学出版社 2005 年版，第 44 页。
④ 于漪：《于漪与语文教育》，国际文化出版公司 2003 年版，第 236 页。

量：换一种语气、语调、语速，是不是更好？那些省略号所代表的意义，能不能通过朗读得到恰如其分的提示？文本中无声的语言、未说出的话语，是否可以通过语气、语调或节奏的变化作出补充或暗示？

师生间的教学对话，是师生围绕共同主题的语言性沟通活动。教师发表自己的意见，目的不在于让学生接受自己的意见，而在于引导学生以自己的方式言说，以自己的方式来生成意义、内化知识。在巧妙的教学对话中，教师的谈话如同穿针走线，将师生面对的各种各样的或许原本散乱无序的话语原材料"编织"成一幅多姿多彩的"画卷"。教学《黔之驴》时，教师让学生以"驴"的口吻讲故事，以"虎"的口吻讲故事，再让学生比较一下哪种讲法更具有吸引力；教学《皇帝的新装》时，让学生以皇帝的语气讲一讲在听到新衣的神奇作用时的心理活动，讲一讲听到"可是他什么衣服都没有穿"时的心理活动，再引导学生为童话设计一个不同于课文的结局……这样的谈话，就是一种"穿针引线"，因势利导地将学生思维的"内在言说"引向语言的"外在表达"，或补充，或争论，或立足新情境，或变换新角度，以不同的言说方式实现与文本语言、教师语言的沟通和融合。

对话需要借助于问答，但并非问答就是对话。朱自清在《背影》中写到父亲的来信："我身体平安，唯膀子疼痛厉害，举箸提笔，诸多不便，大约大去之期不远矣。"短短的几句话，可供挖掘的内涵很深，但如果在教学中不能依据对话的语言性也就是通过发掘词句的内在精微提出问题、回答问题，那么师生之间的问答也就不能构成真正的对话。比如教师与学生讨论："膀子疼痛"是什么病？你是如何"诊断"出这种病的？作者认为这病会导致父亲的"大去"吗？既然不会那他为什么会流泪呢？这样的问答给人的感觉就是在文字浅表层上"绕"，不能触及问题的实质，根本原因就是不能让学生抓住关键语句的精微处，以自己的理解方式和言说方式说出文本隐含的信息。

其实，教师换一种问法或许可以直抵核心：父亲的这段话在逻辑上讲不通，却合乎"情"，你从哪些语句上可以看出来？学生回答这个问题应当不难，因为他完全可以读出父亲在信中表达上的逻辑矛盾。随着这一问题的解决，教师继续追问：父亲究竟要表达什么意思？为什么遮遮掩掩，欲说还休？这个问题会牵涉父子之间的矛盾，抓住这一点可以探及父亲以"示弱"的方式向儿子"求和"的微妙心理变化，学生可从中体会到作者因父亲内心矛盾所引起的情感波动，这也是作者流泪的原因。第一问是铺垫，引导方向。第二问是深化，让学生以自己的方式讲出那些父亲不便于说但又隐含于信中的话：对不起，儿子，快来看看我吧。引导学生说出他人（文本）没有说出的话，这是教师的教学智慧。第三问，引导学生探究父亲"欲说还休"微妙的内心世界，走向文本的深度理解。抓住关键性语句，顺着文本或显或隐的线索，体会其中要说但没有说出的东西，甚至替作者讲出来，这是学生与文本的深度对话。

综上所述，视域融合作为理解教学对话的一个重要维度，体现了教学对话的基本特征。理解性，是教学对话的旨归，在理解性的语言对话中，文本的意义经由多方视域的融合而生成、绵延、拓展，教学的意义也在视域融合中去蔽、敞亮。开放性，是教学对话的过程，一个融传统、现在与未来，融"我"与"你"在内的更富有生气的意义世界呈现出来，而且绵延不断，处于永远的生成变化之中。语言性，表明教学对话不只是以语言为中介，而且是以言说引导言说，以言说补充他人或文本的"未曾说"，在新情境的"语言编织"中生成超越文本、超越对话本身的"新作品"。从根本上讲，教学就是在对话中根据不断变化的言语情境共同创造新的"言语作品"的过程。

第二节　走向语言融合的教学对话

教学对话的内在标志是视域融合，而其外在标志则是语言融合。语言融合的本意是指不同语言相互吸收、借鉴、融通的过程和状态，在教学中特指对话各方在语言沟通中观点相互启迪、思维相互碰撞、视域共同扩充的一种融通状态。从学生言说方式的角度看，表现为他在文本、教师的言谈启发下形成新的表达方式、实现自我语言更新的一个过程。

一、融合：教学对话的语言成就

伽达默尔说："在理解中所发生的视域交融乃是语言的真正成就。"① 从学生的角度看，语言融合就是学生语言与文本语言、教师语言的融合，也可以理解为课程知识化为学生自己言说方式的一种状态。比如，学生以自己的语言解释他人或文本的语言，学着说出新的词语和句子，在言说方式的变化中所实现的语言交替和更新等。

对学生来说，他以自己的生活方式开启和展开他的生活世界，并从倾听他人开始，试着以自己的语言解释他周围的世界。伽达默尔说："在所有我们关于自我的知识和关于外界的知识中，我们总是早已被我们自己的语言包围。"② 以语言揭示世界、拥有世界，构成学生"世界经验的语言性"，也就成为他对话文本的起点。他试探着以自己的语言将文本所表现的世界与自己的世界建立起联系，整合进一个统一的世界。帕尔默说："通过语言所理解到的东西，不仅仅是一种特殊的经验，而且是在经验中被揭示出来的世界。"③ 学生学着通过语言来揭示他所理解的世界，他对生活世界的理解及其语言解释，构成他对话文本的基础。

教学中的文本，是由文字符号所构成的学习材料，最为常见的是教科书。学生对话的文本，是具有内在价值和意义规定性并在阐释和理解中存在的话语系统。"内在价值和意义规定性"，是说文本具有足以启发学生理解生活、理解世界，进而促进其身心发展的内在力量；"在阐释和理解中存在"，是指它具有可供多种角度、多种方式解读的广阔空间，而它的意义和价值也存在于理解与解读中。文本语言在被理解中存在："某种表达在听觉上看是可理解的，

---

① ［德］汉斯-格奥尔格·伽达默尔：《诠释学Ⅰ：真理与方法》，洪汉鼎译，商务印书馆 2010 年版，第533 页。

② ［德］汉斯-格奥尔格·伽达默尔：《诠释学Ⅱ：真理与方法》，洪汉鼎译，商务印书馆 2010 年版，第186 页。

③ ［美］理查德·E. 帕尔默：《诠释学》，潘德荣译，商务印书馆 2012 年版，第 270 页。

或某种文字表述可以被破译，从而以使对所说的话或在文本中所写的进行理解有所可能。"① 可供理解、可供解读，而且要求被理解，这是语言的特性。文本语言，比如教科书上的文字、符号、图表等，具有吁请理解、对话的召唤力。学生以其特有的"经验世界"来理解文本，以自己的语言说出文本的内容，把文本的书面语言转换成自己的口头话语，正是在语言中和通过语言建立"文本世界"与"自我世界"的生动关联。

但是，语言融合并不是自然而然发生的，有时候学生会发现他难以自由地、恰如其分地在文本语言和自己语言之间进行转换。这就是"语言的压力"——一种"听不懂""读不出""说不明"的压力。在来自文本或教师的"新语言"尚没有安放在内心已知结构的相应位置时，学生就会产生这种"语言的压力"。在他人"陌生语言"与自己"熟悉语言"的"压力差"范围内，学生试图化陌生为熟悉，小心地试探着用自己的语言来描述、表达原本陌生的语言，渐渐地，旧的语言为新的语言所代替，陌生的语言化为自己熟悉的语言，也就实现了新旧语言的交替和融合。"新的语言带来了对相互理解的干扰，但同时在交往过程中也带来了对这种干扰的克服"，语言"总是在保守性和革命爆发的对抗中过着其充满紧张的生活"。② 在教学对话中，教师用一个熟悉的词引出一个陌生的词，以此发展学生的语言和思想，渐渐地让学生找到和感受到在"家"一样的感觉。

教完一首诗后，于永正给学生布置的作业是，背诵诗给妈妈听、给哥哥听、给奶奶听，而且特别提示学生奶奶"没有文化""耳背"这样的语言情境。这样的背诵就不是单纯的记忆，而是在不同情境中以自己的方式理解诗歌。比如，为了让奶奶听懂诗歌的意思，学生不得不在背诵过程中用奶奶能够理解的方式解释诗歌。③ 在新的言语情境中，学生变换不同方式的言说，表明

---

① ［德］汉斯-格奥尔格·伽达默尔：《诠释学Ⅱ：真理与方法》，洪汉鼎译，商务印书馆 2010 年版，第 428 页。

② ［德］汉斯-格奥尔格·伽达默尔：《诠释学Ⅱ：真理与方法》，洪汉鼎译，商务印书馆 2010 年版，第 236—237 页。

③ 于永正：《于永正课堂教学实录Ⅰ（阅读教学卷）》，教育科学出版社 2014 年版，第 9 页。

他达成了与诗歌语言新的融合。"我们总是早已被我们自己的语言包围。我们通过学着讲话而长大成长、认识世界、认识人类并最终认识我们自己。"① 在语言意义上，教学就是让学生"学着讲话"，试探着揭示文本所描述的世界，变换一种言说方式说出文本的语言、文字、图表。当他在自己的语言中找到相应的语句来表达文本内容时，将"文本世界"置于"自我经验"的结构中时，就有可能会体验到"在家"的感觉：原本陌生的知识与已有经验通过语言达到了新的融合。

　　当然，语言具有它的局限性，我们还要充分考虑到"言不尽意"的情况。波兰尼认为我们存在一种"可意会而不可言传"的知识，"除了我们日常所说的和所写的，我们还要面对一个广阔领域——无法言表"②。维特根斯坦声称"对于不可言说的东西我们必须保持沉默"。但是，以语言运用能力培养为目的的语文课，还必须"说不可说"。尽管把内心微妙的体验表达出来、精确地描述某个事物或某种技能是困难的，但是，我们还是尝试着把它说出来。范梅南曾说，我们对无法言表的体验，例如，这一个人无法用语言来表达的，另一个（也许是某个具有特殊写作才能的人）却可以做到；以一种文本形式无法言表的体验能够以另一种文本形式表达出来；在某一时刻无法言表的或许在另一时刻可以，尽管不一定完整。③ 面对不可说的现象，我们还是要让学生说，换一名学生说、换一种形式说、换一个时刻说、说过之后再说。

　　置身于换一名学生、换一种方式、换一个时刻、说过之后再说的教学情境，我们应当具有足够耐心的等待时间，允许学生"说不可说"之前的沉默。尽管这一名学生无法言说，但另一名学生有可能启发他说；尽管学生此时此刻难以表达，但经过内心的自我酝酿有可能在下一时刻说；尽管口头的表达一时

---

① ［德］汉斯-格奥尔格·伽达默尔：《诠释学Ⅱ：真理与方法》，洪汉鼎译，商务印书馆 2010 年版，第 186 页。

② ［加］马克斯·范梅南：《生活体验研究——人文科学视野中的教育学》，宋广文等译，教育科学出版社 2003 年版，第 148—149 页。

③ ［加］马克斯·范梅南：《生活体验研究——人文科学视野中的教育学》，宋广文等译，教育科学出版社 2003 年版，第 149—150 页。

不能说清楚，但换成书面的或者其他符号的方式可以得到有效的补充。范梅南引用诗人里尔克关于写作的话说："人必须有回忆……但是仅仅有回忆是不够的。在回忆太多时，他必须能够忘记，同时又有足够的耐心等待他们重现，……直到那个珍贵的时刻，诗文的第一个字才会出现并发展下去。"① 语文教学也是这样，要具有等待学生沉默的时间，等待和沉默不是一种空洞和寂寥，而是一个具有包孕性的时刻，静静地等待学生的回忆、思考、想象以及语言的组织和酝酿，直到他以自己的方式得体地、生动地、自由地说出来。

二、提问：教学对话的动力结构

提问意味着对话的开始，也开启了具有动力性和开放性的"问答结构"。"某个传承下来的文本成为解释的对象，这已经意味着该文本对解释者提出了一个问题"，那么"谁想寻求理解，谁就必须反过来追问所说的话背后的东西。他必须从一个问题出发把所说的话理解为一种回答，即对这个问题的回答"。② 学生对话的文本，是课程内容的载体，隐含了一个个的问题及其对这些问题的回答。学生对话文本，就是以自己的理解、自己的语言将这些问题和回答揭示、整理出来，而这项工作的前提就是提问。

提问是切入"问答结构"的突破口。善于让学生提出问题，引导他们从文本中寻求解答，是教学智慧的体现。于漪教学《变色龙》时，围绕理解主要人物形象让学生提出"自己通过思考还不能解答"的问题。学生问：赫留金说了一句话"不瞒您说，我的兄弟就在当宪兵……"为什么他有话无话地插上这么一句呢？有的学生问：奥楚蔑洛夫为什么老是脱下大衣，又穿上大衣呢？还有的学生问：他明明知道是谁在大声叫嚷，为什么还要问"谁在嚷"？

---

① ［加］马克斯·范梅南：《生活体验研究——人文科学视野中的教育学》，宋广文等译，教育科学出版社2003年版，第150页。
② ［德］汉斯-格奥尔格·伽达默尔：《诠释学Ⅰ：真理与方法》，洪汉鼎译，商务印书馆2010年版，第522页。

从提出的问题可以看出，学生对文本理解到什么程度，越是深刻的问题越能直击文字背后的东西。针对奥楚蔑洛夫穿上和脱下大衣的细节，学生说，脱下大衣，"是为了掩饰他的窘态"，再穿上大衣，是因为"这时候他吓得发抖"；学生说，穿上和脱下大衣的细节，说明"那种人是卑鄙的、反复无常的"。[①] 这样的教学对话，教师不是为学生送去结论，而是引导更多的提问、更多的思考、更多的言说。为什么如此重视学生提出问题？于漪在课后反思中说，在"思维的严密性"上"我不如学生"，甚至还坦率地对学生说："我思考问题在习惯的轨道上走惯了……"因此她要让学生来打破老师的这种思维惯性，"学生学得积极主动，就能弥补教的不足"。[②] 问题来自学生并由学生来解决，是学生主体地位的体现。正因如此，于漪先生的课堂，师生对话如行云流水，自然而然，不着痕迹，却又入脑动心。

提问是保持"问答结构"开放性的动力性因素。对提问者来说，提问是具体情境中、带有自我理解的提问。"伽达默尔把提问（Frage，question）和问题（Problem，problem）加以区分。Frage 是具体的、不断发展的、有生命力的，而 Problem 则是空疏抽象的、僵死的、超出历史之外的。""提问既不会有永恒的问题，又不会有同一的问题。"[③] 那就是说，提问具有鲜明的情境性、动态性、开放性，提问会因对话的持续而持续，会因为情境的不同而不同，根本就不存在固定、统一，对谁都呈现同样面孔的问题。对文本理解来说，"谁想寻求理解，谁就必须反过来追问所说的话背后的东西"。文本所说的话，不只是它已经讲出来的东西，而且还有大量存在于文字背后的东西。追问"所说的话背后的东西"，不仅标志了理解的深刻程度，而且标志了理解的创造性。如同好的故事，一个好的文本"应具有足够的不确定性以诱使读者参与到对话中来"[④]。学生以自己既有的经验和对生活的理解说出文本要说但是没有说出的话，甚至"能够比作者本人更好地理解他的作品"。文本隐含着的无

---

①　于漪:《于漪与语文教育》,国际文化出版公司 2003 年版,第 240—241 页。

②　于漪:《于漪与语文教育》,国际文化出版公司 2003 年版,第 246 页。

③　洪汉鼎:《〈真理与方法〉解读》,商务印书馆 2018 年版,第 320 页。

④　[美]小威廉·E. 多尔:《后现代课程观》,王红宇译,教育科学出版社 2015 年版,第 174 页。

限问题以及学生寻求解答的广阔空间，也正体现了问答结构的开放性。因此说，教学过程中，文本具有"不说之说"的魅力，教师具有"不言之教"的沉默，"不说""不言"蕴含了更多的提问方式、更多的问答空间，召唤学生更强烈的对话愿望。

三、语用：教学对话的情境创设

教学对话，无论是师生与文本的对话，还是师生之间的对话，都指向学生的语言文字运用。瑞士语言学家索绪尔在《普通语言学教程》中对言语和语言作出了区分："语言是每个人都具有的东西，同时对任何人又都是共同的，而且是储存人的意志之外的"，而"在言语中没有任何东西是集体的；它的表现是个人的和暂时的"。[①] 尽管言语与语言相互依存，但"言语"这一概念强调的是个体化的语言运用过程及结果，更能体现语文课程对学生"语言文字运用能力"培养的目标定位。

在教学中，文本只有在具体语境中与学生的语言运用相结合，才能体现出存在的价值和意义。在伽达默尔看来，对文本的理解和解释本身即是一种应用，"在理解中总是有某种这样的事情出现，即把要理解的文本应用于解释者的目前境况"[②]。当然，解释学意义上的应用，本意是指以不同方式在不同情境中的理解，借用在语文教学上，这种不同的理解可以用来指称学生个性化的"言语应用"。教师对话学生，引导学生进入与文本的"问答结构"，根本目的还是在于应用，即引导学生将文本意义或文本承载的知识应用于新的言语情境。言语应用是培养和提升学生言语能力、思维品质、审美水平、文化素养的活动载体。

---

① ［瑞士］费尔迪南·德·索绪尔：《普通语言学教程》，高名凯译，商务印书馆 2017 年版，第 28—29 页。

② ［德］汉斯－格奥尔格·伽达默尔：《诠释学Ⅰ：真理与方法》，洪汉鼎译，商务印书馆 2010 年版，第435 页。

　　于永正教学《珍珠鸟》时，在学生充分朗读课文并透彻地理解了"信赖，往往创造出美好的境界"后，他通过创设言语应用的情境引导学生的深度对话。"如果你是文中的可爱的小珍珠鸟，你想对冯骥才说什么？"让学生变换一种言说方式说，是对文本意义的深度理解，也是在另一种情境中对文本的应用。学生变换人称说、对照着课文说、变换了语调说、加入了想象说……这些不同的言说，都是学生言语应用的一种表现方式。随着学生理解的深入，教师又提出新的问题："既然冯骥才对你照顾得那么好，那么你现在就以小珍珠鸟的身份来写一写冯骥才，怎么样？"从说一说到写一写，课文变成了可写的文本，体现了言语应用的深化。针对学生写出的作品，教师随机展示、当堂点评。写得好的文章，他极力称赞："富有诗意、富有情趣，语言活泼、清新！祝贺你！冯骥才读了你的文章，准会感动得落泪。"写得有问题的，他顺势地提出了修改的意见。最后，教师向学生展示自己以"小珍珠鸟"身份写出的作品，让学生代读，和学生一起分享。① 可以看出，教师的提问与引导在教学对话中发挥了不可替代的作用，每一次提问既是引导学生加深理解，也是启发学生如何表达。教师创设的言语运用情境让学生具有了充足的思考和写作的时间，听与说、读与写，交互作用、相互启发，促进了学生的深度学习和语言运用能力的提高。

　　对语言运用来说，"如何说"，作为一种表达方式，蕴含了学生对课程知识、文本意义的个性化理解和具体情境中的言语运用。学生以自己的言说方式解释语文知识或者将语文知识转化为具体的情境运用，将一个个的具体的事例概括为具有普遍意义的哲理或者将普遍性哲理具体化为生活中的某个事件，将书面语言转化为生动的、个性化的口头语言或者将口头语言转化为典雅、得体的书面表达，将图像、表格转换为语言文字或者将语言文字转换为具象化的图像、表格等等，都是"如何说"的言语实践方式。这正是语文教学的特点：以"如何说"的言语方式整合了"说什么"的言语内容。叶圣陶先生在谈到

---

①　于永正：《于永正课堂教学实录Ⅰ（阅读教学卷）》，教育科学出版社2014年版，第143—145页。

训练儿童说话时，强调课内的"演述"这一言说方式，他说演述"一定不同于机械的回讲与答问"，而是要"有组织、有条理，发于真知真情"，更要"加一番整理与搜求"。儿童的"演述"，由于讲出了"内面的、真切的实质"，而不是"盲从了教科书或教师的话机械地讲述一遍"，所以"所说的就是他们所学的，也就成为他们自己的了"。① 叶圣陶先生所讲的"演述"就是以"如何说"来统一"说什么"的言语实践，通过变换某种方式说，学生将教科书所承载的或教师所教的知识化为自己的鲜活经验。

引导"如何说""怎么说"，实际上就是让学生沉浸到语言中并充分体验语言内在的魅力。余映潮在《狼》的教学中，让学生朗读最后一段，要求学生根据自己的理解加进一个"啊"字。这一个朗读方式的变化一下子将学生的思维激活了。究竟加在哪一个地方更传神、更生动、理由更充分呢？学生反复朗读、反复思考，给出了各种各样的答案。教师也发表了自己的意见，在关键地方他这样朗读：转视积薪后，啊，一狼洞其中!② 加在此处的一个"啊"字，将屠夫的恍然大悟以及心理的庆幸淋漓尽致地表现出来了："天哪，竟然是这样啊!"添加一个"啊"字，不过是换一种朗读方式，但由于教师别具匠心的情境创设，让学生充分地、深刻地领悟了语言表达的巧妙。

黄厚江教学《白雪歌送武判官归京》时，要求学生"从诗中读出画"来，并描述这一画面。③ 这实际上就是让学生将语言文字转化为生动形象的画面，并进行想象性描述。王君教学《木兰诗》时，以性别视角解读木兰形象，要求学生从"女性形象的矛盾"入手"重构"《木兰诗》，力求达到"请你把我当女人来看"的表达效果。她启发学生："木兰不仅仅是一个国家的壮士，木兰还是一个真真正正的女人。她是_____! 从'_____'中我似乎看到_____。"学生依据诗句对这些空缺进行想象性填补、创造性表达，以自己

---

① 叶圣陶:《叶圣陶教育文集》(第3卷),人民教育出版社1994年版,第30页。
② 刘远:《语文名师经典课堂》(七年级下册),山西教育出版社2016年版,第283页。
③ 黄厚江:《预约课堂的精彩——著名特级教师黄厚江中学语文教学智慧》,漓江出版社2015年版,第141页。

的言说"还原木兰的女人形象"。显然，学生的想象性填补、创造性表达，是在新的言语情境中对文本语言的灵活运用、自由转换。比如学生说"木兰不仅仅是国家壮士，她还是一个恋家的小女孩。从'不闻爷娘唤女声'中，我似乎看到了深夜的军营，所有人都陷入熟睡，只有木兰一个人望着远方的天空，听着黄河的流水在发呆。她还是个女孩啊，她是多么地想家啊!"[1] 学生是在阅读，又是在创作，他们的言语作品是属于《木兰诗》的，但同时又是属于他们自己的。这就是语言运用中的视域融合。

四、创造：教学对话的思维导向

是不是在致力于语言融合的教学对话中，学生只是在顺从他人的意见而缺少个性表达或创造精神？并非如此，教学对话具有一种转变力，谈话者既可以在对方身上找到"自己"，也可以通过谈话转变对方。任何人只要"使自己置身于同其他具有新的批判思考和新的经验的思维不同的人的谈话之中，就可以为自己开辟超越我们的习俗和一切前定经验的可能性"[2]。置身于对话情境的每一方，都有可能因为受对方新思维的启迪而更新或改变自己的观点，但无论是改变他人或被他人所改变，他都不会再回到对话前的状态了，而是上升到一个新的境界。

致力于语言融合的对话体现了语言的创造性，"开辟了继续说话和彼此谈话的无限性以及和自己说话和让自己说话的自由"。这不只是意味着把陌生的语言转化为自己得以自由表达的语言，而且还意味着"一个词给出了另一个词，并由此发展了我们的思想"[3]。这样的教学对话，引导学生理解或者说出以前他不曾理解、未曾听说过的语言。苏霍姆林斯基的教学，就是这样发挥了

---

①　王君:《王君语文创新教学十一讲》,长江文艺出版社 2020 年版,第 186、193 页。

②　[德]汉斯-格奥尔格·伽达默尔:《诠释学Ⅱ:真理与方法》,洪汉鼎译,商务印书馆 2010 年版,第 255 页。

③　[德]汉斯-格奥尔格·伽达默尔:《诠释学Ⅱ:真理与方法》,洪汉鼎译,商务印书馆 2010 年版,第 257—258 页。

语词的创造性力量。当学生说出那些体现他们丰富、细腻、清晰思想的语词时，他坚信学生不是复述教师的话，而是说出他们自己的语言。他说："如果语言不作为一种创造手段占据学生的心灵，如果他们只会熟背别人的思想，而不创造自己的思想并通过语言来表达这种思想，他们就会对语言冷淡、漠不关心、麻木不仁。"① 学着说话、学着说出新的语词，在与他人的语言融合中产生新的想法，也是学生在学习以语言创造自己的思想。

以语言创造自己的思想，需要"内在的对话"。"内在的对话"，是建立在深度思考和体验基础上的自我对话，是心理上、思维上的对话。这样的对话，需要给学生以充足的时间来揣摩、品味、体验语言文字，理解、分析、解决他遇到的问题。这个过程，我们可以称为他的自我对话。这是与他人对话的基础，也是孕育创造性力量的"包孕性"瞬间。在教学中，教师要善于激发学生自我对话的动力，激发其"愤""悱"的心理状态，进而把握"不愤不启，不悱不发"的师生对话契机。程颐解释说："不待愤悱而发，则知之不能坚固，待其愤悱而后发，则沛然矣。"《孔乙己》中的孔乙己是"站着喝酒而穿长衫的唯一的人"，长衫是他作为"读书人"的象征和标志，也是他唯一的精神寄托，但在最后一次进店时他"穿一件破夹袄，盘着两腿"，是"用这手走来"的。是谁脱去了他的长衫呢？为什么要脱下他的长衫？这样的问题，是将学生带入"愤""悱"状态的好问题，也是激发学生创造性思维的开放性问题。愤，就是学生陷入思维混沌的状态；悱，就是学生陷入表达混乱的状态。但恰恰是这样两种状态，表明学生自我对话的深刻性：提出一种假设，寻找支撑的依据；但又推翻它，重新交由自我的反思和审视。"我与我相周旋""我与我周旋久"，也就有可能昭示新的更深刻的一轮对话。这种内在的对话，依据后现代课程观，就是一种"自组织"状态，是学生在内在对话中试探地挑战混沌状态、突破"语言压力"、创造性提出见解的一个过程。究竟是谁脱下了孔乙己的长衫？是孔乙己被打折腿时丁举人给脱下的、酒店里的那帮看客给

---

① ［苏］苏霍姆林斯基：《给教师的建议》，周蕖等译，长江文艺出版社 2018 年版，第 44 页。

脱下的，还是孔乙己在以"手"走路之后因长衫失去其标志性功能自己脱下的？其实，得出什么样的结论不重要，重要的是学生经历了探求和创造的思维过程。从混沌状态的"说不出"到冲破"语言压力"试着说，再到恰当而得体地说、有所创意地说，学生懂得了什么叫探究、什么叫创造。杜威说，思维是一个探究的过程，在这个过程中，获得结果总是次要的，它是探究行动的手段；思考是一种探究，是要追求尚未成为事实、不在手边的东西。① 作为开放的对话过程，内在的、无形的自我对话比有形的、外在的教学对话更为重要，因为它体现了学生战胜自我、酝酿思想、追求尚未成为事实的东西的探索过程，是生成精彩教学对话的基础和契机。

以上从四个方面探讨了教学对话的语言融合机理及其实现路径，区分了真正的对话与虚假的对话。真正的对话包括内在的自我对话，实现的是学生、文本、教师等对话各方的语言融合，也是学生新旧语言的融合和更新。凡是不具备语言交织和融合的问答，都是虚假的对话。教师向学生提出问题、学生作出回答，学生向教师提出问题、教师提供答案等，是一种问答，但如果不能达成彼此的语言融合、促进学生的语言更新，那就不是真正的对话。

第三节　基于深度学习的对话策略

深度学习是学生利用已知经验、调动高阶思维理解和运用知识，通过在新的情境中主动解决复杂问题、完成挑战性任务而获得综合素养提升的过程。对语文学习来说，就是在复杂的言语情境中调动高阶思维能力自主建构和整合语文知识、完成具有挑战性言语活动任务的一种行为方式。深度学习需要深度对话，深度对话表现为启迪学生深度思考、激发言语智慧的语言交往状态。深度对话，既要依据课程文本以及基于课程文本的主题，又要重视学生既有经验的

---

① ［美］杜威：《民主主义与教育》，王承绪译，人民教育出版社 2001 年版，第 162 页。

创造性力量，顺应文本的"文势"、学生心理发展的"态势"，借以推动形成教学对话之势。

一、依据文本：培植对话的根基

文本，是承载了课程内容并根据教学需要编排的话语系统，教科书、课文、讲义以及师生讨论的话题等可供理解的对象，都可以看作文本。教材，是具有代表性的文本。按照杜威的说法，教材就是在一个有目的的情境的发展过程中所观察的、回忆的、阅读的和谈论的种种事实，以及所提出的种种观念。① 不只是教科书、讲义、参考书、音像资料之类的实体文本，而且教学情境中呈现给学生的事实、观念等感知、理解的对象等，都可以归入教材的范围。教材，作为承载了课程内容的文本，在教学对话中的作用是基础性的、不可或缺的。杜威认为，"可以自由支配以增进新经验"的教材就是好教材，在教材与学生之间，教师的作用在于调和、中介，以促进"教材和学生当前的需要和能力之间的相互作用"②。

为什么把教材称为文本呢？这是因为，教材具有文本的特征。一方面，教材总是会告诉学生它具有哪些资源、有什么"风景"、向学生说明可供开发的资源或者到达"景区"的路线。这也就是说，教材作为文本已经超越了它所选择课程内容的原始信息与原生价值，对各类信息、资料进行了重新组合，以符号或标识标注了学生行走的路线。"教育既应提供一个复杂的、不断变动的世界的地图，又应提供有助于在这个世界上航行的指南针。"③ 教材相当于学生在知识领域自由航行的"地图"和"指南针"。另一方面，教材作为文本具"自我表现"性：在被观看、被欣赏中，它的意义才得以实现。这正是"游戏"的特征，"与人同戏"的意义要求。伽达默尔说："游戏并不是一位游戏

---

① ［美］杜威：《民主主义与教育》，王承绪译，人民教育出版社 2001 年版，第 197 页。
② ［美］杜威：《民主主义与教育》，王承绪译，人民教育出版社 2001 年版，第 200 页。
③ 联合国教科文组织：《教育——财富蕴藏其中》，联合国教科文组织总部中文科译，教育科学出版社 2014 年版，第 49 页。

者与一位面对游戏的观看者之间的距离，从这个意义上说，游戏也是一种交往的活动"，而"观看者显然不只是一个观看眼前活动的看客，他参与游戏，成为其中之一部分"。[①] 杜威把观察、回忆、阅读、讨论的事实或观念称为教材，其实也蕴含了文本的动态构成性和"与人同戏"的"游戏"特征，因为教材需要实现它与学生经验的交互作用。教材文本的"游戏"特征表明，教材不是外在于师生的对象，不是外在于师生的客观事实，而是与教师、学生共同进行"游戏"的主体。这就改变了传统意义上把教材文本所承载的内容作为学生认知客体的"主客二分"的思维方式，而代之以交互作用、交往对话的关系性思维方式。

"与人同戏"、召唤学生与之对话的特征，决定了教材文本在激发、保持教学对话和"增进新经验"中的引导性力量。教师的中介作用，就在于依据教材文本的"与人同戏"的"游戏"特征通过一系列的改组、改造或对教材深度意义的开掘，促进学生与文本的深度对话，使学生不但能够读懂作为"世界地图"的教材上的"标识"，获得在"世界地图"上"自由航行"的"指南针"，而且能够达成与教材文本的交往互动，或有所接受，或有所补充，或有所改造，或有所批判。当学生以自己的语言讲出文本的内容，或者讲出文本只是蕴含其中却没有说出的意义时，他不但获得了在教材文本里"自由航行"的本领，而且还表现出再造或重构文本意义的创造性力量。这就上升为以视域融合为内在标志、以语言融合为外在标志的深度对话。

作为语文教学的深度对话，首先应当致力于引导学生深入理解文本语言。深入理解应当具有一个标准，那就是，学生不但能够读懂、领会文本的语言包括语言的引申义、联想义等言外之意，在变化了的语境中对文本语言加以变通性应用，而且还能够以"入乎其内，出乎其外"的态度对文本语言加以鉴赏性、批判性或其他富有洞见性的评价。这是对文本语言的深度理解，也是教学对话应当达到的目标。

---

① ［德］汉斯-格奥尔格·伽达默尔：《美的现实性——作为游戏、象征、节日的艺术》，张志扬等译，生活·读书·新知三联书店 1991 年版，第 37 页。

　　肖培东的课堂教学具有特色、具有语言理解的深度。虽然他总喜欢说"浅浅地教语文"，比如"立足文本，浅浅地教""立足语言，浅浅地教""立足文体，浅浅地教""立足目标，浅浅地教""立足提问，浅浅地教"……但是这些"浅浅地教"，是指教学设计与师生对话的从容自然、不矫揉造作、不节外生枝，而在教学内容上则是基于文本、立足语言、聚焦运用的"深深地学"。他引导学生学习梭罗的散文集《瓦尔登湖》中的《神的一滴》这篇文章，教学过程极为简单，在学生初步朗读课文、勾画语句之后，便让学生以"来吧"为开头语围绕瓦尔登湖写一个宣传语，要求分别从四个角度设计宣传语：第一个角度，用课文当中直接描写瓦尔登湖湖光山色的句子做宣传语；第二个角度，用梭罗来过瓦尔登湖以后的自我感受做宣传语；第三个角度，用现代文明的特征为反衬做宣传语；第四个角度，用简洁的、概括性的短句或短语做宣传语。教学设计与教学活动，简单而自然，但是学生与文本、学生与教师之间的对话内容不断趋于深刻。当学生选择了某些语句作为宣传语之后，接下来的问题就是，为什么要选择这样一段语句？师生就要围绕某个字、某个词、某句话的语气、特点、意义等来分析语言运用的巧妙。更为深刻的是，学生将课文的语句化为宣传语，也就表明，他已经在变化了的语境中以自己的方式"变通性地运用"课文的语言，达到了一种语言深度融合的境界。比如，有学生说："来吧，来这'洒满古典生态阳光的湖岸'；来吧，来这寂静的'林间甬道'；来吧，来听这'缪斯女神'美妙的歌唱！"教师当即表扬学生："我发现你有一个非常好的特点：你把文章当中非描写性句子转化成了自己的宣传语言，还形成了排比。这就是读书的高超之处。"① 基于文本、紧扣语言，学生在与文本语言文字的交往、周旋、"游戏"中实现了语言的深度融合。他的"浅教"是相对于远离文本语言的所谓"深度语文""过度阐释"而提出的，是"绚烂至极归于平淡"的"真语文"：回到语文课的"精髓、真谛和本源"。钱梦龙老师这样评价他的课："由于始终紧紧抓住语言这个'基本元素'，披

---

　　① 肖培东：《〈神的一滴〉教学节录》，《中学语文教学参考》2018 年第 1—2 期。

文入情，沿波讨源，因此他的教学总能给人以举重若轻、水到渠成之感。"①

是不是立足于文本，会对教学对话产生一种束缚而难以拓展和深化？恰恰相反，正是因为立足文本、立足语言，才让教学对话具有了深度、具有了生命之根，才能真正培养学生基于文本理解的分析、评价、创造的"高阶思维能力"。"语文教学的本体——语言作为一种简单的符号，承载了太多的情和义、理和趣"，在主题深刻的对话中"语文一切情感的、审美的、文化的营养汁液都能迅速汇入学生生命的溪流……从而让学生的头脑睿智起来，心灵丰盈起来，精神深刻起来"。②语文特级教师黄厚江教学《黔之驴》时，让学生讲故事，要求"忠实于原文、合理想象，具有故事性"。在以作者的口吻讲完故事后，又提出更高的要求：分别以"驴"的口吻和以"虎"的口吻再讲故事。加入了丰富想象的故事当然更为精彩，可是学生很快在比较中发现：如果从"虎"的角度讲故事会更生动，但是课文题目为什么是"黔之驴"而不是"黔之虎"呢？于是师生一起又讨论到了"好事者"，于此进一步探求造成"黔之驴"悲剧的真正原因——"好事者"的无事生非。③这种教学方式既依据文本又别出心裁，在文本语言的学习中有效提升了学生的思维品质——思维的敏捷性、深刻性、创造性。

文本不是对思维的束缚，而是需要深耕细作的沃土、发展高阶思维的载体。学习《空城计》时，教师可以由学生以文中某一角色讲故事，也可由学生去讨论司马懿究竟是愚蠢平庸还是老谋深算；学习《社戏》时，可以让学生设身处地地思考一下：如果你来到了平桥村，你愿意与哪一位小伙伴交朋友；学习《春》时，可以让学生说说最喜欢《春》中的哪一幅图；学习《小橘灯》一文时，可以让学生设计"拍摄电影"的方案，并突出一个特写镜头。以这样的方式召唤学生的对话，发展学生的思维力、想象力，体现的正是教师

① 肖培东：《我就想浅浅地教语文：肖培东语文课例品读》，长江文艺出版社 2016 年版，"前言"第 4 页。

② 曹明海：《语文教学语用论》，广西教育出版社 2016 年版，第 97—98 页。

③ 黄厚江：《黄厚江教语文》（中学卷），语文出版社 2015 年版，第 106 页。

的教学智慧。教师依据文本但又超越文本，经过对文本的剪辑、编排、重组和整合，创设出某个具体的言语情境，催生更具激情、更具思维含量的对话。学生或变换一个角色，或变换一种言说方式，或变换一种视角，都会讲出不一样的故事，这不只是加深了对文本意义的理解，而且培养了自由、灵活、创造性运用语言的能力。伽达默尔说，要理解某种东西，就得把它作为"指谓"的或"说出"的东西来理解，这是作品提出的要求，它期待着"兑现"，期待一个能够接受这一要求的人作出的回答，而且这个回答必须是他本人积极主动地提供他自己的回答。① 作为理解者的学生，正是以其主动参与和创造精神"兑现"教材文本的要求，并进而形成深刻性、灵活性、创造性、批判性的思维品质和提高自主探究的学习能力。

二、聚焦主题：把握对话的方向

如果说文本的"游戏"特征揭示的是对话及对话意义的无限性，那么文本的主题揭示的则是对话与对话内容的限定性与深刻性。深度对话，必定是围绕共同主题的对话。主题是经验的焦点、意义和要点，是对意义的需求和渴望，是创造、发现和揭示意义的过程。② 范梅南关于主题的界定，对于教学对话的启发同样是深刻的。引导学生解读教材文本，就要让学生把注意力放在文本本身的主题上——文本对学生说了些什么。"如果解释者注视着他者，而不是与他者一起注视着他者试图进行交往的内容的话，解释的对话性质就会受到破坏。因此，只有当解释者倾听文本、让文本坚持它的观点从而真正使自己向文本开放时，解释学的对话才能开始。"③ 从这个角度说，文本的主题也规定

---

① ［德］汉斯-格奥尔格·伽达默尔：《美的现实性——作为游戏、象征、节日的艺术》，张志扬等译，生活·读书·新知三联书店 1991 年版，第 41 页。

② ［加］马克斯·范梅南：《生活体验研究——人文科学视野中的教育学》，宋广文等译，教育科学出版社 2003 年版，第 115—116 页。

③ ［德］汉斯-格奥尔格·伽达默尔：《哲学解释学》，夏镇平、宋建平译，上海译文出版社 2004 年版，"编者导言"第 11 页。

着学生的理解。课堂教学中的师生对话同样如此。课堂作为有限的时间和空间，是一个相对独立的时空单位，只有确立共同的主题，才能真正获得课堂教学的实效。在课堂教学中，师生必须从教材文本中提炼出对话的主题，让它成为一种引导、制约对话的主线，确保理解和研究的视域得以集中、约束，得以沟通、交融。只有当师生被共同的话题推动着、在主题所指示的方向上作进一步的询问时，才会出现真正的对话和交锋。

共同的主题，能够让学生在有限的时间单位里获得更大的收获。比如，对于一篇课文，选取某一个方面的教学内容，构成学生围绕对话的主题，效果或许比面面俱到的讨论好得多。叶圣陶说："一篇文章，可以从不同的观点去研究它。如作者意念发展的线索，文章的时代背景，技术方面布置与剪裁的匠心，客观上的优点与疵病，这些就是所谓不同的观点。对于每一个观点，都可以提出问题，令学生在预习的时候寻求解答。"[1] 一个主题就是一条贯穿教学对话的主线，从预习时学生与文本对话到教学过程中与教师对话应当始终围绕进行，从而让学生在深刻的理解中熟练掌握某项言语技能，形成举一反三的学习方法和深入思考的思维能力。每一篇课文聚焦一个主题，经过一个学期、一个学段，就可以由点及线、由线及面地形成学生的语言能力和综合素养，岂不是达到了"教是为了不教"的目的？

写作教学课，同样需要如此。写作是一项综合性的言语实践活动，但写作教学不能面面俱到，每次指导或讲评可以突出一个"点"，一个学期下来就会形成一条培养写作技能的"线"，一个学段下来也就形成了培养学生写作素养的"面"。黄厚江称他的写作指导课为"共生写作"，意思是师生在写作指导课上围绕某个"点"在相互启发中完成作文的一种方法，而这个"点"在他那里被称为"一粒种子"。每次写作指导课，他都会精心选择"一粒种子"，比如一个故事、一次独特的经历、一段激发学生思考的视频等，以此作为教学的生长点，展开与学生的对话。这粒"种子"实际上就是师生交流沟通聚焦

---

① 任苏民：《教育与人生——叶圣陶教育论著选读》，上海教育出版社 2004 年版，第 257 页。

的主题。由于每次都能够确定一个指导"点"，甚至要在"点"中取"点"，所以学生也就学得集中，练得深入。① "一粒种子"，是学生写作的引子、举一反三的例子、师生对话的主线，聚焦而深入，直至帮助学生熟练地掌握写作的某个规律和方法。

主题指示对话的方向，但同时又要留有一定的弹性空间。一般来讲，对话的主题不应当被封闭在某个问题内，而是由一串前后联系的问题构成：一个问题的解答意味着一个新问题的提出，师生被问题要求着、推动着，直至对话的"真理"、文本的意义涌现而出。我们可以从苏格拉底的谈话法中清楚地看到这一点。在《大希庇阿斯篇》里，苏格拉底自称愚笨而不能回答论敌"什么是美"的问题，因而向希庇阿斯请教"什么是美"。希庇阿斯说：美就是一位漂亮的小姐。可是苏格拉底说，论敌要问的并不是什么是美的东西，而是美本身。接下来，苏格拉底说一匹母马、一个汤罐也可以是美的，但是最美的猴子比起人来还是丑的，最美的汤罐比起年轻小姐来还是丑的，"我们该不该承认，最美的年轻小姐比起女神也是丑的呢"？他们就这样不断地被问题所推动着，由一个问题进入到另一个问题，在交谈中讨论了美不同于美的事物，不同于善，不是恰当，不是有用，不是视觉和听觉的快感等。最后苏格拉底说："至少是从我和你们俩的讨论中，希庇阿斯，我得到了一个益处，那就是更清楚地了解一句谚语：'美是难的。'"② 这里，我们可以看出，他们谈话的主题是"美是什么"，但同时这个主题被一串开放的问题推动着向前。对于这样的对话来说，主题指示的方向以及隐含在对话中的思维和探究过程远比结论本身重要。语文教学中的谈话就应当像苏格拉底那样，教师以"自知一无所知"的身份围绕谈话的主题，推出一个又一个的问题，让学生在一个又一个问题的推动下、在一个又一个假设的证明中，饶有兴趣地行走在探求未知的道路上。

正是由于把握了限定与开放、聚焦与发散的辩证统一，才让对话具有了广

---

① 黄厚江：《从此爱上作文课——著名特级教师黄厚江中学作文教学智慧》，漓江出版社 2015 年版，第 106 页。

② ［古希腊］柏拉图：《柏拉图文艺对话集》，朱光潜译，商务印书馆 2013 年版，第 194 页。

度和深度。一位教师与学生讨论议论文写作方法时，将学会"辩证分析"作为学习目标。教师以一部备受争议的电影《摔跤吧！爸爸》引入讨论的主题：父母可不可以强势地影响孩子的成长？讨论的主题，就像是有待萌发、生长的"种子"，构成了对话的主线，有助于学习目标的实现。学生在讨论中分别讲出"可以"与"不可以"的理由之后，教师引导"寻找对方观点或论证的不足，开始进攻"。在经由对方的反驳后，学生认识到自己在思维方式上存在的问题，开始"跳出二元对立的圈子"，主动修正自己的观点。进而，教师引导学生思考更深刻的问题：为什么这部电影在中国广受好评，而在美国遭遇冷落？针对美国热映的同类题材的另一部电影《天才少女》，教师引导学生运用辩证思维分析"精英式教育"与"幸福童年式教育"的冲突，并要求写下一段文字。[①] 这一堂写作教学课，最大的特点就在于聚焦主题的层层推进。"辩证分析"的思维品质与思维能力是教学目标，为了达成教学目标，师生从两部同类题材的电影中引出思辨性的话题"如何辩证分析家长的'强势教育'与'散养'教育"，在不断深入的对话中学生深刻地理解了"什么是辩证分析"的写作知识，并学会了运用这一知识分析解决问题的方法。主张"共生教学""共生写作"的黄厚江评价该堂课说："一堂好课的教学过程应该是着力在一个点上不断向纵深推进。"[②] 这一个点就是被他称为"种子"的"共生原点"：既是共生教学展开的出发点，又是教学过程展开的支点，还应该是教学活动的激发点；像种在土地里的种子，可生根发芽，长成一棵大树，又像火种，应该能燃烧成一片大火。[③] 作为"共生原点"的对话主题，在对教学内容的定向和限定中，还应当像"种子"一样萌发和蔓延，不断激发学生更广的联想、更深的思维、更自由的表达。

---

① 徐飞:《〈学习辩证分析〉课堂实录》,《中学语文教学参考》(高中版)2018年第8期。
② 黄厚江:《有效推进写作课教学过程的展开》,《中学语文教学参考》(高中版)(2018年第8期。
③ 黄厚江:《从此爱上作文课——著名特级教师黄厚江中学作文教学智慧》,漓江出版社2015年版,第246页。

三、利用经验：激发对话的动力

学生经验，无论是直接经验还是间接经验，都是知识建构的基础和动力。研究和利用学生的经验，是教学对话的起点，也是推动对话深入的基本要求。但是，不同的经验在对话中的性质和作用是不同的，它既可能造成理解的狭隘和偏执，也可能产生一种创造性力量。杜威强调一种与未来经验相联系的经验："教育者的任务是安排那种不使学生厌恶、能引起学生活动兴趣的经验，由于它促使学生获得渴望的未来的经验，所以它的作用比直接获得适意的经验还要大得多。"① 学生一旦具有这种经验，就会根据这一经验来推测未来，使未知事物获得自身的"经验化"。从经验的角度看，语文教学就是一种让学生的经验在文本、课堂、对话中穿行的过程。教师与学生的对话，就要依据学生"已经知道了什么""讲了什么"和"怎么讲的"等来判断其经验的性质、力量和隐含其中的思维方式。

第一，根据学生经验中的"真需求"推动对话深入。真正的教学对话是针对学生困惑处、疑难处的对话，我们应当依据学生经验准确判断他的学习需求，从而引导他从已知经验走进未知探索的深度对话。钱梦龙有时会和学生讨论"什么知识可以不教"，只要是学生认为"可以不教"而且有充分理由的，他就真的不教；而学生认为还没有完全明白"需要教的"，他就引导学生围绕这个不懂的问题进入与文本、与其他学生、与教师的深度对话之中。② 正是凭借学生的经验，教师才知道哪些是学生已经懂得了不再需要教的，哪些是学生感到困惑的需要引导和帮助的。当然，面对学生的困惑，我们不会想当然地认为学生一无所知，而是经由"导而弗牵、强而弗抑、开而弗达"的引导，帮助学生建立起新旧经验的联系，以达到"教是为了不需要教"的目的。钱梦龙在问到《死海不死》的文体时，一名学生说出"知识小品"的概念，教师问："什么是知识小

① ［美］杜威：《我们怎样思维·经验与教育》，姜文闵译，人民教育出版社 2005 年版，第 250 页。
② 钱梦龙：《我和语文导读法》，人民教育出版社 2005 年版，第 288 页。

品，你知道吗?"学生回答不知道，说是"瞎蒙的"。教师说："你为什么不说这是产品说明书或别的什么说明性文体，而偏偏要说它是知识小品呢? 你在说的时候心里肯定有过一些选择的，是不是?"于是学生随着教师的提示说出了他作出判断和选择的依据。这样一个对话过程，看上去极其自然、极其平易，但实际上，它隐含了教师深刻的教学理念：学生这样或那样回答的原因，是他根据已有经验合情合理作出的推断，而教师要做的，就是顺势将学生已有经验与即将要学的新知识关联起来。钱梦龙在课堂上这样评价这名学生："说明你的思维很敏捷，很有判断力。我早说过你不是瞎蒙的!"①

第二，根据学生经验中的"逆思维"推动对话深入。学生在语文学习中经常会有这样的自我感觉：翻开语文教科书，读过一篇篇的课文，读懂了，学会了，似乎全明白。但实际上，学生的这种"懂"和"会"，很可能只是浅层次上的知道，而不是理解应用评价或创造层次上的"懂"和"会"。语文教学，还应当增加这样一种功能：让学生发现自己其实并未真正弄通学会。李海林说：把学生从"自以为懂"教到"不懂"，这种"逆思维"是思维的深化。② 真正的学习，就是打破学生"懂"与"会"的自我感觉，让学生既有的经验在此时被打破，产生基于经验的预期并没有如期到来的困惑。这种"不再……""尚未……"引起的困惑，恰恰有助于促进学生与文本、学生与学生、学生与教师的深度对话。《犟龟》一文，读过一遍的学生似乎没有什么不懂的，但是如果学生面对这样的问题——犟龟的"犟"是说它一意孤行、执迷不悟、不听劝解的固执，还是说它坚持不懈、持之以恒、目标专一的坚强? 它到底是失败者还是成功者? ——似乎就没有那么容易说清楚了。特别是当学生被要求进一步从文本中找出充分的证据来说服对方时，理解的难度又加大了。这些问题或许并没有一致认可的答案，因为理解角度不同给出的答案就会不同，但围绕问题的争论会让学生发现，真正地读懂、学会这一篇文章并不容易。

学生阅读神话故事《女娲造人》，如果仅仅停留于知道层面，无非了解了

---

① 钱梦龙:《我和语文导读法》,人民教育出版社 2005 年版,第 292 页。
② 李海林:《语文学科如何"深刻地学习"?》,《中学语文教学》2019 年第 1 期。

一个故事而已，但如果定位于感受中华民族的历史想象力，就会产生从"懂"到"不懂"的"逆思维"。比如，在教学对话中，教师为学生提供古希腊神话"普罗米修斯"，古印第安神话"帕查卡马克"等，让学生在比较阅读中理解体现在"女娲造人"中中华民族的历史想象力，那么这一学习过程也就从单纯的知道、了解信息的层面进入运用高阶思维比较、分析作出独立判断的深度学习层面。教师的职责已经越来越少地传递知识，而越来越多地激励思考，他帮助学生发现矛盾论点而不是奉送结论，"他必须集中更多的时间和精力去从事那些有效果的和有创造性的活动：互相影响、讨论、激励、了解、鼓舞"[①]。可以说，教学对话，不在于教师为学生提供多么深刻和富有创造性的结论，不在于为学生奉送多少真理，而在于以自己的言说激发学生更多的言说，以新的问题打破学生的既有经验、激发其更强烈的问题意识和更深刻的思考。

第三，根据学生经验中的创造性因素推动对话深入。杜威说："教育是在经验中、由于经验和为着经验的一种发展过程。"[②] 教育从经验开始，在经验中进行，并为了经验的改造。因此，我们还要看到学生经验中推动自我改造、扩展和升华的动力性因素。教学《皇帝的新装》时，宁鸿彬以"这是一个……的皇帝"为课文加一个副标题，"用一个字概括故事情节"；教学《中国石拱桥》时，要求学生在标题前加上修饰语，即"……的中国石拱桥"。尽管只是填写一个词语、概括出一个字，但这个省略号所空缺的这个"字"或词语带给学生的是一个开放性的空间，学生不再满足于知道了什么，而是凭借自己的经验以自己的方式归纳、重构他所倾听、知道的信息，实现新情境下的言语创造。在宁鸿彬老师的课堂上，学生对"……"的填补大体上有一个预期，比如"愚蠢""虚伪""无能""不可救药""无知"等，他据已有的经验——无论是生活经验还是言语经验——对这些词语有了基本理解，但这些还不够，他还要从文中找到相应的语句来证明自己所填写词语的合理性，这是深度思考基

---

① 联合国教科文组织国际教育发展委员会：《学会生存——教育世界的今天和明天》，教育科学出版社 1996 年版，第 108 页。

② ［美］杜威：《我们怎样思维·经验与教育》，姜文闵译，人民教育出版社 2005 年版，第 250 页。

础上的语言运用。"用一个字概括故事情节",以少胜多、以简驭繁,如果没有对课文全面、深刻的理解,学生就很难找到那个恰当的字。师生通过"排除法""检验法""比较法"等方法来分别检验"蠢、骗、伪、假、傻、装、新、心"这几个字,在讨论中确定哪一个字最贴切。在这样的教学对话中,学生经验不只是被激活了,而且产生了一种创造性的动力要素。

在对话中激发学生经验中的动力性因素,可以让学生在变化了的语境中灵活、创造性地理解和运用语言。教学《珍珠鸟》时,于永正老师让学生化身小珍珠鸟写一写作者冯骥才:"如果你是文中的可爱的小珍珠鸟,你会对冯骥才说什么?"教学《珍珠鸟》时,薛法根老师创设这样的语用情境:"笼子里的两只大鸟,看到小鸟落在人的肩上睡着了,最想说的一句话是什么?"教学《珍珠鸟》时,干国祥老师为了让学生感受文中美好的境界,设计了"分角色朗读"。学生"读小鸟":"我先是离你较远,见你不来伤害我……"老师"读作者":"我用手抚摸你细腻的绒毛……"在与文本的对话中,学生要把文本中没有说出的东西以想象的方式填补出来,在变化了的言语情境中拓展文本空间、构建文本新意义,将原来的文本重构、再造或创造为一个新的"动人的故事"或"迷人的想象王国"。教师对话学生,不是奉送结论,而是启发思考和想象,激发学生创建"迷人的想象王国"的动力。

四、顺势而动:助推对话的态势

深度对话有时会具有一种不得不然的内在驱动力,似乎是"非人力所能移"的自我运行态势。从教师一方来看,一旦进入"对话之势",教师就有可能产生这样的感觉:不是我有意识地这么讲,而是某一种"势"推动我这样讲。教学对话的这种状态,其实早就有人说过:"人们一旦进行美好的对话,往往在一定程度上忘却自我,将自我让位于对话本身。"① "忘却自我""让位

---

① ［加］大卫·杰弗里·史密斯:《全球化与后现代教育学》,郭洋生译,教育科学出版社 2000 年版,第 126 页。

于对话",即对话中的每一方都被对话推动着向前,"行于所当行,止于不可不止"。"对话之势",看上去很神秘,但深入分析下去,我们就会发现,它的形成少不了两个核心要素:一个是课程文本及其承载的课程内容,一个是学生的学习状态。课程文本及其内容所构成的"势",我们可以从中国文论中借用一个概念"文势"来表示,学生的学习状态,我们可以用学习"情势"来表示。自然的、有深度的对话,不是教师有意识地控制,而是对"文势"和"情势"的顺应和推动。《孙子兵法》说:

> 故善战者,求之于势,不责于人,故能择人而任势。任势者,其战人也,如转木石。木石之性,安则静,危则动,方则止,圆则行。故善战人之势,如转圆石于千仞之山者,势也。

教学中的课程文本、学生状态,各有其特点、各有其规律,教师对话学生如同"善战者""求之于势",顺势而动,追随和构建自然、和谐并不断趋于深入的教学境界。

第一,在顺应文本"文势"中推动对话深入。文有文势,《文心雕龙·定势》:"势者,乘利而为制也。如机发矢直,涧曲湍回,自然之趣也。"在这里,我们可以用"势"来表示蕴含在文本语言文字及其表现内容中的内在驱动力。金圣叹在评点《水浒传》时说文章,"如在天而为云霞,何其起于肤寸,渐舒渐卷,倏忽万变,烂然为章也。""然而终亦必然者,盖必有不得不然者也。"这"不得不然者"是什么呢?在教学层面上,我们可以理解为由文本内在驱动力所推动形成的"势"。"一篇之势,前引后牵,一句之力,下推上挽。"① 其实,无论是一篇课文,还是承载语文知识的课程文本,都具有"前引后牵""下推上挽"的"文势"。

在教学对话中,顺应"文势"就是依据文本特点,从语言文字入手把握其

---

① [清]金圣叹:《唱经堂第四才子书杜诗解》,周锡山编校,万卷出版社2009年版,第227页。

行文之势。教学《白雪歌送武判官归京》时，黄厚江以题目中的"雪""送"为切入点读诗、赏诗，引导学生欣赏诗歌中描绘雪景和送别的画面，力求"从诗中读出画来"。教师朗读诗歌，让学生评价其"节奏低缓""感情悲凉"的朗读方式。结果，学生根据对诗歌的理解否定教师"太过悲凉"的朗读方式，并以"风掣红旗冻不翻"等诗句说明朗读该诗应有的"豪迈"之情。在这种情况下，教师没有人为控制教学节奏，而是顺应学生对文本的理解和感受，并由此达成如何读的共识：要像某位同学那样"读准"，像另一位同学那样把握好节奏，又要像老师那样读出"古诗的韵味"，还要像大家讨论的一样读出"豪迈"之情。① 教师的引导性谈话，就是顺应"文势"的过程，即顺应诗歌语音、语调、节奏、格律等语言表现的特点，而学生想象、描绘蕴含在语言文字中的画面感，感受语言文字的表现力，也就因顺应"文势"而趋于深刻。

　　当然，"文势"会因文体不同而有所不同。如果说诗歌的"文势"在于语音、语调、节奏、格律等，而叙事文的"文势"则更多地表现为"文生情，情生文"的叙事逻辑，即叙事手法与所表现人物性格、情节发展、环境氛围等的完美融合。节选自《水浒传》第八回《紫进门招天下客　林冲棒打洪教头》，按金圣叹评点的说法，"凡作三番跌顿，直使读者眼光一闪一闪，直极奇极恣之笔也"。如何引导学生体验这种叙事"文势"？于永正引导学生通过抓重点段、画重点词来思考"林冲是个怎样的人"，并要求用"一个字"来概括。学生通过对林冲"躬身施礼，起身让座""不敢，不敢""请教了""抢起棒一扫"等重点语句的勾画和分析，经过对比叙写洪教头的语句，分别以"谦""忍""让""礼"等字来概括林冲的为人。教师向学生展示他在备课时想到的"让"字，与学生一起分析林冲"礼让""谦让""忍让""宽让"的品格，再由学生想象"满面羞惭"的洪教头在回家的路上会想些什么。② 教师在引导学生浸润语言、分析语言、运用语言中把握叙事艺术的内在逻辑——人

　　① 黄厚江：《预约课堂的精彩——著名特级教师黄厚江中学语文教学智慧》，漓江出版社2015年版，第148、150页。
　　② 于永正：《于永正课堂教学实录Ⅰ（阅读教学卷）》，教育科学出版社2014年版，第286页。

物性格合乎逻辑的发展及其在特定场景中的可能表现。师生对话顺应叙事的"文势",自然流畅而又步步深入、环环相扣。

在教学对话中,"文势"会超越单篇的文本,而体现为互文本的"前引后牵"。教学《秋夜将晓出篱门迎凉有感(其二)》时,王崧舟以"互文对照"之法形成教学对话之势。"三万里河东入海,五千仞岳上摩天。遗民泪尽胡尘里,南望王师又一年。"他引导学生对话文本:"遗民"是谁?何以"泪尽"?又为何"南望王师"而且"又一年"?寻求答案并不难,遗民,是"被南宋王朝遗留、遗忘乃至遗弃在中原一带的北宋子民",身处金兵的蹂躏,他们苦盼南宋军队前来拯救,然而一年又一年,年年都失望,直至泪尽。与文本的问答,并没有止步于浅层问题的解决,而是又开启新的一轮追问和回答:"何以'南望王师又一年'?王师何在?"自然而然地,学生从林升的诗《题临安邸》中寻求更多的解答。"山外青山楼外楼,西湖歌舞几时休?暖风熏得游人醉,直把杭州作汴州。"原来,遗民的"泪"是由于"游人"也就是南宋那些达官贵人的"醉"而来,"泪尽胡尘"更是由于"游人"歌舞不休。① 深层次的互文,让学生从遗民的"泪尽"和"南望"中更加深切地感受到当时南宋王朝的懦弱、苟且和堕落。一首短诗,由于"文势"的"前引后牵"也就具有了"咫尺千里"的动态感和生命力,而顺势而为的教学对话可以穿越单篇文本的界限,在互文本开放的"问答结构"中拓展和深化理解的广度和深度。

第二,在顺应学习"情势"中推动对话深入。对话会引起学情变化,学情又推动对话的运行。深度对话是学习"情势"与教师引导的和谐统一。在教学中,我们有时会体验到师生对话的流畅性和节奏感,当行则行、当止则止,自由自在、自然而然;但有时也有可能遇到对话的艰涩、凝滞,或者杂乱、无序。这固然与知识难易、情境特点等因素有关,但深层次的原因还在于教师是否了解学情、顺应"情势"。学生的已有知识经验与他对未知领域的学习预期,是构成他学习状态的关键要素。在教学对话中,我们根据学生已有知识经

---

① 王崧舟:《语文的生命意蕴:王崧舟诗意语文教学》,长江文艺出版社 2016 年版,第 54 页。

验，调动、顺应其学习预期，又有意识地打破其学习预期，在顺应预期——打破预期——激发新的预期的循环结构中，形成教学对话不断前行的驱动力。程少堂在教学《诗经·郑风·子衿》时，他以"风"字引导学生组词，顺着学生组词、解释的思路，对"国风""郑风"加以解释，引出要学的《子衿》篇。这一环节，他从学生熟悉的知识经验导入，进入师生和谐自然的对话。接下来，在"玩味"诗歌环节，他问学生："青青子衿"能否可以改为"青青子衣"，"纵我不往，子宁不嗣音"，能否改为"其宁不嗣音"，能否把这一问句改为陈述句。[①] 这一环节，教师通过改变言语情境将学生理解的着力点放在"熟悉与陌生的中间地带"：熟悉是因为学生已经理解了诗歌的意义，而陌生则是要在变化了的语境中深入体会"衿""子"以及特定句式的妙处。当学生比较透彻地理解了诗歌后，教师以琼瑶改写《诗经·蒹葭》为歌词的例子来启发学生改写《子衿》[②]。这一环节属于知识的迁移，难度继续加大，"改写为歌词"的要求甚至超越了学生的已有经验，但由于教师以学生熟悉的歌词为例为学生"牵线搭桥"，架起攻克难关的"梯子"，也就将陌生的要求化为学生熟悉的经验。教师提出的问题看似顺手拈来，实则别具匠心。师生对话聚焦学生学习需求，顺应其学习预期，在学生心理状态的"平衡—失衡—新的平衡"中激发其探究欲望，培养和发展其灵活运用语言的能力和智慧。

总起来看，依据文本、聚焦主题、利用经验、谋势而动是深度对话的基本策略。文本以其承载的知识、意义构成学生交往和游戏的"伙伴"，在深度对话中具有基础性作用；主题以其限定性和开放性的辩证统一要求，构成知识学习的"种子"和"主线"，在深度对话中具有导向性作用；学生经验作为教学的起点和目的，构成了知识建构的基础，在深度对话中具有动力性作用；在课程文本、学生状态和教师引导的综合作用下，还会形成教学"不得不然"的运行态势，构成深度对话自然、流畅和不断深入的驱动力。

---

① 孔凡成：《中学语文名师经典课例研究》，苏州大学出版社 2016 年版，第 237、239 页。
② 孔凡成：《中学语文名师经典课例研究》，苏州大学出版社 2016 年版，第 245 页。

第五章

学习评价论

　　《普通高中语文课程标准》指出："评价的过程即学生学习的过程，应围绕阅读与鉴赏、表达与交流、梳理与探究等学习活动，在具体的语文学习情境和活动任务中，全面考查学生核心素养的发展情况。"[①]《义务教育语文课程标准》提出："过程性评价重点考查学生在语文学习过程中表现出来的学习态度、参与程度和核心素养的发展水平。"[②] 以促进学生发展为目的的评价应当贯穿于教学全过程。教学过程，既是引导学生学习知识、提升能力、促进发展的过程，也是关注、评价学生学习过程、学习结果的过程。过程性评价是促进学生的知识学习、能力发展和综合素质提升的基本评价理念和评价方式。

第一节　过程性评价的理论建构

　　过程性评价，是在教学活动中对学生学习的各类信息加以即时、动态地解释，以揭示、判断和生成教学价值的活动。从评价的价值取向看，过程性评价是以优化学习过程、提高学习效果、促进个体生命发展为目的的评价活动；从评价对象看，学习过程中的知识建构、能

　　[①]　教育部：《普通高中语文课程标准》(2017 年版 2020 年修订)，人民教育出版社 2020 年版，第 44 页。

　　[②]　教育部：《义务教育语文课程标准》(2022 年版)，北京师范大学出版社 2022 年版，第 46 页。

力发展、学习动机激发、学习策略运用以及情感态度形成等过程性因素都应纳入评价的范围；从评价效果看，过程性评价既要实现学生学习动机的激发和学习方式的优化、学习效果的提升，也要促进教师的教学反思与教学方式的改进，实现教学效果的提升。价值、过程、生命维度是理解语文学习过程性评价的三个重要维度。

一、过程性评价的价值维度

评价在本质上是对价值的判断和揭示，因而探讨评价问题首先要思考价值的属性和特点。一个事物既具有内在价值，也具有工具价值。内在价值是指事物本身具有意义，工具价值是指事物为达到某种目的所起到的手段或工具的作用。教学的内在价值就是它的自成目的性，外在价值就是教学相对于社会、教师或学生个体发展的作用。传统意义上，教学价值被认为是教学客体满足教学主体需要的某种属性，更多的是强调它的工具性、手段性价值，而对其自成目的的内在价值关注不够。"从人与对象的主客关系出发界说价值的认识论思路，即使不把价值判为对象中的实体性因素，也必定外在地对象性地理解价值从而把价值工具化、手段化，当人们以物的'使用价值'或其他效用、效益说明价值概念时，无疑把价值定位于满足人需要的手段上。"[1] 当把价值作为满足主体的手段来看待，那么教学评价就会想当然地把评价的对象——包括学习过程在内的教学活动视为以实物形式存在的客体，并以此判断它对价值主体如社会、教师或学生的工具化效用，以至于把复杂的、动态的、充满了生命活力的教学和学习活动视为对象性的、可被利用的工具，这就弱化了教学活动、学习活动本身对教师、学生发展的内在意义。

实际上，无论是教学活动还是学习活动，都具有其内在的、自足的价值。从学生的学习活动看，其内在价值就在于学习内容、学习过程本身所具有的促

---

① 张曙光:《个体生命与现代历史》,山东人民出版社 2007 年版,第 199 页。

进自我实现、自我发展的不可替代性及所带来的深刻而愉悦的精神体验。按杜威的说法就是，"一个科目在某地某时应该有一个为自己的利益供人欣赏的善"，如果它"从来没有因其自身而被学生欣赏过，那么它就无法达到别的目的"。① 学习内容对学生来说，可以因它能够带来愉快的体验而具有内在的价值，其内在价值使学习过程具有了自成目的性。"任何一个课题只要能够立刻吸引人，就不需要问它有什么用处。"② 对语文教学来说，包括拼音、汉字、词汇、语法、修辞在内的语文知识，蕴含在文学类、哲学类言语作品中的人文知识，体现在说明性、议论性、记叙性言语作品中的言语运用策略、思维方式等，经由教师特意创设的言语情境而对学生的情感陶冶、精神发展、思维能力提升具有不可替代的作用，并产生一种令人愉悦的感觉。苏霍姆林斯基对学生知识学习的愉悦体验这样说："一个学生向同学们朗读他写的一篇关于冬天的早晨的作文。他是观察了自然界的现象，为赞叹它的美而写出这篇作文的。当孩子们听着他的朗读时，就体验到对于思考的迷恋。于是，每一个人都想在创作上尝试一下自己的力量。"③ 知识本身带给学生的关于"思考的迷恋"，以及学习过程本身的快乐，让学生在创造性的知识建构和对未知的探索中确证自身力量，体现出语文课程知识的内在价值、自成目的性。

从教学过程看，教学价值存在一个内在生成的过程，其生成的动力来自学生学习活动与自身发展的内在超越性。学生的学习动力来自他的生活、生存和发展的需要，现实生活状态的欠缺感、不满足感，以及对未来可能生活的追求。教师的教学引导在于不断促进学生发展从已然、实然向应然、未然的转换，这就是教学活动的自成目的性、自我超越性以及教学价值生成的基础。依据哲学家海德格尔的观点，学生作为成长中的人，他具有"本真存在"与"常人状态"的矛盾，但面向未来生活追求自我实现、完满存在的"生命向度"，让他在学习活动中超越"常人状态"，自觉追求确认自己、实现自己、

---

① ［美］杜威：《民主主义与教育》，王承绪译，人民教育出版社 2001 年版，第 258 页。
② ［美］杜威：《民主主义与教育》，王承绪译，人民教育出版社 2001 年版，第 260 页。
③ ［苏］苏霍姆林斯基：《给教师的建议》，杜殿坤编译，教育科学出版社 1984 年版，第 168—169 页。

拓展生命意义的内在价值。教育改革家魏书生在教学中引导学生追求的就是知识的内在价值。他让学生谈"学习是一种享受",日记的题目就是"谈学习是一种享受",甚至从"谈学习是享受之一"到"谈学习是享受之一百"。比如:"谈自己留作业是享受,谈互相批改作文是享受,谈写日记是享受,谈抄格言是享受,谈办班级日报是享受,谈写座右铭是享受,谈把厚书读薄是享受,谈把薄书读厚是享受,谈画语文知识树是享受……"① 在享受状态下,知识不再是让学生感受到痛苦的外在压力,而是融学生生命成长于一体的快乐源泉。王崧舟在央视《百家讲坛》栏目讲"爱上语文",同样以"爱"字强调语文学习的内在愉悦情感,因为语文以语言文字的方式满足学生的学习需求同时又激发其新的学习动力,以特有的"语文品质"为学生的生活打开一扇窗子:母语文化的熏陶,思维方式的启迪,审美体验的升华。

内在价值的生成性,决定了它与工具价值的连续性。学生在学习过程中的欠缺感以及追求未知的动力决定了教学价值的生成性,随着对学习活动内在价值的追求和实现,学生不但致力于超越自我,而且也致力于对自我与社会、自然关系的理解,并将知识学习的内在价值转化为服务社会、服务人类、服务人与自然和谐关系的需要。概括起来讲,教学对学生、教师、社会的价值并不是各自独立、非此即彼的不同类型的价值,而是从学生在学习活动中追求自我超越开始,不断向教师、社会拓展延伸的同一个价值生成的过程。

随着对教学价值理解的不断深入,教学评价问题也应当得到重新审视。一直以来,教学评价被认为是对教学过程及其结果作出的价值判断,即对教学能否满足主体需要或在多大程度上满足主体需要作出的判断。这显然是把教学过程中的价值假设为一种固定不变的客观事实或属性,把评价看作"客观"的描述、解释或判断这种价值事实或价值属性的活动,看作以揭示评价对象本来面目为目的的反映活动,追求的是实体意义上的价值属性或价值事实。在实体意义上,评价主体与评价客体、价值主体与价值客体成为二元对立的存在,评

---

① 魏书生、陶继新:《享受学习——魏书生与陶继新的教育智慧》,福建教育出版社 2016 年版,第32 页。

价也就成为以"科学"的态度追求评价主体的"评"与评价客体的"价"相"符合"的活动。在这一思维方式的支配下，传统的学习评价更多地关注静态意义上的学习结果，如以答卷、完成的言语作品等方式存在的结果。评价主体、评价标准被设想为外在于学习的"权威"和"标杆"，评价也就被设想为由作为"权威"的评价主体，以外在于教学的"标杆"去衡量那些已经完成的结果并进行等级评定的活动。由此，语文学科知识被肢解成为以只言片语形式存在的知识点以及由知识点构成的所谓科学的"知识体系"，而评价就是逐条对照评价标准或评分点来判断学生学习成果符合"标准答案"的程度。

实际上，这种只追求学习结果与评价标准相符合的评价方式，偏离了语文学科的特点和规律，也难以发挥引领学生自我发展的作用。我们需要一种过程性评价理念和方式。教学价值的内在性、自足性、生成性决定了过程性评价的合理性、适切性。过程性评价不同于对客体事物的"反映"，它不但要判断教学结果之"是"，还要揭示教学过程"是其所是"。过程性评价是在教学过程中对学生学习的各类信息加以解释、判断和生成教学价值的评价活动。与那种将教学结果与评价标准相对照的终结性评价相比，它具有两个方面的不同。一是过程性评价与教学过程始终相伴相随，它本身即内在于教学过程之中，而不是外在于教学过程的另一类活动。二是过程性评价不但要揭示内在于教学过程中的价值，使潜在于教学过程中的价值显现出来，而且要即时引领教学过程的价值生成，也就是过程性评价参与教学价值的建构和生成，这既包括对学生学习过程的引导，也包括对教师教学行为的优化。比如作文教学，写作之前的示范性例文分析，学生立意、构思过程，行文中的自我反思，初稿完成后的自我修改、相互修改，教师的适时点拨及修改建议等，既是一个完整的教学过程，也贯穿、渗透了动态的、引领性的学习评价。渗透在教学过程中的评价促进了学生写作能力、情感和思维的发展，培养和发展学生良好的写作习惯。杜威认为，评价判断不同于价值判断，流俗的价值判断是对已然存在的给定的价值的判断，而评价判断则不同，评价对象不是某个给定的已然存在着的价值，而是一种通过某种行动才有可能成为存在的价值。"评价判断是对一种价值可能性的判断，对一种尚未存在的、有可能通过活动而被创造出来的价值承载者的判断。"① "不确定的价值通过判断，并且只有通过判断才存在。"② 过程性评价在教学过程中把学生学习的过程性要素纳入评价范围，动态地揭示学生的学习需要，即时性反馈评价信息，借以调整学习行为、优化教学策略，从而实现教学过程的价值增值。

二、过程性评价的过程维度

持有怎样的评价观和评价方式，是与对学习过程与教学过程本质的认识有着密切关系的。当把学习活动视为学生在教师引导下掌握客观知识的过程，那么知识也就成为外在于学生、有待反映的"实体"，学习就是追求外在于自身的那个"实体"，教学也就成为追求"所教"与"所学"、目标与结果相一致的认识性活动。在这一观点支配下，教学评价也就成为将评价标准与教学结果相对照的活动，它追求的是实体意义上的客观性、准确性，因而评价只是外在于教学过程的反映行为，这也就造成了主体与客体、目标与结果、评价与教学的二元对立。

以过程哲学的视角透视教学过程，可以发现教学过程远非知识的"授""受"这样简单。英国哲学家怀特海在本体意义上提出了他的过程原理：实际存在物是如何生成的，构成了这个实际存在物是什么，它的"存在"是由它的"生成"所构成的，这就是"过程原理"。③ 在怀特海看来，现实世界是由现实实有的生成所构成的，而现实实有就是创造物，整个宇宙就是由自我创造的现实实有所组成的持续系列。尽管教学过程不同于作为宇宙生成的自然过程，但"创造""关系""有机体"等作为过程哲学的重要概念所揭示的现实世界面向新颖性、创造性进展的过程原理，仍然是透视教学过程的一个重要视

---

① ［美］杜威：《评价理论》，冯平、余泽娜等译，上海译文出版社 2007 版，"译者序"第 19 页。
② ［美］杜威：《评价理论》，冯平、余泽娜等译，上海译文出版社 2007 版，第 107 页。
③ ［英］阿尔弗雷德·诺思·怀特海：《过程与实在：宇宙论研究》，杨富斌译，中国城市出版社 2003 年版，第 40 页。

角——教学是由它的生成所构成的具有复杂性、非线性，然而又具有有机联系性的持续序列。关于教学过程，我们追问的应当是"教学是如何生成的"或"教学的存在是如何由其生成所构成的"，而不单纯是教学或教学过程是什么。每一个具体的教学情境，每一情境中的教学事件，每一个个体学生或教师的"点滴经验"，作为一个个的现实实有或现实事件存在于一个复杂的、相互依赖的关系网络之中，存在于自身的生成过程之中，从而使教学成为一个处于不断生成、转化过程中的持续序列。

教学过程的有机关联性与内在生成性，决定了目标与过程、过程与结果之间的复杂关系。目标内在于过程并不断生成新的目标，过程孕育结果并不断开启新的过程，它们就这样在彼此"摄入"与"关联"的过程中不断转化与生成。"在提倡、支持、利用回归性的课程中，没有固定的起点和终点。如杜威所指出的，每一个终点就是一个新的起点，每一个起点来自前一个终点。"①教学的起点与终点的设定尽管具有人为预设性，但这种"人为预设"并非教师的任意操纵与控制，而是体现为事先预设与情境生成的统一。因为教学是由一个个的教学事件构成的，而教学事件在其内在驱动力的作用下构成了"起点—终点—起点"并具有回归性、关联性的持续序列，即形成了教学过程的运行趋势——"新的存在体总是包含过去的存在体于自身之中，并蕴含着向未来的转化过程"②。因而，教师应当顺应学生学习过程以及自身教学过程的自然之势促成结果与目标之间的转化，使每一阶段结果的实现和目标的达成再指向新的任务和目标。目标与结果即产生于行动之中，并随着学习情境、学习过程的变化而变化，随着教学事件的发生而生成。

教学的过程属性要求一种过程性评价观。侧重结果的以对照目标或标准为主要方式的量化评价，更多地与主导教学领域的那种线性的、易于量化的秩序系统相适应，它总是习惯于对学生的学习结果作出优劣等级的区分标志。但从学生的发展来看，这种追求清晰目标和量化结果的评价方式应当"让位于更

① ［美］小威廉·E. 多尔:《后现代课程观》,王红宇译,教育科学出版社 2015 年版,第 183 页。
② 陶秀璈:《儒家哲学和西方哲学》,中国社会出版社 2009 年版,第 215 页。

为复杂的、多元的、不可预测的系统或网络"①，以便于教师、学生或其他的评价主体能够从多个方面和角度解释具有复杂情境性、动态生成性的学习过程和教学过程。过程性评价顺应教学的过程属性，指向教学过程中每一个情境、每一个个体、每一个事件，这样的评价对于促进学生学习和发展具有不可替代的优势。对语文教学来说，评价学生对文本理解的程度，可以通过学生在特定言语情境中分角色朗读、表演课本剧、依据文本编写想象性故事、围绕某个主题辩论等考查学生的具体表现，学生的情境表现既是教学过程的一个组成部分，也是学习评价的一个过程。即便是评价学生的言语作品——已经完成的成果，仍然可以借用于过程性评价，比如学生本人作为评价主体参与评价标准和程序的制定，并且在评价的过程中依然可以根据教师、其他学生以及自我的评价意见进行修改，不断完善。

当然，过程性评价并不只是关注当下的教学情境，还要揭示出当下教学情境之于未来学生发展的意义。从过程哲学的维度看，宇宙中的每一个现实实有通过"积极摄入"和"消极摄入"，即在一种吸收、排除、整合、强化的过程中实现自身超越，使个体作为"主体—超体"而存在。同样的道理，教学过程中每一个"现在"都孕育着"未来"，未来的意义或者说目标是经由"现在"孕育生成的。正如"宇宙是一个由自我创造的事件组成的持续系列"②，教学也是一个由自我创造的事件所组成的持续系列，它存在一个较大范围的可能性，面临着当前的以及未来的多种选择。教语文，不只是教语言，也是教思维、教文化、教审美。过程性评价，不只是评价学生的语言文字应用，也是评价隐含在语言文字之中的思维方式、文化传承和审美能力。评价学生在具体情境中以语言运用为基础的讨论、演示、练习、操作等学习行为，不仅判断他已具备的现实能力和水平，而且也在引领他面向未来多种可能性的选择，比如思维过程、思维方式，以及学习习惯、方式、态度等决定他后续发展的内在要

---

① ［美］小威廉·E.多尔：《后现代课程观》，王红宇译，教育科学出版社2015年版，第3—4页。
② ［美］罗伯特·梅斯勒：《过程—关系哲学——浅释怀特海》，周邦宪译，贵州人民出版社2009年版，第3页。

素。即便是纸笔测试，同样可以采用具有生命力的开放性问题来激发学生的好奇心、想象力和持久的探究精神，学生可以在这样问题的启发下学会提出更多"增殖性问题（fertile questions）"，即一种"开放的、破旧立新的、丰富的、彼此联系的、有深意的、现实的"① 但未必是"尽善尽美"的问题。

比如，要求学生思考"学习今说"，谈论"小时候人们喜欢发问，长大后往往看重结论"这一社会现象，这类作文命题不只是考查学生的语言表达能力，还要通过学生作文判断学生隐含在作文中的思维方式、生活态度，以及面对现实、面向未来的思考力和想象力，体现出对学生、社会未来发展的关注和引领。"教育的任务不仅仅是传递'已经打开的盒子'里面的内容，更应当是培养学生对'尚未打开的盒子'和'即将打开的盒子'里面内容的好奇心。"② 评价，也是这样，不仅仅是让学生知道答案和分数、了解他人对自己学习过程及结果的评价意见，而是启发他提出新问题和寻求新答案的能力和方法。这就打破了仅仅把评价作为反映事实、判断主客观是否符合的传统观点，从而赋予评价以实践的品格，使它在解释复杂教学行为的基础上动态地、即时地引导学生的学习需要，并作为一种创造性力量建构学习过程与教学过程的意义，促进学生面向未来可能的发展。

三、过程性评价的生命维度

从生命哲学的维度看，教学是学生在教师引导下建构知识、增长智慧、发展精神的生命活动。在教学过程中，教师当然要传授知识，但传授知识同"跟行李箱里塞东西是两码事"，而学生学习也不是简单地接受知识，而是在特定教学情境中借助于已有经验建构知识的生命活动。杜威重视个体经验在知识获得中的作用，认为正是经验把作为能动的生物体的人和我们多变的环境联

---

① ［美］戴维·珀金斯：《为未知而教，为未来而学》，杨彦捷译，浙江人民出版社 2015 年版，第 88 页
② ［美］戴维·珀金斯：《为未知而教，为未来而学》，杨彦捷译，浙江人民出版社 2015 年版，第 18 页。

系起来。在他看来，"食而不化的'知识'贻害世界。一盎司经验所以胜过一吨理论，只是因为只有在经验中，任何理论才具有充满活力和可以证实的意义"①。所以，将所学知识与自身已有经验建立有机联系、形成自身内在知识体系的学习过程正是一种积极的知识建构过程。任何知识只是提供给学生的原始材料，只有经过学生的思考、运用、重构甚至质疑和批判，知识才能生成或转化为学生的生命智慧。有时候，学生在学校里学到知识并且通过了考试，但是走出校门之后发现那些知识并没有什么真正的用处。这是为什么？杜威分析说："这里的弊病在于，过去学习的教材是孤立的；就如同把知识放在不透水的互相隔开的船舱里一样。如果要问，这些知识的结果如何？知识到哪里去了？那么，正确的回答是：这些知识仍然保存在原来存放它们的封闭的船舱里面。"知识在实际的生活情境中不能发挥作用的根本原因，就是"当初学习的时候是互相割裂开来的，因而，这些知识同其他经验并没有什么关联"②。孤立的知识不能构成生命成长和智慧发展的要素，只有在与学生已有经验、生活情境相联系的过程中，在新的情境被理解、被应用的过程中，知识才具有它的生命活力，才能成为滋养学生生命的动力。

语文教学与学生的生活经验、生命成长具有天然的联系，包括人文知识在内的广义语文知识，容易整合进学生的生活经验，是在生活、生命情境中被学生所体验到的鲜活的、动态的知识。学生在特定的言语情境中自由地、灵活地运用语言文字，不只是培养一种言语技能，而且还要上升为言语智慧——一种得心应手运用语言的自由状态。怀特海说："智慧是把握知识的方式。它涉及如何处理知识，如何选择知识去解决相关问题，如何运用知识使我们的直接经验更有价值。对知识的这种掌握便是智慧，这是我们所能得到的最切身的自由。"③语文教学，不是单纯地让学生记忆、背诵语言文字，而是引导他们将语言文字化为自己的生命理解、生命表达、生命智慧。正因如此，语文教学才

---

① ［美］杜威：《民主主义与教育》，王承绪译，人民教育出版社 2001 年版，第 158 页。
② ［美］杜威：《我们怎样思维·经验与教育》，姜文闵译，人民教育出版社 2005 年版，第 265 页。
③ ［英］阿尔弗雷德·诺思·怀特海：《教育的目的》，赵晓晴、张鑫毅译，上海人民出版社 2018 年版，第 37 页。

彰显出它特有的生命特征和创造活力。

　　作为生命活动的教学不只是遵从逻辑的规则，而且也具有非逻辑、非理性的特征。教学的目的性、计划性、结构性都是教学遵从逻辑的表现，而教学过程中因出其不意的"干扰"而导致的偶然性、无序性、未知性则是教学非逻辑、非理性特征的表现。学生的学习过程既可能是具有逻辑性、条理性的可控状态，也有可能是非逻辑、模糊性的不可控的混沌状态。从混沌状态看，从"物"到"意"、从"意"到"言"的语言表达，从"言"到"意"、再从"意"到"物"的语言理解，都会产生难以表达、难以理解的困惑，而教学同样也会受到学生学习困惑或其他偶发性事件的影响。但是，真正的教学不是回避这种干扰，也不担心学生学习的混乱和无序状态，而是把这些干扰性因素作为激发思维、提高能力、培养智慧、发展精神的契机。对于具有智慧的教师来说，他会通过创造条件让干扰因素引起学生学习的"自组织"："这要求课程具有丰富的多样性、疑问性和启发性，并且需要达成一种促进探索的课程气氛——这本身便是走向发现的一步。只有当环境具有足够的丰富性、开放性以便促成多重用途、解释和观点之时，干扰才能够引起自组织。"[①] 有教师教学《丑小鸭》一课，在课堂教学即将结束时，学生发出疑问：丑小鸭并没有经过什么"不屈的奋斗"，它本来就是白天鹅，这是由它的遗传基因决定的，不管它努力不努力，白天鹅永远是白天鹅。这样的课堂是真实的课堂，是允许学生发出不同声音的课堂，是允许学生思维暂时混乱的课堂。面对学生困惑，教师应当给予"自组织"时间。干国祥引导学生讨论丑小鸭是否有过努力，如果不经过努力是否会成为有着"高贵心灵"的白天鹅。他说："把课堂视为一个学生建构自己思想与语言的动态的场……把学习视为一个学生内部的通过外在关系消解他原有思维—语言模式进而建构新的语言—思维范式的过程（这一过程始终在不平衡与不稳定中）。"[②] 从旧的语言和思维方式转向新的语言和思维方式，是在不平衡、不稳定中寻求新的平衡和稳定的过程，如果给予学生足

---

　　① ［美］小威廉·E.多尔：《后现代课程观》，王红宇译，教育科学出版社2015年版，第169页。

　　② 干国祥：《破译教育的密码》，长春出版社2005年版，第112页。

够的"自组织"时间，让他们自由地思考、试探性地言说、相互交流总结，就有可能实现自我反思、自我修正，并逐步形成清晰的思维框架、发展起自己的言语智慧。

如果说教学的重心在于具体情境中的转知成智，教学的生命活力在于不断经由"干扰"趋向"自组织"的思维过程，那么，将学生的学习结果与评价标准相对照的终结性鉴定式评价，显然无法适应这样的教学需要，因为它无法对教学中学生的思维活动、智慧生成、精神发展等过程性因素加以解释和评定，也无法对教学过程中个体生命的动机、态度和学习自觉性、自制力等情感性、意志性因素，以及联想、想象、直觉、灵感等非理性因素加以评价和引导。实际上，教学中的学习评价，根本目的不在于对学生的学习成果评定等级，而在于促进学生生命的发展。过程性评价贯穿于教学全过程，在实际的教学情境中师生经由协同对话获取学习信息、教学信息，对学生学习过程中运用知识解决问题的能力以及伴随这一过程的动机、态度、意志等因素，对教学过程中可能出现的干扰性、偶发性、无序性因素以及趋于自我平衡的"自组织"过程，加以即时、动态、全面地解释、分析和判断，以促进学生知识内化与智慧形成。这对于促进学生全面发展与生命建构具有不可替代的作用。过程性评价不只是评价学生学习过程中记忆、理解、应用、分析、评价、创造等认知过程，也要评价联想、想象、直觉、灵感等非理性因素，以及动机、情感、意志等伴随认知过程的非智力性因素。也就是，过程性评价，不只是对学生的学习成果进行评价，更要评价其产生结果的复杂的学习过程。

作文评价既可以考查学生的语言能力、思维能力，还可以考查其写作动机、写作情感和写作兴趣。过程性评价就是一种具有适切性、引领性的评价方式。教师熊芳芳为学生提供具有思辨性、独特性、时代感的作文题目，在审题上重视对学生审智、审美的指导，在构思过程上主张学生的联想、想象，她试图通过这样一些改革激活学生的写作思维。① 她在写作教学中为学生提供言说

---

① 　熊芳芳:《生命语文课堂观察》,漓江出版社 2017 年版,第 155 页。

的情境，比如通过围绕某个主题的讨论判断学生的思维过程和伴着思维过程的非认知性因素。一次以"孝·爱"为主题的作文"导思"课上，熊芳芳为学生提供了一组关于"孝"的材料，自孔子至鲁迅，自古代"二十四孝图"到当代大学生"孝亲"的感人事迹等，以故事、漫画或绘本的方式呈现给学生，而这些材料关于"孝"的见解并不相同。学生依据材料、围绕主题自由讨论，分析材料、理清思路、论证观点的过程，也是渗透情感、审美和哲思的过程，以至于有学生在讨论绘本《苹果树》所表现的"父母爱"与"子女孝"的关系时"眼眶里满含着泪花"。① 这样的写作教学课，既是教学指导也是对学生写作过程的评价。在这一过程中教师将学生的思维、思维的碰撞、思维碰撞的"自组织"，以及贯穿其中的情感、审美等因素等纳入评价，实现了评价与教学的一体化。一次考试作文讲评课上，熊芳芳在展示学生作文的同时，让学生思考和讨论"痛而言""痛而不言""痛而善言""痛而不善言"等思辨性的话题，评价学生选择和表达观点的思维过程。② 这样的作文讲评课，实际上也可以理解为"导学课"。思辨性的话题，暂时将学生的思维打乱，使之进入"不再""尚未"的暂时混乱而又渴求新的理解的一种"愤""悱"状态，进而催生一批有创意、有思想的新作品。所以，教师的"导学"是评价，而教师的评价也是在"导学"，在评价与教学一体化的过程中引导学生的思考和体验，从而促进学生审智与审美的和谐发展。

作为促进生命发展的过程性评价已经不是单纯地由教师来评价学生，而是师生共同围绕教学任务所进行的对话交流。其中，不乏学生的自我评价，对于存在于学习过程的混沌状态以及情感过程、意志过程的描述、解释与判断，自我评价具有教师评价所无法替代的优势。过程性评价同样存在评价标准，但是作为以促进发展为目的的评价，过程性评价标准不是事先给定的、固定化的唯一标准，而是内在于教学过程之中，随着教学的推进、信息的收集和解释而发生相应变化的多元化、个性化、生成性的评价标准。这是因为，学习中从知识

---

① 熊芳芳:《生命语文课堂观察》,漓江出版社 2017 年版,第 175 页。
② 熊芳芳:《生命语文课堂观察》,漓江出版社 2017 年版,第 184 页。

向智慧转化的过程、教学中由无序向有序转化的"自组织"过程，既是教学活动的超越性表现，也是学生个体生命的超越性表现。而为了促进智慧转化与生命发展的评价标准，不但相对于不同个体会有不同的评价标准，即便是相对于同一个体也会因教学情境的变化、个体发展需要的变化而发生相应的变化。魏书生的学习评价体现的正是这样一种改革趋势，他让学生自己出试题、自己留作业，在满足基本要求（如每天500字的作业量）的前提下试题内容、作业形式可以因人而异，答卷、作业也不是由教师批阅，而是学生自我批阅、相互批阅等。这样的评价，学生既要评价自己也要评价他人，最终形成他学习和评价的主体意识。学生成为评价主体，但教师并没有忽视评价标准。有的评价标准是学生自己制定的，比如自己出的试题、自己留的作业、自己制定标准；有的是教师与学生商量制定评价标准，比如作文评分和写评语的10条标准。[①]魏书生的这些评价是以优化学习过程、促进学生生命发展为目的的过程性评价。他说："教师让学生做任何一件事，都应该使学生觉察到心灵中有一种美感、幸福感、自豪感。这种美感、幸福感和自豪感就能成为学生继续做同类事情的动力源泉。"[②]过程性评价，正因其关注学生主体意识，将动机、情感、意志等因素融入知识学习之中，才成为促进全面发展、建构完满生命的一种不可或缺的力量。

钟启泉教授认为，过程性评价是内在于教学过程的评价，评价即教学，教学即评价："'教学与评价的一体化'，即重视评价在整个教学过程中的作用，使评价最大限度地有助于改进教学。……一是指'作为过程的评价'，这是从'评价助教学'这一意义上的一体化；二是指'作为教学的评价'，这是从'评价即教学'，即评价本身拥有教育功能这一意义上的一体化。"[③]评价与教学的一体化，使评价不再局限于某种具体的、固定的评价方式，而是随着教学

---

① 魏书生：《教学工作漫谈》，漓江出版社2014年版，第51—52页。
② 魏书生、陶继新：《享受学习——魏书生与陶继新的教育智慧》，福建教育出版社2016年版，第85页。
③ 钟启泉：《击破学习评价的"软肋"——对基础教育课程改革中评价问题的思考》，《中国教育报》，2007年10月20日。

过程的推进、随着具体情境的呈现，更加灵活多样地激发学生的学习动机、学习兴趣，提升学生生命价值，让学生在知识探究过程中体验到"历险"与"发现"的快乐。这就是过程性评价对学生生命发展的关怀和引导。

第二节 基于核心素养的学习评价

评价既是一种价值判断，也是一种理解与解释活动，它不是评价者对评价对象的客观反映，而是带有评价者理解意图和引领作用的描述、解释及价值判断活动。"语文学科核心素养是学生在积极的语言实践活动中积累与构建起来，并在真实的语言运用情境中表现出来的语言能力及其品质；是学生在语文学习中获得的语言知识与语言能力，思维方法与思维品质，情感、态度与价值观的综合体现。"[1] 语文学科核心素养，既是教学的目标和方向，也是评价的目标和方向。对于语文教学来说，学习评价应当致力于全面提高学生的语文学科核心素养。

一、评价主体：学生的自评与互评

学习评价的主体应当是多元的，既有课程专家、教师或他人对学生学习的评价，也有学生的自我评价和相互评价。以促进学生学习发展为目的的评价，应当重视学生在自我评价和相互评价中的主体作用："学"中渗透"评"，"评"即是"学"。学生的自评与互评有助于学生关注自我学习的内在品质，促进核心素养的自我提升。

第一，引导学生自我评价。学生的自我评价在其学习过程中具有不可替代的作用。学习过程既有实现外在于目的的手段价值，也有其内在的、自足的价

---

[1]　教育部:《普通高中语文课程标准》(2017 年版 2020 年修订)，人民教育出版社 2020 年版，第 4 页。

值。学生学习活动的内在价值，需要一种与之相适应的自我评价。杜威说："作为一种欣赏的实现，每一事都有内在的价值。每一事在生活中都占一特殊的位置，每一事有它自己的目的，没有别的东西可以替代。这里不存在比较价值的问题。"① 语文学习的内在价值表现为学生对语言文字及其所蕴含文化的理解、运用以及贯穿在这一过程中愉悦的情感体验。如果说每一名学生在语言文字理解和运用中获得的体验、建构的意义世界是不同的、不可替代的，那么语文学习评价的主体应当首先是学生本人。教师既不能以自己的理解代替学生的理解，也不能以自己的体验代替学生的体验，更不能以自己的评价代替学生的评价。真正的主体性评价来自学生个体的自我评价、自我反思、自我改进。过程性评价应"发挥多元评价主体的积极作用"，并"充分尊重学生的主体地位，关注学生在兴趣、能力和学习基础等方面的个体差异，引导学生开展自我评价和相互评价"。② 引导学生自我评价，是尊重学生个体学习差异、促进其差异化发展的教学表现。

任何评价都需要评价的质量标准，学生自评同样需要质量标准作为参照。学习质量标准，既可以是对学科学习结束后学习成果的描述，也可以是过程性、阶段性的学习表现要求；既可以来自课程专家、课程标准、教师的研究，也可以来自学生对自我学习的要求。但不论哪一个层次上的质量标准，都应当具有自我发展的诊断性、导向性，且能够为学生所理解和操作。《普通高中语文课程标准》从语言建构与运用、思维发展与提升、审美鉴赏与创造、文化传承与理解四个维度提出了学生学业发展的质量标准，既涵盖了知识、技能、方法等外显性的质量标准，又描述了动机、态度、思维等内隐性的质量要求。学生的自我评价，需要将不同阶段的质量标准化为自己学习的目标和自我评价的具体参照。

质量标准与课程目标、课程内容既有联系又有区别。课程目标指示学生学习的方向和目的，课程内容明确的是知识、技能、态度等学习的内容领域，而质量标准则是学生学习表现所达到的程度，也就是"为什么学""学什么"

---

① ［美］杜威:《民主主义与教育》,王承绪译,人民教育出版社 2001 年版,第 257 页。
② 教育部:《义务教育语文课程标准》(2022 年版),北京师范大学出版社 2022 年版,第 47 页。

"学到什么程度"的具体要求。三者的联系在于课程目标要由课程内容来落实，课程目标与课程内容的落实程度要由质量标准来检验。可见，质量标准是确保学习效果的标尺。对学生学习来说，质量标准既是学生自我评价的要求，也是对学生学习过程的引领。比如，《普通高中语文课程标准》第一级水平"语言建构与运用"维度的质量标准：

> 有主动积累的意识，不断扩展自己的语文积累，能对学过的各类语言材料进行归类；留心观察生活，记录对生活的观察和感受；能主动将自己的积累用于语言理解和表达。能注意语境与交流的关系，能根据具体的语言环境理解语言，能凭借语感和积累及时调整自己的语言表达，力求使语言表达准确清晰。有反思和总结自己语文学习经验的意识，关注语文学习方法的学习。[①]

该条质量标准，包括了语言积累、梳理、理解、表达以及学习反思等方面的要求，这是学生在这一阶段关于"语言建构与运用"这一核心素养发展应达到的学业水平。这些质量标准是对学生阶段性学习成果的要求，也是学生自我发展、自我评价的参照坐标。在该阶段学习过程和学习结束后，学生应当对照质量标准评价自己的"语言建构与运用"水平：积累和掌握了哪些汉字、词语、短语、典故、句式，是否能够在特定语境中识别、理解、应用它们；如何将语言的积累运用于语言理解和表达，在阅读与理解中遇到了哪些特殊的语言现象，作了怎样的探究；自己观察和表达生活的方式是什么，是否形成了写日记、周记或随笔的习惯，有哪些代表性的作品；学习语言的方法、经验或反思有哪些，如何评价语言学习的效果；等等。这些"评"即是"学"，"学"也贯穿了"评"，有助于形成学生受益终生的语文学习方法、技能和习惯，也有助于增强学生语言规则和言语运用的敏感性、灵活性，形成他们的语感和言语智慧。

---

① 教育部:《普通高中语文课程标准》(2017年版2020年修订),人民教育出版社2020年版,第35页。

根据安德森"元认知知识"的观点，学生在学习过程中的自我评价，也是在获取"元认知知识"。"元认识知识是关于一般认知的知识以及关于自我认知的意识和知识。"① 从语文教学的角度看，应当包括："策略性知识"，学生不仅能够积累汉字、词语、句式，而且知道根据不同的标准进行归类，比如魏书生引导学生"画知识树"的方法；"关于认知任务的知识"，学生知道应当根据语境来理解或表达语言，比如一词多义或古今异义需要在不同的语境中辨析；"关于自我的知识"，学生对自己语文学习中的强项和弱项、学习效果等具有清醒的认识，比如他知道自己的演讲、辩论等口语表达与书面表达方面存在的差距等。可以看出，学生的自我评价形成了他的"元认知知识"，成为促进自我学习、自我发展的重要力量。

自我评价，既包括一个学业阶段结束后的结果式评价，也包括学习过程中的过程性评价。据姚梅林等人的研究，不同自我评价方式对高中生写作有不同的影响，而"写作结果与写作过程的综合自我评价对写作活动的促进效果最好"，这是因为"综合的自我评价使得学生能够充分地利用有关写作结果的准确、具体而全面的信息反馈，来有的放矢地监控、调整自己的写作过程，避免了写作过程的盲目性和形式化，由此促进了写作成绩的改善"。② 学生对照质量标准的自我评价可以对其学习的过程和学习的结果产生积极影响，渗透在学习过程中的评价意识与评价行为，可以即时地、动态地调整他的学习行为、学习策略，以期产生更好的学习效果。

第二，评价走向对话与交流。强调学生自我评价，并非要淡化教师评价、学生互评的作用。事实上，师生可以共同构建对话式的评价模式。对话式评价是师生双向交流的评价，是教师与学生、学生与学生共同创作和评价教学文本的过程。所谓教学文本，在一些学者看来，就是"在教学沟通的过程中生产和接受的，可以视为会话文本与读写文本，以及对话文本与独白文本的总

---

① ［美］洛林·W.安德森：《布卢姆教育目标分类学：分类学视野下的学与教及其测评》，蒋小平、张琴美、罗晶晶译，外语教学与研究出版社 2009 年版，第 42 页。

② 姚梅林、徐守森、杨永宁：《不同自我评价方式对高中生写作的影响》，《心理发展与教育》2006 年第 1 期。

体"，是"教师与学生一起合作创造的极其复杂的产物"。① 学生在学习过程中产生的各类习题、试卷、笔记、作品、总结等，都可以视为教学文本，这是评价学生学习的文本依据。在传统意义上，评价就是教师对已经完成的学习成果打上分数、区别开优劣档次或者写上评语，但这是一种单向的评价方式。这种评价方式，评价了结果却忽视了过程，关注了教师感受却忽视了学生体验。与此不同，师生的对话式评价不但可以面对已经完成的作业进行评价，而且还可以在评价过程中共同创作完成作品。从这个意义上说，评价与教学、学习是一体化的。这不只是指试卷讲评课、作文讲评课之类教学、学习与评价的一体化，而是说任何课程内容的教学、学习都可以上升为教、学、评的一体化。师生的教学对话，如果涉及对学生学习效果的解释、判断和促进，那么这种对话也就是一种评价。"通过与学生的交谈，教师可以获得关于学生学习状况的大量有用信息。我们很少把人际交流看作一种'评价'，但事实上这就是一种评价方法。"② 随着师生对话的结束，共同的学习结果——比如一篇习作、一份讨论提纲、一份试卷，甚至一篇课文或一部作品的心得体会，都会作为共同创作的教学文本呈现出来。

师生交流互动的评价，实现了教、学、评的一体化，对于教和学都可以起到相当大的促进作用。在教学过程中贯穿评价，可以随时引导学生对自己的学习行为和学习结果进行反思和矫正，使自我评价的结果得到即时性反馈；而师生在教学过程中共同协商确定评价标准的过程也是不断激发学生新的学习动机的过程，随着一个学习目标的达成，又以一个新的评价标准引领方向，启发学生开启新的一轮学习。这是教、学、评一体化的重要作用。"发达国家的课堂教学多年来一直在倡导'教学与评价的一体化'，即重视评价在整个教学过程中的作用，使评价最大限度地有助于改进教学。"③ 师生共同面对评价对

---

① 钟启泉、崔允漷、张华：《为了中华民族的复兴 为了每位学生的发展——〈基础教育课程改革纲要（试行）〉解读》，华东师范大学出版社 2001 年版，第 210 页。

② ［美］斯蒂金斯：《促进学习的学生参与式课堂评价》（第 4 版），国家基础教育课程改革"促进教师发展与学生成长的评价研究"项目组译，中国轻工业出版社 2005 年版，第 196 页。

③ 钟启泉：《读懂课堂》，华东师范大学出版社 2015 年版，第 139 页。

象——学生的学习，对包含在学习过程与学习结果的各类信息分别从教与学两个角度加以解释，既是对学生学习行为、学习方式的动态性调整和优化，也是对教师教学过程的即时性调整和优化。比如一节作文指导课，既可以作为课堂教学来看待，也可以作为课堂学习评价来看待。作文指导过程的每一步，都可以贯穿评价：第一步，师生共同协商确定写作的目标或评价标准，这是方向性要求，是学习与评价活动的前提；第二步，教师从审题、立意、选材、结构、语言等方面组织讨论制定标准，师生相互启发；第三步，引导学生对照标准对自己的初步思考进行评价和判断；第四步，学生进入独立写作阶段，贯穿自我监控和调整的元认知因素；第五步，师生以学生创作的某一作品为例，引导修改、润色；第六步，推出共同创作的好作品，并为作品写评语；第七步，学生对自己完成的作品修改、润色，装入档案袋，教师帮助推荐发表……这一系列的过程，是在师生的对话交流中完成的，既有教学上的引导，也有对学习过程的评价，在教、学、评一体化中促进学生写作能力的提高。随着教学与评价过程的结束，学生具有代表性的言语作品——也可以视为师生共同合作的教学文本——创作完成。

二、评价内容：隐性学力纳入评价

学习评价应当是对学生综合学力的评价，包括知识、能力、态度等方面的评价。狭义上的语文知识是指以事实、概念、原理、规则等形式存在的关于言语活动的陈述性知识即"是什么"的知识。广义上的语文知识是关于言语活动的陈述性知识和程序性知识，其中程序性知识是"规则运用"[1] 的知识，它包括言语活动中的智慧技能（"利用符号做事"的能力[2]）、动作技能（如书写、朗读等活动中协调肌肉运动的能力）和认知策略（"调节和控制其他学习

---

① ［美］R·W·加涅等:《教学设计原理》(第 5 版修订本),华东师范大学出版社 2018 年版,第62 页。

② ［美］R·W·加涅等:《教学设计原理》(第 5 版修订本),华东师范大学出版社 2018 年版,第50 页。

过程的内部指向的控制过程"①，如调控注意、记忆、思维的方法和认知策略）。语文能力是指运用语言符号进行言语活动的专门能力，是将语文知识、语言符号和言语规则转化为言语技能、言语智慧的综合实践能力。态度是"一种影响个体对人、对物、对事的行为选择的内部状态"②，对语文学习来说，就是学生在言语活动过程中表现出来的动机、情感、意志等内部反应状态和价值观念。

广义上的语文知识——包括智慧技能、动作技能、认知策略的语文知识，围绕知识学习所形成的认知能力——体现在记忆、理解、运用、分析、评价、创造认知维度上的能力，以及贯穿学习过程、内含在知识中的情感态度，构成了学生的学力。"学力是在它的主体侧面（学习主体的动机、兴趣、意识、主体性等等）和客体侧面（客体化了的教育内容）的结合统整之中，作为'活生生起作用的力量'，作为主体的、实践的人的能力而形成的。"③ 语文学科核心素养的提出，不只是着眼于满足语文学科知识的获得，更体现出学生综合学力的培养。作为学习评价，应当是对学力的整体性评价。但传统的评价观，将考查和测评的重点放在了字、词、句、篇、语、修、逻、文的陈述性知识上，在能力考查层面上仅仅限于外显性的听、说、读、写的表层技能；而认知过程中内在的思考力、判断力、创造力等思维品质以及隐含在知识中、贯穿于学习过程中的动机、兴趣、意志等，往往在评价中被忽视。其实，隐含在认知过程中的思维方式、情感态度即相对于陈述性知识和浅层次技能的深层"隐性学力"，更需要通过评价来把握和调整。林崇德教授谈到核心素养的评价时说："在评估上，核心素养具有可教、可学的外显部分，同时也存在无声、无形但可感、可知的内隐部分"，而对于后者，"则偏向于一种潜移默化的隐性渗透

---

① ［美］R·W·加涅等：《教学设计原理》（第 5 版修订本），华东师范大学出版社 2018 年版，第 138 页。

② ［美］R·W·加涅等：《教学设计原理》（第 5 版修订本），华东师范大学出版社 2018 年版，第 92 页。

③ 钟启泉：《现代课程论》（新版），上海教育出版社 2015 年版，第 258 页。

过程，需用一些定性的、过程性评价方式进行评估"。① 隐含在知识学习过程中的那些深层的认知方式、情感态度需要一种不同于以清晰量化为目的的描述性、可观察、多样化的评价方式。

适应核心素养发展要求，语文学习评价不应只是评价学生的语言建构与运用能力，还要将贯穿于语言文字运用中的思维、审美、文化等方面的素养纳入评价范围。任何知识学习的背后都隐含了能力的要求，而任何能力的发展也必定伴随了情感、态度和价值观。因而，促进学科核心素养发展的评价，更倾向于在具体的言语活动情境中对知识、能力、方法、态度等进行综合性考查。即便是标点符号的学习和运用这样的知识点，其背后的支撑要素仍是语言的理解、思维的判断、态度的选择。"厩焚。子退朝，曰：'伤人乎？'不问马。""厩焚。子退朝，曰：'伤人乎？''不。'问马。"两种标点方法，不只是语文知识的运用，也隐含了内在的情感态度和价值判断。

虽然纸笔测验的评价方式对于考查具体语用情境中学生的技能表现、思维过程、认知策略、情感体验等隐性学力存在局限性，但作为教师或评价者仍然可以通过提高命题或作业设计的灵活性、增加更多的弹性空间以达到考查评价隐性学力的目的。"稳步推进中高考改革，构建引导学生德智体美劳全面发展的考试内容体系，改变相对固化的试题形式，增强试题开放性，减少死记硬背和'机械刷题'现象。"② 实际上，作为人文学科的语文，其纸笔测试相对于其他学科，应当具有更大的开放性，学生持有不同的思维方式对那些以语言文字方式所呈现的人文问题就可能有不同的解答方式。教师完全可以通过开放性命题考查学生综合运用知识的能力和隐含其中的思维方式、认知策略。比如，考查学生理解唐代诗人韦庄的诗《纪村事》："绿蔓映双扉，循墙一径微。雨多庭果烂，稻熟渚禽肥。酿酒迎新社，遥砧送暮晖。数声牛上笛，何处饷田归。"试题要求：诗有"数声牛上笛"，有人觉得"数声"改为"一声"更

① 林崇德：《林崇德教育演讲录》，人民教育出版社 2015 年版，第 191 页。
② 中共中央、国务院：《深化新时代教育评价改革总体方案》，http://www.gov.cn/zhengce/2020-10/13/content_5551032.htm。

佳，你同意吗？请结合诗句说明理由。比如，比较王勃《秋江送别》与王昌龄《送柴侍御》两首诗，同是送别，王勃诗中有"谁谓波澜才一水，已觉山川是两乡"，而王昌龄诗中有"青山一道同云雨，明月何曾是两乡"，要求考生分析后者"翻新脱妙"的妙处？① 比如，试题要求考生阅读朱光潜《诗论》谈"拉奥孔"、钱锺书《读〈拉奥孔〉》两个材料后，提供了嵇康的两句诗，分析顾恺之所评论的"手挥五弦易，目送归鸿难"的道理。② 让学生通过比较欧阳修的《画眉鸟》（百啭千声随意移，山花红紫树高低。始知锁向金笼听，不及林间自在啼）与文同的《画眉禽》（尽日闲窗生好风，一声初听下高笼。公庭事简人皆散，如在千岩万壑中），分析"画眉鸟所起的作用"有什么不同。③ 这样的评价，尽管是纸笔测试，但学生同样可以在语用情境中展示他们对语言的理解和应用过程以及隐含其中的思维方式，而学生的作答并不会受某个答题方向或固定结论的约束，完全可以见仁见智。因此，开放性试题的意义不在于学生填写什么样的答案，而在于是否能够充分展示他们答题的思维过程和独立性、创造性、批判性的思维方式。当一种命题方式为学生提供多角度理解的空间，调动学生综合运用知识、多种方法解决问题的能力，那么它也就在考查学生包括隐性学力在内的综合学力。

三、评价方式：表现性评价的力量

当然，纸笔测验对于学习过程与学习态度的评价，相对于表现性评价，局限性还是比较明显的，因为纸笔测验是通过结果推知过程，难以直接观察到学生在学习过程中知识运用情况以及伴随其中的思维方式、情感态度等。表现性评价对于"学习祖国语言文字运用"的综合性、实践性课程来说，能够在言语情境中综合考查学生的语用能力、思维方式、情感体验，有利于促进学生核

---

① 参见 2020 年高考语文试题天津卷、浙江卷。
② 参见 2021 年全国高考语文试题新高考 Ⅰ 卷。
③ 参见 2022 年全国高考语文试题甲卷。

心素养发展。什么是表现性评价？在具体情境中通过观察和分析学生的学习行为和结果对其知识理解、应用等认知能力和伴随其中的情感态度等作出解释、判断和发展引领的活动，就是表现性评价。知识运用、技能表现、思维运行、情感体验等，都适合于表现性评价。将不可见的认知、动机与态度等学习变化的过程外显化，再根据外显的行为表现和作品等来揭示其变化过程，并做出教学或学习策略的调整，这是表现性评价的优势。

　　语文课程是语言理解与运用的课程，而理解从根本上讲是人的自我理解，是人置身于现实情境的应用。从这个角度说，语言的理解和应用，也是在具体的言语情境中以言语活动的方式生成意义，建构具有个体经验特征的人文知识，形成和发展语言运用的能力。因此，具有情境性的表现性评价，对于全面、立体考查学生的知识、能力和态度尤为重要。口语交际、阅读理解、写作训练、综合性实践以及各种学习任务群等活动情境，既是学生学习的情境，又是评价学生实际表现的情境。苏霍姆林斯基经常带领孩子们走向大自然，进行环球"旅行"，读上一页"大自然的书"，他称"大自然"是学生要学习的"词"的源头。这里，他所强调的"大自然的书"，就是他为学生提供的具体而鲜活的学习情境，也是评价学生实际表现的情境。他说："要把自己的学生从书本和思考引导到活动，再由活动引导到思维和词。活动应当转变为学生自己的思想，而自己的思想则应当通过词表达出来。"他所说的学习活动是什么呢？用他的话来说就是，"应当让你的学生讲故事，发表议论，汇报他亲手做过的事情，讲述他观察到的事物"①。可以看出，学生的这些活动既是一种学习行为上的表现，也是以具体情境中的表现接受评价，而这种评价既评价其知识的获得也评价其言语能力的发展，既是教师对学生的评价也是学生的自我评价。

　　对写作教学来说，表现性评价是在学生写作过程中对其思考力、判断力和表达力的判断，也是对写作思路、写作策略、写作态度的一种引导。教作文，

---

① ［苏］苏霍姆林斯基：《给教师的建议》，杜殿坤编译，教育科学出版社1984年版，第43页。

实际上就是教思路、教方法。写作前的作文指导课与写作后的作文讲评课，应当是一个前后衔接的评价过程。写作前，师生讨论确定写作范围，商定作文的质量标准，学生根据题目要求、质量标准和预设的目标读者，构思写作主题、列出写作思路。这个过程就应当贯穿教师、学生、自我等多元主体的评价。写作过程中，学生根据评价受到的启发，调整和优化写作思路，写草稿、改草稿、评草稿，最终成就一篇满意的作品。表现性评价的效果，就这样显现出来。黄厚江在教学实践中把作文看作"大家一起讲故事"，并将其定义为"共生写作"：共生写作就是大家一起写作文，就是老师带着学生一起写作文。[1]作文讲评课，是评价也是教学，每一次课都可以在表现性评价中让作文"升格"。课上为学生呈现"样本"，师生聚焦问题，共同探讨解决问题的路径，学生根据讨论的方案现场修改，实现作文的再度提升：可以是个体提升，也可以是群体提升；可以是作文某一方面的提升，也可以作文的整体提升；可以是再次提升，也可以是多次提升。[2] 在教、学、评一体化的指导过程中，学生内在的思维、写作的策略和态度表现出来，并经由评价的启发实现写作过程的优化和作品质量的提升。

表现性评价还有一个优势，就是能够评价隐含在知识中、贯穿于学习过程中的情感态度。秋天的果园里，在真实的言语情境中，孩子们借助刚刚学到的词、词组认识周围的世界，进行思考、创作，他们享受到了用词思考和创作的快乐："儿童在学习思考，得到一种无可比拟的思维的欢乐感，从认识中得到了享受。"[3] 这是苏霍姆林斯基对学生的学习引导。可以看出来，表现性评价不只是评价学生发展和形成了怎样的言语技能，在"真实情境"创作了什么样的言语作品，而且还要评价和发展学生的情感态度：

---

① 黄厚江:《从此爱上作文课——著名特级教师黄厚江中学作文教学智慧》,漓江出版社 2015 年版,第 189 页。
② 黄厚江:《从此爱上作文课——著名特级教师黄厚江中学作文教学智慧》,漓江出版社 2015 年版,第 142—143 页。
③ [苏]苏霍姆林斯基:《给教师的建议》,杜殿坤编译,教育科学出版社 1984 年版,第 143 页。

我们希望我们的学生不仅仅成为一个写作能力很强的人。我们的最终目的是让他们具备写作的愿望。如果他们看不到写作的价值，他们就不会应用他们已经获得的这些技能。如果我们不能让他们感受到阅读的巨大乐趣，我们想要帮助他们成为出色的阅读者的目标就不能真正实现。①

解释、评价隐含于学习过程中的情感态度，对于纸笔式评价来说具有一定的难度，但真实情境中的表现性评价则可以弥补这一不足。表现性评价的情境性、过程性决定了它可以在评价表现技能与学习成果的同时，实现对情感过程、意志过程及个性倾向性的评价。苏霍姆林斯基一再强调评分是有分量的，不要轻易给学生打不及格的分数，如果学生学不懂，那么教师就要想办法与学生交流，"如果我跟他一起解除了他的苦恼，他就绝不会欺骗我。我叫他自己把分数写进记分册，这给他一种自豪感和尊严感"②。表现性评价，不是为了甄别学生水平的差异，而是让学生在他原来的基础上得到提高，而且激发其伴随学习过程的愉悦感和克服困难的自豪感。

总起来看，表现性评价关注学习的过程，是一种以促进学生全面发展为目的的过程性评价。随着核心素养发展的要求，表现性评价作为一种贯穿于教学过程中的评价方式，能够即时地、动态地优化学生的学习行为与教师的教学策略，发挥其在促进核心素养发展中的引领作用，具有其他评价方式所不可替代的优势。当然，任何一种评价方式都不可能是完美的，必定存在某种局限性。表现性评价更多的是质性描述、解释，难以精确地量化、客观化，在评价的信度、效度等方面难以达到纸笔测试的精确度。但作为语文教学来说，适应语言建构与运用的应用性、实践性特征，把握语文课程的人文内涵，以真实语用情境中的表现性评价为基础整合其他评价方式，有利于高效地促进学生学科核心素养发展。毕竟，"传统的纸笔测验不可能测评'真正的学力'，而靠记忆力

---

① ［美］斯蒂金斯:《促进学习的学生参与式课堂评价》(第4版)，国家基础教育课程改革"促进教师发展与学生成长的评价研究"项目组译，中国轻工业出版社2005年版，第220页。

② ［苏］苏霍姆林斯基:《给教师的建议》，杜殿坤编译，教育科学出版社1984年版，第317页。

支撑的'应试学力'——同现实生活脱节的碎片化知识点的堆积，即便再多，也是苍白无力的"①，评价改革必须指向核心素养的发展，而发展学生的核心素养，重要的不是记忆力、再现力，而是在复杂的现实情境中探究和解决问题的能力。

第三节　学习评价的反思与超越

"教育既有培养创造精神的力量，也有压抑创造精神的力量。"② 我们的教学应当是反思性教学，也就是要看到教学可能存在的对创造精神的压抑性力量。我们可以把这种教学反思理解为解释学反思，也就是我们在传统中所进行的批判性对话，不是与传统相决裂，而是建立起传统与现在、未来的新关联，致力于构建一种面向未来具有引领性、超越性的评价方式。教育家保罗·弗莱雷认为，除非双方进行批判性思维，否则真正的对话也无从谈起，只有要求进行批判性思维的对话才能产生批判性思维。③ 批判性思维孕育了建设新课程的力量。

一、追问知识：超越事实性知识的评价

学习评价的内容是学生知识学习的过程和结果，即学生从课程学习中获得哪些知识与技能、掌握什么样的学习方法、培养什么样的学习方式和思维方式、形成什么样的学习态度与人生体验等。评价的这些内容就是广义上的知识，而不仅仅是事实性知识。安德森在修订布卢姆教育目标分类理论时将知识

① 钟启泉：《从"知识本位"转向"素养本位"——课程改革的挑战性课题》，《基础教育课程》2021年第6期。

② 联合国教科文组织国际教育发展委员会：《学会生存——教育世界的今天和明天》，教育科学出版社1996年版，第188页。

③ ［巴西］保罗·弗莱雷：《被压迫者教育学》（30周年纪念版），顾建新等译，华东师范大学出版社2001年版，第41页。

划分为事实性知识、概念性知识、程序性知识和元认知知识。其中，事实性知识，即"学生通晓一门学科或解决其中任何问题所必须了解的基本要素"①，包括术语知识、具体细节和要素的知识。语文学习评价，当然要评价学生掌握的知识，但如果仅限于这类知识，就会束缚、固化学生的思维。比如，某个版本的教科书，安排了一个"演讲辞"单元，其中有蔡元培《就任北京大学校长之演说》这篇文章，其课后"研讨与练习"设计的问题：

> 由这篇演讲辞可以看出当时什么样的社会现实？身为北大校长的蔡元培由此对青年学子提出了哪些殷切希望？最触动你心灵的是哪一点？画出来，谈谈你的感想。
>
> 北京大学是中国最早的现代意义上的大学。你了解它的历史以及蔡元培的办学方针吗？课外搜集有关资料，并与同学合作，以"我所了解的北大"为主题，办一期墙报。②

这篇演讲辞，体现了作为教育家的蔡元培对大学精神的思考，是一篇具有典范性、值得学生学习的演讲辞，但是从这些思考题的设计来看，其评价的内容似乎更多集中在文本的"言语信息"即事实性知识，好像是要学生了解北京大学的办学历史，思考北京大学是否符合世界一流大学的标准，而不是引导学生学习"作为语文教学内容的演讲辞"。当课文提供事实性知识不足时，习题就要求学生课下继续搜集相关信息"办墙报"，而目的仅仅是告诉他人"我所了解的北大"。题目中尽管有"谈谈你的感想"，具有"说"或"写"言语技能表现的要求，但是在认知维度上，仍属于浅层次的解释、阐发事实性知识的评价内容，缺少在深度的理解及运用、分析、评价和创造等认知能力方面的考查。

---

① [美]洛林·W.安德森等：《布卢姆教育目标分类学：分类学视野下的学与教及其测试》，蒋小平、张琴美、罗晶晶译，外语教学与研究出版社 2009 年版，第 35 页。

② 教育部：《普通高中课程标准实验教科书　语文》（必修 2），人民教育出版社 2006 年版，第 40—41 页。

某版本语文教材《猫》课后练习题设计："作者笔下三只猫，特点不同，命运各异。默读课文，直接摘录或者自己概括相关内容，填写下表。"要求从猫的"来历""外形""性情""在家中的地位""结局"几个方面填写表格。①《中国石拱桥》的习题设计："文章为了说明中国石拱桥的特征，选取了许多例子。从课文中找出这些例子，提取关键信息，填写下面的表格。填完之后，纵向看一看，你有哪些发现？"② 习题要求学生从"名称""建造时间""特点"等几个方面填写表格。尽管这些题目设计有助于学生从课文中筛选有用的信息，但总体上看，这类信息或者称事实性知识，仅仅限于识别、记忆层次上的认知能力培养。当然，这并不是说事实性知识层面的练习不需要，而是说，这类知识应当是为了进一步引导学生在认知维度上理解、评价、应用、创造等方面的进一步提升。比如，《中国石拱桥》的习题设计，要求学生从纵向的表格填写中看出"新的发现"，这是对学生比较分析、概括归纳能力的考查。

语文学习评价当然不能没有对事实性知识的考查，比如汉字的认读、书写，经典篇目的背诵、默写等，但这类评价不是为了记忆而记忆、为了背诵而背诵、为了默写而默写。作为"教学指挥棒"的高考、中考试题，有不少关于名句名篇的考查，大多以补写上半句或下半句的形式出现，似乎就是为了考查学生的记忆力，这在引导学生深度理解、深度学习方面是有一定局限性的。有些考查整本书阅读的试题，也存在相似的问题，更多的是将学生限于知道、记住或背会、默写这些"言语信息"的层面。如考查学生《三国演义》《茶馆》《边城》《哈姆雷特》《欧也妮·葛朗台》五部名著的阅读情况，要求考生选出"对有关名著的说明，不正确的两项"。其中一个选项"《三国演义》中，刘备与陆逊在猇亭交战，诸葛亮得到消息后，令人迅速在鱼腹浦摆下'八阵图'"③，根据试题答案，是一个错误的选项。这个选项错在这样的信

① 教育部：《义务教育教科书 语文》（七年级上册），人民教育出版社2016年版，第95—96页。
② 教育部：《义务教育教科书 语文》（八年级上册），人民教育出版社2017年版，第101页。
③ 参见2020年语文高考试题江苏卷。

息：他早在入川前就已经摆下了"八阵图"。这样的试题竟然就是为了考查学生关于小说情节或细节的记忆。这类所谓的事实性知识或者说"言语信息"对于学生来说，不可能形成"更为复杂的、结构化的知识形式"，也不可能转化为他们如何运用语言文字的技能或如何理解、思考的高阶思维能力。对发展学生核心素养来说，此类考试评价缺少正确的方向引领。

考试命题体现的是一种教学导向，命题的思维方式直接影响教学的行为方式。比如，教师引导学生阅读《骆驼祥子》，不是带领学生感受人物命运的起伏、故事情节的跌宕，不是探求人物及人物群体悲剧命运的原因，而是在事实性知识的层面上为学生提炼出故事梗概、人物介绍、祥子绰号由来等经过记忆可以直接答题的信息。即便是"你是否同意'假如曹先生能及时回京，虎妞不死，小福子不死，祥子的命运就会改变'"这样一类引导学生深度思考的开放性问题，经过教师的"信息提炼"也就浓缩为"祥子命运悲剧最根本的原因是黑暗的社会"这样一句简单的结论。在这样的应试教育下，小说中那些打动心灵的复杂的人物性格不见了，引人入胜的曲折的故事情节不见了，引人深思的深刻的作品主题不见了，只有这种简单的结论性的"信息"等待学生去"记忆"。为什么教师会持有这样的应试策略？因为他发现，这种办法管用、有效，此类考题总是屡屡出现。"《社戏》开篇记述了'我'成年后在北京看戏的经历。北京看戏给了'我'什么样的感受？以此开篇有什么表达效果？"[1]　"《呐喊》中哪一篇作品的结尾，令你印象深刻，给你带来什么启迪？要求：复述大致内容，陈述理由。"[2]《红楼梦》第十三回，秦可卿去世前向王熙凤托梦，说道："眼见不日又有一件非常喜事，真是烈火烹油、鲜花着锦之盛。"试题问："这里说的'非常喜事'在小说中指什么？"[3]　"《诗经·周南·关雎》中写到乐器的句子是＿＿＿＿和＿＿＿＿。"[4]　这类命题的本意是引导学生关注名著阅读，促进语文知识的积累，但由于仅仅限于"言语信息"的

①　参见 2020 年语文高考试题江苏卷。
②　参见 2019 年语文高考试题北京卷。
③　参见 2021 年语文高考试题北京卷。
④　参见 2022 年全国语文高考试题新高考 I 卷。

考查，就导致了语文教学中味同嚼蜡般的复述、记忆、背诵、默写，即便是理解性、分析性、评价性的题目，比如谈谈"表达效果""陈述理由"等，学生也只有依据那些信息、事实才能作出相应的回答，仍然少不了对信息的记忆和提取。

超越单纯的事实性知识考查，需要更新知识教学观念。依据安德森等学者的意见，事实性知识，类似"课文信息"之类的术语或具体细节，不过是"分散的、孤立的内容要素"，而概念性知识则是作为"类目""原理""模型"等结构化了的知识，是需要经过主动建构、概括所形成的知识网络，程序性知识则是在具体情境中体现"如何做事"的技能、方法等，比如学生以什么样的语气、节奏阅读等。无论是建立知识间的联系，还是在具体语境中展现听、说、读、写的言语技能，学生都可能会思考他的学习任务是什么、需要什么样的学习策略，如何在学习过程中"保持自我反思和反省心态"。那么，这种对自己学习策略、思维方式以及在什么情境或条件下使用某种策略的认知，就是元认知知识。肖培东教学《就任北京大学校长之演说》一文时，尽管也要求学生从文本中提取相应的信息，但他超越了单纯作为"言语信息"的知识，因为他的教学目的不在信息本身，而在于凭借信息引导学生研究"演说"这一文体的特点，比如，让学生思考"怎样通过语气、语调、重音的处理来突出今天他要讲的内容"，思考为什么"请更以三事为诸君告"一句中要突出"更"字，以什么样的语气读才能表达作者演讲时的心情，才能"与现场的听众有情感的沟通、共鸣"。① 这就让作为"言语信息"的事实性知识与作为"言语技能"的程序性知识建立起了联系。对语文教学来说，超越事实性知识，建立起事实性知识、程序性知识之间的关联，在更高的层面上形成某种关于语言文字运用的"原理""通则""理论"等结构化了的知识，也就是上升为"概念性知识"。所以，肖培东的课堂教学，让学生走在"语言的丛林"中，经过反复阅读、比较、体会，透彻地理解了作为"演说"文体的知

---

① 肖培东:《我就想浅浅地教语文:肖培东语文课例品读》,长江文艺出版社2016年版,第67、75页。

识：演说具有技巧性，具有针对性，有其独特的语言风格、深沉的情感和严密的逻辑。①

同样是考查名著阅读，有的教师采用了灵活的评价方式，通过设置具体的言语情境观察、判断、分析学生的行为表现。比如，针对名著《巴黎圣母院》的整本书阅读，学生围绕"卡西莫多该不该杀掉克洛德"这一辩题进行现场辩论，并依据事先制定的评价标准从层次性、正面性、反面性、客观性、准确性、清晰性、整体性等维度进行点评。② 这样的考核评价，尽管需要名著中作为细节、信息的事实性知识，但又超越这种知识，上升为对学生灵活运用事实性知识的技能、方法，以及隐含其中的逻辑性、辩证性、创造性、批判性思维方式等的考查。虽然纸笔式测试，难以像表现性评价这样全面考查学生的真实性表现，但超越事实性知识，引导学生主动建构事实性知识之间的关系，揭示看似零碎的事实性知识所隐含的规律、规则、原理，并进而培养学生的高阶思维、提升其元认知水平，应当是考试评价努力的一个方向。比如考查学生对朱光潜《对于一棵古松的三种态度》的理解："（一）作者指出木商、植物学家和画家'知觉'同一棵古松有三种不同的反应态度，这三种态度各有优劣吗？以你对本段引文的理解，请加以阐述说明。（二）阅读了作者这一段文字后，依据它的旨意，请你重新给它定个题目，并简要说明你的理由。"③ 其中，第一问，尽管最好的回答应当是"三种态度没有优劣"，但是通过学生对理由的阐释说明能够看出他在认知维度上理解、分析、评价所达到的深度；而第二问"重新定个题目"的要求，可以考查学生对文本信息的概括能力和他作为价值判断的态度，以及在重新确定题目时所表现出来的创新性思维方式。

超越知识的评价不仅意味着超越单纯的事实性知识，而且也要超越概念性知识、程序性知识、元认知知识等广义上的语文知识，将内隐在知识学习中的思维力、想象力、创造力等能力要素，兴趣、动机、态度等情感要素等都纳入

---

① 肖培东：《我就想浅浅地教语文：肖培东语文课例品读》，长江文艺出版社 2016 年版，第 77 页。

② 谭彩、杨志明：《整本书阅读后的辩论训练及其形成性评价》，《教育测量与评价》2020 年第 5 期。

③ 王丽：《台湾"高考"语文考什么——台湾语文试卷汇编与分析（2001—2015 年）》，福建教育出版社 2015 年版，第 210 页。

评价的范围。实际上，我们所评价的内容，是一个多层次的立体结构。如同一座冰山，显露出水面的是显性学力——知识与技能、理解与记忆，那么，隐藏在水面下的则是支撑显性学力的隐性学力——"思考力和问题解决力、兴趣与意欲以及体验与实感"①。学生获得知识与技能并不是最终目的，最终目的在于实现知识、方法、价值的整合，促进人的综合发展与"完满建构"。"任何学科的构成总是包含了知识、方法、价值这样三个层面的要素：其一，构成该学科的基础知识和基本概念体系；其二，该学科的基础知识和基本概念体系背后的思考方式与行为方式；其三，该思考方式与行为方式背后的情感、态度和价值观。换言之，它囊括了理论概念的建构，牵涉知、情、意的操作方式和真、善、美之类的价值，以及探索未来和未知世界的方略。"② 简言之，学习评价在于通过评价所学知识判断其支撑学生掌握知识的方法，通过评价其学习方法判断支撑其方法选择的态度，通过评价其学习态度判断其情感和价值倾向性，最终目的在于以评价引导学生知识、能力、素质等方面的综合发展，促进其生命的"完满建构"。

二、怎样思维：超越认同性思维的评价

知识学习过程隐含了学习者的思维方式，我们在考查和评价学生所学知识的同时也是在评价和引领其思维发展。但如何通过评价引导学生思维发展，不同的评价者会有不同的理解，持有不同的评价观和评价方式。事实上，任何评价内容、评价方式，都会带有评价者的价值取向，对学生的语言、思维、审美、文化等方面的发展有不同的影响。以下类型的练习或思考题目，我们经常在教科书中遇见：

> 这篇小说细腻地描写了战火硝烟中夫妻之情和家国之爱，表现了人性

---

① 钟启泉：《"三维目标"论》，《教育研究》2011 年第 9 期。
② 钟启泉：《"三维目标"论》，《教育研究》2011 年第 9 期。

的纯美，品格的高尚。试选择一个人物分析一下。(《荷花淀》课后习题)

陈奂生在物质生活改善以后，对精神生活也有所追求。这种精神生活带着小农经济的烙印，表现在哪里？(《陈奂生上城》课后习题)

分角色朗读，注意把王利发小心谨慎、圆滑世故的性格表现出来。(《茶馆》课后练习)

本单元的文章展现了特定时代先锋人物的责任感与使命感，从中可以读出勇于担当的奉献精神。比如……以小组为单位，从本单元中选一篇文章进一步研读，想想文章中的人物对人类和社会作出了什么贡献，你自己从中受到什么启发。(部编版高中语文必修上册第三单元"单元学习任务")

"依赖，往往创造出美好的境界。"在你看来，为了在人与自然、人与人之间创造这种境界，我们应该做些什么？(《珍珠鸟》"研讨与练习")

《不求甚解》一文提出，读书时"不要固执一点，咬文嚼字，而要前后贯通，了解大意"。结合你自己的读书经验，说说你对这几句话的理解。(《不求甚解》"思考与探究")

作为语文学习评价，这些题目设计的意图是什么呢？当然是评价学生的语文知识和语文能力，但习题设计者似乎没有意识到评价还应当具有的另一个作用，即对隐含在知识与能力背后的思维方式的考查和引领。细究这些题目，我们可以发现，它们并不需要学生的深度思考，只需要他们从文本中寻找证据加以证明或者以另一种言说方式（比如朗读）加以印证即可。这是一种认同性思维方式：认同文本的观点，认同教材编者的观点，然后以自己的经验或言说方式加以证明。认同性思维方式是一种封闭的、单一的思维方式，也许它们能够精细地考查出学生所掌握的语文知识、语文技能，但是难以考查出学生作为主体的人所应具有的独立思考精神、多元思维方式、创新能力和批判反思意识，难以引领和培养学生优秀的思维品质，比如思维的深刻性、开放性、创造性和批判性。

学习评价的单极思维方式与单一价值取向在高考作文命题中同样存在：在

"世界青年与社会发展论坛"代表中国青年发表以"携手同一世界，青年共创未来"为主题的中文演讲；面对55个卫星织成一张"天网"——北斗导航系统，以"每一颗都有自己的功用"为话题写一篇议论文；谈代买彩票中奖引发的"诚信"问题；等等。这些题目，在立德树人、培养学生家国情怀和优秀思想品德等方面的育人价值是值得称道的，在思维品质的启发和培养上却是难以出彩的。不少的题目已经给定了某种观点或立意，学生只能"顺着说""附和着说"，命题缺少了让学生发表富有创新性见解的空间。比如，以"55个卫星织成一张'天网'，每一颗都有自己的功用"的话题，实际上它不是学生要谈论的"话题"，而是被给定的观点，而且是人人皆知、完全正确的常识。何止相互联系、交互作用的导航系统中的每一颗卫星，即便是大千世界中的不同物体也都会具有各自的功用，而学生面对这样给定的常识性观点，只能给以例证般地附和性阐发，易于造成学生单一的、狭隘的思维倾向。像"坚韧：我追求的品格""战胜脆弱""诚信""心灵的选择""必须跨过这道坎""人只有在自己站起来之后，这个世界才能属于他""'老腔'何以令人震撼"等，学生只好作"鹦鹉学舌"状，只是看谁学得更巧妙而已。难怪有学者评价说："今日之高考作文，总体上只是让考生在命题者设置的话题范畴内，表达大家心知肚明的正确的看法。命题者、考生和阅卷者相互敷衍，高分考生贡献的也不过是行云流水的符合主旨的故事，炉火纯青的起承转合。具有深刻见识者极为鲜见。"①

有一道高考作文试题，呈现几幅"描红""人"字的漫画作品，并给出"逆锋起笔，藏而不露""中锋用笔，不偏不倚""停滞迂回，缓缓出头"等书法规则，要求"整体把握漫画的内容和寓意写一篇文章，反映你的认识与评价、鉴别与取舍，体现新时代青年的思考"。②尽管命题具有引导学生思考如何做人的意图，比如追求"内敛正直""韬光养晦""蓄势待发"的做人境界，但是"藏而不露""不偏不倚""缓缓出头"等书法规则以及"描红"（即

---

① 冯渊：《问津录：寻找优质语文教学资源》，语文出版社2017年版，第223页。
② 2021年全国语文高考试题新高考Ⅱ卷。

"用毛笔蘸墨在红模子上描着写字") 楷书 "人"字的做法，在无形中也构成了束缚考生思维的 "框架"，即追求做那种具有统一标准和规格的 "人"，以至于在不知不觉中陷入 "藏而不露"的低调、"不偏不倚"的中和、"缓缓出头"的隐忍等等世俗性框架之中。如果所有的学生都以楷书 "人"的写法所内含的要求为做人的标准，那么学校所培养的人也就成为具有 "标准样式"的 "产品"，没有个性、不要锋芒，不能出格、不会创新。看出来，任何一个命题都必定有其价值导向，而我们由于长期处于某种习以为常的传统之中，也就会把这一切作为想当然的东西接受了下来，久而久之，也就形成了我们的思维惰性。命题人的思维惰性、教师的思维惰性，又在潜移默化中形成了学生 "学着说""照着说""揣摩说""符合说"的认同性思维方式，这样就会导致学生在 "信息茧房"里封闭起自己的思维。以 "描红"的方式学 "做人"，无非模仿他人的做人法则，哪里还会有 "自我"的个性和创新的高度？其实，即便是书法，即便是 "人"字的写法，不只是有颜真卿的端庄雄伟、柳公权的骨力劲健，还会有王羲之的 "翩若惊鸿，婉若游龙"，张旭的 "落纸如云烟"……不同的写法，但一样的美。

有学者说，"人创造出文化并不是用来窒息自己"，而是要实现对自己生活于其中的文化传统的反思，"一种方法便是通过生活于另一种文化之中来体验文化冲击（culture shock）。只有在广泛的旅行或多年生活于另一文化之后，当个体重新回到他自己的文化时，他才能分辨出熟悉的行为和习惯模式，并恰当地把它们归因于文化"。① 尽管我们不一定能够 "多年生活于另一文化"，但是，通过感受另一种 "文化冲击"来反思自己 "熟悉的行为和习惯模式"，还是能够做得到的。比如，我们可以借鉴不同文化环境中的母语学习评价模式，借以反思自己，并以更加包容的精神促进不同文化的融合。美国英语语言与写作的 AP（Advanced Placement）考试，尽管属于大学预科课程的考试，但在其评价理念和方式上仍对我们的中小学语文学习评价具有启发性。比如，就

---

① ［美］帕梅拉・博洛廷・约瑟夫等:《课程文化》,余强译,浙江教育出版社 2008 年版,第 18、20—21 页。

Chris Hedges《幻觉帝国》（*Empire of Illusion*）中的一段文字及其中心观点"在政治舞台和消费文化中，最重要的技巧就是一种诡计（artifice）"提出自己的看法，并以恰当的证据来分析和说明自己的观点①；选取"被高估（over-rated）"的某个概念、地方或角色，"从个人的阅读、经历或观察中寻找恰当的证据"来证明其被"高估"②。有些 AP 考试、ACT（American College Test）考试的写作命题，不只是考查学生写作能力，而且考查学生隐含在写作过程和作品中的思维方式：

> 作家兼飞行员的安妮·默洛·林德伯格在其著作《来自大海的礼物》中写道："我们倾向于不去选择那些可能会带来震惊或者失望或者仅仅是难以应对的困难的未知（unknown）。然而，正是伴随着各种失望和惊奇的未知才是最丰富的。"请思考林德伯格对选择未知的重视。然后写一篇议论文，就探索未知的价值，提出你自己的立场。要求使用恰当的、具体的证据来阐明和展开你的立场。③

再如 ACT 的 Essay 写作题目，针对所给出的材料，就"越来越广泛出现的智能机器"，写一篇完整、具有逻辑性的议论文，要求：

> 清晰地阐述你自己的观点，并且分析你的观点和至少一个其他观点之间的关系；通过说理和举例清晰而有逻辑地展开和支持你的观点；以规范的书面语有效表达你的观点，你的文章观点可以与所给任何材料的观点完全一致、部分一致或完全不同。④

---

① 参见网址：https://apcentral. collegeboard. org/pdf/ap-english-language-frq-2017. pdf？course＝ap-english-language-and-composition。

② 参见网址：https://apcentral. collegeboard. org/pdf/ap19-frq-english-language. pdf？course＝ap-english-language-and-composition。

③ 参见网址：https://secure-media. collegeboard. org/apc/ap18-frq-english-language. pdf。

④ 参见网址：https://global. act. org/content/global/en/products-and-services/the-act-non-us/test-preparation/writing-sample-essays. html？page＝0&chapter＝0。

接下来的三则材料分别表达三种不同的观点：在被智能机器所代替的过程中，我们会失去部分人性，甚至日常生活中不再需要对他人的礼仪、尊重和包容；智能机器擅长低技能、重复性的工作，高效率、精准性的工作，在这两个方面它超过了人类，因此，智能机器的高效能会为每一个人带来更加繁荣和进步的世界；智能机器挑战了我们长期以来持有的关于人类是什么或者能够是什么的观念，这是值得肯定的，是因为它推动人类和机器向着新的、不可想象的可能性前进。

可以看出，这一类的 AP 考试、ACT 考试的写作命题，更多带有一种思辨色彩。像如何看待"探索未知"、如何看待作者"探索未知"的观点、如何看待人类生活中的"智能机器"等写作命题，并没有给予某种肯定或否定的限制，而是把自由发挥的空间交给了学生，借以考查学生思维的思辨性，甚至命题还特别强调"不会因为提出的观点而影响分数"。即便是限定性命题如"被高估"的写作命题，也没有限定在某个概念、地方或角色，而是给出一个大致的话题范围，由学生在自己的"阅读、经历和观察"中自由选择并加以论证和展开。

当然，这并非对不同类型考试命题的高下评判，而是以此来思考我们如何以更加开放的思维致力于不同文化的融合。就母语教学来说，语文学习评价的内容并不只是语文知识和语文能力，而且也包括语文知识、能力背后的思维方式，即一种判断、分析和解决问题的智慧，一种对待世界、对待生活、反思人生的态度。"通过语言运用，获得直觉思维、形象思维、逻辑思维、辩证思维和创造思维的发展，促进深刻性、敏捷性、灵活性、批判性和独创性等思维品质的提升"[①]，课程标准的这一理念不只是对语文教学的要求，也是语文学习评价的依据。事实上，在文化融合的背景下，在教育评价改革的推动下，我们的语文学习评价也不断呈现新的气象。《最后一片叶子》阅读练习："有人认为，如果不让休易告诉乔安西'最后一片叶子'是贝尔曼画的，而留给乔安

---

① 教育部：《普通高中语文课程标准》（2017 年版 2020 年修订），人民教育出版社 2020 年版，第 4 页。

西自己发现，这样写更含蓄动人。你同意不同意？为什么？"教材单元学习任务："根据《答司马谏议书》，推断司马光来信的基本观点，再阅读司马光《与王介甫书》，看看其内容与你的推断是否相合。你认为他们二人谁的观点更有道理？"① 高考作文题："有人说，经过时间的沉淀，事物的价值才能被人们认识；也有人认为不尽如此。你怎么看？"② "在当代中国，人们对学习的理解与古人有相同之处，也有不一样的地方。请以'学习今说'为题目，写一篇议论文。"③ 这些考试命题，给语文教学带来了新气象。

培养学生的开放性思维，需要这样开放性的命题评价。这种开放性、启发性的提问方式激发了学生的问题意识和深度思考，体现了对学生个性化、多元化理解的尊重。好的题目应当有助于考查学生的深度思维，让学生有话可说、有话想说、有话能说，有话敢说。有话可说，是因为题目所具有的开放性让他们有了可说的空间；有话想说，是因为题目触发了表达的动机、愿望，不平则鸣、不吐不快；有话能说，是因为题目具有引发考生联想和想象的召唤力，使之会说话、善于表达；有话敢说，是因为题目激发起学生敢于表达不同于常人、不同于他人的见解的勇气和胆识。

语文学习，既是一种言语实践过程，也是以言语方式来理解自我、理解人生、理解世界的过程。作为对语言及其所反映世界的"理解"，不同的学生个体既存在达成共识的可能性，也会有种种不同的理解方式，那么，语文学习评价就要超越认同性思维，为学生提供多元理解的空间，倾听学生多样化的表达，从而引导和形成开放、多元的思维方式，发展其创造性、批判性精神。因此，致力于核心素养发展的语文学习评价，应当让学生在言语实践和言语作品中表现出他的思想深度、思维品质和不尽的联想力、想象力、创造力，讲出更多、更新、更具创意的好故事。这样的言语实践既是价值分析、判断和选择的过程，也是学生主体意识发展和形成的过程。

---

① 参见 2019 年高考语文试题浙江卷。
② 参见 2021 年高考语文试题上海卷。
③ 参见 2022 年高考语文试题北京卷。

三、反思生活：超越现实性生活的评价

语文教学不只是要引导言语实践、培养学生的语言运用能力，而且还要引导理解、反思置身于其中的现实生活，想象、构建一种新的"可能生活"。"生活是作品，生活前景是'可能生活'，生活的意义是在创造中产生的。"①作为语文教育教学的重要组成部分，学习评价也是引导学生理解、反思现实生活和想象、建构"可能生活"的重要方式。当然，广义上说，任何知识学习既是适应现实生活的需要，也是面向未来生活的需要，不只是语文学习和言语技能训练，但就有意识激发和培养学生面向未来可能生活的思维和智慧而言，语文教学以其丰富的人文知识以及隐含在人文知识之中的想象力、创造力和批判力具有得天独厚的优势。

然而，正如"教育既具有培养创造精神的力量，也有压抑创造精神的力量"，语文学习评价也具有这样的两面性，同样也有可能成为"压抑创造精神的力量"。比如某年的作文命题，向考生列举了 2000 年人类迈进新千年、"世纪宝宝"出生，2008 年汶川大地震发生、北京奥运会举办，2013 年"天宫一号"首次太空授课、公路"村村通"接近完成、"精准扶贫"开始推动，2017 年互联网普及率超全球平均水平，2018 年"世纪宝宝"一代长大成人，2020 年全面建成小康社会等已经发生的事件，还有 2035 年基本实现社会主义现代化等将要发生的事件，题目问和"新世纪的中国一路同行、成长，和中国的新时代一起追梦、圆梦"的考生，具有怎样的联想和思考，并据此写一篇文章，想象它装进"时光瓶"留待 2035 年开启，给那时 18 岁的一代人阅读。②

看上去，命题具有创意，天上、人间，科技、民生，自然灾害、体育强国，家国情怀、时代发展，以及面向未来的想象等，但是否为学生提供了思考和想象未来可能生活的自由空间呢？并非如此。根本原因就是，命题不只是封

---

① 赵汀阳：《论可能生活》，中国人民大学出版社 2010 年版，第 78 页。
② 参见 2018 年高考语文试题全国 I 卷。

闭了学生的自由立意和想象的空间，而且具有"前喻文化"的倾向。所谓"前喻文化"是说，写给 2035 年"新青年"的命题要求以及由这些事件所限定的主题，会让学生自觉不自觉地以一种"过来人"的口吻告诉"未来的你们"，那些"我们"这些前辈所经历的事件，以及"我们"作为过来人对"你们"这些后辈承担未来责任的"谆谆教诲"。这样，要求写给未来的"你们"的书信，很有可能成为以"前辈"自居的"耳提面命"。玛格丽特·米德在《文化与承诺：一项有关代沟问题的研究》中所说的"前喻文化"，就是指让新一辈听从前一辈的开导与教诲："长辈的过去就是每一新生世代的未来，他们已为新一代的生活奠定了根基。"① 这样看来，该命题隐含了强制性的"前喻文化"，具有一种以"自我经历"教育、开导后辈的文化倾向。难怪有阅卷者感慨：从高考作文阅卷的反馈看，这些宏大的材料产生了大量的"假大空"作文，其内容缺乏实质感或者虚唱赞歌，考生在写作中迷失自我，行文千篇一律。② 应当说，这种现象与命题的束缚和导向不无关系。

是不是写作命题不应当将历史的、传统的事件作为话题材料？并不是这样的。关键在于，我们要具有引导学生追求和建构未来可能生活的境界和眼光。"后生可畏，焉知来者不如今也？"如果我们将眼光投向未来，换一种命题思路：基于那些标志性事件，设想 2035 年已经人到中年的"世纪宝宝"与那时 18 岁的"新青年"（姑且称为"新时代改革宝宝"）在某个特定的情境相遇，想象他们有可能发生的对话、交流和思想碰撞。这样一改，命题的格局就完全变了，它在发挥立德树人引领作用的同时，也激发考生的未来意识、写作热情和富有想象的叙事能力，当然也就可以更好地考查出显现在作文中的情感态度、思维品质和写作能力。对历史事件、文化传统的理解，并不是为了回到过去，而是将过去的事件、文本、文化等引申到现在，与现在的生活建立起一种关联，进而延伸向未来，融入未来生活。因此，好的命题就是应当在"过

---

① ［美］玛格丽特·米德：《文化与承诺：一项有关代沟问题的研究》，周晓虹、周怡译，河北人民出版社 1987 年版，第 27 页。

② 杨新国：《显时代特质，隐多维命意——2018 年高考语文作文命题探究》，《语文教学通讯》（高中卷）2019 年第 2 期。

去—现在—未来"的时间轴上，为学生提供想象某种可能生活的自由空间。比如这样一道作文题，列举了 1919 年"五四"爱国运动、1949 年新中国成立、1979 年"科学的春天"和改革开放、2019 年新时代青年宣誓"强国有我"等历史事件，还提出 2049 年"中华民族实现伟大复兴，中国青年接续奋斗"。试题要求在五个写作任务中任选一个以青年学生当事人的身份完成，包括"五四"爱国运动学生集会上的演讲稿、开国大典庆祝游行后写给家人的信、1979 年新生开学典礼后写给同学的信、2019 年收看"纪念五四运动 100 周年大会"后的观后感、2049 年国庆节前夕写给某位"百年中国功勋人物"的国庆节慰问信。① 尽管这一作文题目也存在话题限制过紧、发挥空间较小等问题，但它给了可供选择的多个话题、多个情境，而且具有自"过去"而"现在"、自"现在"而"未来"的可能生活意识，尤其是 2049 年国庆节前夕为"百年中国功勋人物"写慰问信这一任务。在尚未到来的那个时代谁可以作为"百年中国功勋人物"的代表、他对国家的贡献如何影响时代发展、他的精神又怎样教育启迪了新的一代青年，不仅需要考生的爱国热情，更需要考生面向未来可能生活的想象力。未来生活，即一种可能生活，如学者赵汀阳所说，"生活本身向多种'可能生活'敞开着，就像思想向多种'可能世界'（possible worlds）敞开一样"，那些未来生活是"能够创造出来但尚未创造出来的"② 可能生活。因此，慰问信体现的是考生如何看待过去的历史眼光，如何思考、判断和想象未来的前瞻思维，以及如何继承历史、接续奋斗的使命担当。从这一点看，家国情怀就不是一个抽象、空洞的概念，而是在"过去—现在—未来"的时间维度上经由思考、判断、联想和想象而呈现出的"立体画面"。

作为一线教师，面对各种不同类型的语文学习评价，我们应当具有反思意识，这既是以自我力量促进评价改革的需要，也是培养具有主体意识、创造思维和批判精神的"未来新人"的需要。基于评价的反思意识，我们会看到作

---

① 参见 2019 年全国语文试题新高考 II 卷。
② 赵汀阳：《论可能的生活》，中国人民大学出版社 2010 年版，第 13、140 页。

为"双刃剑"的评价或束缚或激发创造精神的力量，也就能够自觉地在教学实践中通过评价促进学生面向未来社会的核心素养和关键品格的发展。实际上，面向可能生活的学习评价，不只是一种教育理念，而且也是一种教育行动。作文评价中激发联想、想象和创造精神的命题具有引导学生面向未来、创造新生活的启发性。如"假如记忆可以移植""愿景""隐形的翅膀""幻想照亮生命""智慧芯片"的联想与思考，2049 年百年华诞之际的"共和国，我为你拍照"，以北京"双奥"之城为材料的"跨越，再跨越"，以共青团成立 100 周年为材料的"选择·创造·未来"，以"大观园试才题对额"为材料的"移用、化用和独创"等。引发思辨与深度思考的命题同样贯穿超越现实生活的意识，如"文化反哺与角色转换之间""梦想从未有过的事物，追问为什么不能这样""一切都会过去，一切都不会过去""生活变数与是否乐于接受生活预测""人生坐标与个人、家庭、社会预期及落差""小时候人们喜欢发问，长大后往往看重结论"等。这些命题在发挥着考试评价"为一个尚未存在的社会培养着新人"①的重要作用。像"假如记忆可以移植"这样的命题，在高考作文评价方面是具有开创性的，它在为考生提供自由联想和想象空间的同时，也将价值判断的权利交给了考生。你可以赞成它，因为移植的记忆让你感受了另一种经历、情感，带给你的是另一种人生的思考；也可以反对它，因为移植了他人的记忆而丧失了自己独立的思考力、判断力，这不是人类的幸运，而是灾难的开始；等等。一个好的命题，体现的是开放性、复杂性和关系性思维方式，激发的是学生的新判断、新发现、新观点，让学生在对未来可能生活的展望中产生具有思维含量和激动人心力量的好作品。

不只是作文评价，阅读评价同样要凭借言语作品丰富的人文内涵，引导学生理解、想象、反思人类与自然、能源、人工智能、未来发展等等的关系。我国高考、中考的阅读题，美国的 SAT、PSAT 阅读题等，有不少题目就涉及关于未来可能生活的理解和思考。比如摘自《未来的本质：来自社会结构化世

---

① 联合国教科文组织国际教育发展委员会：《学会生存——教育世界的今天和明天》，教育科学出版社 1996 年版，第 36 页。

界的启示》(*The Nature of the Future*:*Dispatches from the Socialstructed World*)①、《难题：科技发展、提高效率和良好的意愿如何使我们的能源和气候问题更加恶化》(*The Conundrum*:*How Scientific Innovation*,*Increased Efficiency*,*and Good Intentions Can Make Our Energy and Climate Problems Worse*)等著作的片段，让学生理解现实问题，思考未来解决问题的可能答案。比如，我国的阅读评价，针对数码技术的日益扩张，试题分别从铁凝的《阅读的重量》、刘晓荷等的《读图时代的阅读嬗变与出版调适》、周宪的《重建阅读文化》中选摘不同的片段，让学生在三则短文的比较阅读中分析作者所理解的"图像阅读的不同特点"。② 某市的高考模拟现代文阅读题，就"人机大战"问题为学生提供了两篇观点既存在不同又具有联系的短文：其一摘自江晓原《科技创新应树立底线思维——以人工智能发展为例》，文章对"人工智能对人类的威胁"提出了警醒：假定未来人工智能可承担人们所希望的"任何工作"，"我们的人生就变得毫无意义"；其二摘自韩少功的《当机器人成立作家协会》，表明机器终究难以超越人类的智慧。题目要求学生对两则片段的观点作出自己的判断。③ 这些阅读评价，所选取的文章大多有关人类命运与未来发展，有助于引导学生思考未来可能生活，所考查的能力是学生的判断力、创造力、想象力和批判力，体现了"为一个尚未存在的社会培养着新人"的时代要求。

鲁洁说："教育的本质属性更主要应当表现为：它要使受教育者能够在已有的各种现实规定性中奋起，去追求新的自我、新的世界；使得一切文化、知识、道德规范等等的接纳，在他们身上得以产生生成性的变化，转化为创造的潜力；使得受教育者能以一种批判的向度去面对、掌握、审视现实生活和现实世界。"④ 玛格丽特·米德在《文化与承诺：一项关于代沟问题的研究》中提出的"后喻文化"意在表明，"年轻一代在对神奇的未来的后喻型理解中获得

---

① 参见 PSAT/NMSQT Practice Test 1, https://collegereadiness. collegeboard. org/psat-nmsqt-psat-10/practice/full-length-practice-tests。

② 2020 年高考语文试题浙江卷现代文阅读题。

③ 江苏、广东、福建等 2021 年八省联考语文试题。

④ 鲁洁：《当代德育基本理论探讨》，江苏教育出版社 2003 年版，第 11 页。

了新的权威"①。总有一天，年轻一代成为影响和引领这个社会发展的人，他的判断力、创造力、想象力和批判力将直接决定他的引领方向和影响力，那么我们的教学——无论是知识传授还是学习评价，都应当帮助学生"揭示更加好的、更值得过的可能生活"。从这个角度说，语文学科核心素养中的"思维发展与提升""审美鉴赏与创造""文化传承与理解"这三个方面，就是基于学生"语言建构和运用"基础上的面向未来可能生活所不可或缺的关键品格和能力。就思维品质而言，我们不只是关注思维的逻辑性、辩证性，更要关注其独创性、批判性；就审美能力而言，不只是引导审美体验、审美鉴赏，更要重视其审美表现、审美创造；就文化自信而言，不只是继承、理解，更要重视文化的创造和更新。

作为语文教师，无论学习评价以什么样的内容和方式在教科书中出现、在高考、中考或者在平时的作业或练习中出现，都应当经过我们的理解、反思、重构和加工。这实际上是一种课程与教学文化的反思。"认为人们应当无条件地相信或不加审查地接受某些观念或价值的看法"，缺少的是教学文化反思精神，事实上，要学习某种文化"也意味着向这一文化认为最宝贵的信念和价值提出挑战，并意味着发展用以思考、解释和检验这些价值的理性工具"②。具有反思精神和文化重构力量的教师，应当通过评价文化的重建发挥其引领作用：超越单纯的事实性知识考查，引导不同知识的内在关联及其在复杂情境中的应用；超越认同性思维考查，发展学生深刻性、创造性、批判性思维品质和思辨能力；超越回归"现实生活"和"前喻文化"倾向，培养学生面向未来、解决复杂问题、构想和建设可能生活的创造精神。

---

① ［美］玛格丽特·米德：《文化与承诺：一项有关代沟问题的研究》，周晓虹、周怡译，河北人民出版社 1987 年版，第 27 页。

② ［美］帕梅拉·博洛廷·约瑟夫等：《课程文化》，余强译，浙江教育出版社 2008 年版，第 61 页。

/ 结语 /

　　语文教学需要新思维，需要教学范式的重建。解释学之于语文教学，不只是提供一种研究视角和思路，而且也标志着语文教学范式重建的基本路向。理解语文教学，揭示学生学习、课程内容、教师引导等基本教学要素及其相互间的关系，需要打破实体性、简单化、封闭性思维，而代之以关系性、复杂性、开放性的思维方式，以守正创新的精神和教学文化重建的魄力开拓语文教学新境界。

　　打破"中心论"的怪圈。教师中心、知识中心，作为一度主导语文教学的思维方式，或者强化教师权威或者视知识为"绝对真理"，造成学生语文学习主体意识的缺失。随着课程改革的不断深化，"以学生为中心"又占据了教学理念的主导地位。"学生中心"论视学生学习和发展为教学目的所在，固然具有一定的合理性，但是如果教师、知识一旦被限定在辅助地位上，"学生中心"地位及其学习效果也就难以保证。实际上，这种不是以教师为中心、知识为中心，就是以学生为中心的观点，是一种非此即彼的简单化思维方式。

　　揭示教学构成的复杂关系。教师、知识、学生，作为教学的三个基本要素在交互作用、渗透中构成循环往复、螺旋上升的课程教学运行系统（评价贯穿其中）。在这样一个系统中，不存在处于某个"绝对中心"的要素，学生同教师、同作为课程内容的知识一起处于一种动态运行的关系之中，每一个要素既是其他要素运行的目的所在，也是促进其他要素更新、发展的手段。学生、知识、教师构成课程教学的内部循环，其中每两个要素（学生与知识、知识与教师、教师与学生）又构成内部小循环。与此同时，课程教学运行系统又与社会（如文化传统、社会影响、时代需求等）和产出成果（如师生发展及其成果、作品等）构成教学、产出与社会交互作用的外部大循环。具体见语文教学运行系统示意图。

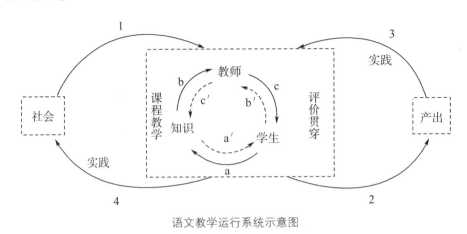

语文教学运行系统示意图

揭示课程教学内部循环系统的复杂关系。学生在既有经验及其预期视域的支配下学习知识、内化知识，而经过学生内化的知识反馈、作用于教师，教师根据学生反馈情况对知识进行新一轮的课程化、教学化改造，再引导向学生的学习，引发学生经验的改组、改造（表现为示意图中 a—b—c 三线的循环）。同时，知识作为课程内容作用于学生，而学生以其经验建构和内化知识后又反馈、作用于教师，教师据此对知识进行课程化、教学化改造和重构，引起新一轮的教学运行循环（表现为示意图中 a′—b′—c′三线的逆循环）。教学过程三个要素的双向循环，不是一种封闭的循环，而是不断开放、扩充的无限循环；不是各自独立的循环，而是各要素在同一个过程中表现出不同作用和方向的同一个循环。每一个要素随着教学运行过程，都在不断地发生变化：学生经验的更新和拓展、知识内容的改造和生成、教师教学的调整和优化，始终处于动态的变化中，同时也引发其他要素的变化和更新。

从教学过程的小循环看，学生与知识（a—a′）、知识与教师（b—c′）、教师与学生（c—b′），每两个要素构成一个交互作用的小循环。

学生与知识的小循环：知识作用于学生、引起学生经验的更新，但同时学生也会建构、生成新的知识，学生经验本身也是知识的组成部分（a—a′）。教学既不是以知识为中心，也不是以学生为中心，而是在知识与学生之间建立起一种联系，即让知识经由开放性、多样化和具有召唤力的课程文本作用于学生经验，从而形成一种既体现学科知识普遍性、结构化特点又具有个体经验活动性、体验性、主体性的"生命形态"知识。

知识与教师的小循环：知识是教师教学内容的来源，但同时教师又根据学生的经验和需求以及自身教学经验对知识进行课程化、教学化改造，经由学生吸收、建构、生成的具有"学生生命形态"的知识会再次反馈、作用于教师，引起教师知识经验、教学经验的更新和教学方式方法的调整、优化（b—c′）。

教师与学生的小循环：教师以其知识经验和特定教学方式影响学生，激发学生由经验积淀而来的创造性力量，实现学生经验的扩充和更新，而学生则会以其知识经验的更新反馈、作用于教师，引起教师新的思考、新的设计（c—b′）。这也是教学相长的体现。

揭示作为复杂"关系"的主导性力量。在学生、知识、教师构成的课程教学系统中，各要素之间的"关系"超越了"某个要素中心"而成为主导性力量，推动各个要素在交互作用、渗透中不断循环拓展，每一个要素在成就其他要素发展的同时也实现自身发展。在由三要素构成的课程教学运行系统中，从理论上讲，任何一个要素都可以作为教学的起点，但从教学目的看，学生经验及其学习需求作为教学过程的"逻辑起点"更具有实践意义，因为依据学生经验及需求确定教学目标、选择和建构教学内容，更能体现教学适应学生需求、促进学生发展的目的指向性。实际上，教学就是学生在教师引导下凭借其经验作用实现知识建构、能力提升、精神发展的过程。

揭示课程教学运行的外部交互作用、循环促进关系。从课程教学运行与成果产出、社会影响的关系看，仍然是一种交互作用、循环上升的复杂关系。其中"社会"这一因素，主要指文化传统、社会发展、时代特点等对教学的影响和要求，包括对学生知识、能力和素质等方面的发展要求和对教师教学理念、教学方式、自身发展等方面的要求，比如国家以课程标准等文件的形式对学生核心素养发展提出的要求、对教师教育教学改革提出的建议等；"产出"，主要指教学对社会需求的实现程度，是学生的学习表现、教师的教学表现及其代表性作品。"社会"对教学提出要求，是引发课程教学运行的外部动力（外部循环1），师生经由课程教学运行产生相应的教学成果——学生核心素养发展、教师教学能力提升，以及表现为课程文本、教学文本等形式的作品等（外部循环2），"教学产出"反馈、作用于教学过程，实现新一轮课程教学运行的优化和调整（外部循环3），优化和调整后的课程教学运行及其产出反馈、回应社会需求，引发文化传统的更新和社会对教学的新要求（外部循环4）。外部循环系统示意图生动地揭示出语文教学与社会、时代和生活的关系，也体现出语文教学通过"立言立人"引领社会发展的使命和担当。

坚守语文课程与教学的特质。对于语文教学来说，三个要素及其循环运行的过程以及与社会的关系都应当体现语文学科的个性特点即"语文特质"。语文知识，无论是关于言语活动的概念、原理等事实性知识，如何进行言语活动的方法性知识，还是体现在言语作品和言语活动中的思想情感、审美体验等价值性知识，都是内含在语言文字及其运用中的知识，换一句话说也就是通过"咬文嚼字"所体验、品味到的知识。学生经验，无论是学生的生活经验还是学习活动经验，都应当是体现在言语实践中的经验，是学生生命形态的"言语体验"。教师的教学引导，是立足文本、着眼语言的语文实践引导，是以言语作品、言语活动为载体发展学生语文学科核心素养、进而促进其生命建构的教学引导。"教学产出"，也应当表现为学生语文核心素养的发展、教师语文教学理念和教学能力的提升，以及师生表现为言语作品、教学文本的成果等。

明确教学范式重建的解释学路向。学生以其生活经验、言语经验的动力因素指向以课程文本为载体的学科知识，学科知识在教师的课程设计中以其面向生活的亲和力、面向学生的召唤性、面向未来的开放性促进学生知识经验的建构和更新。教师在引导学生经验与学科知识交互作用、扩充更新的同时，同样经历了专业知识、专业能力的发展，与学科知识、学生经验处于教学相长的发展过程中。语文教学还以其蕴含在言语活动、言语作品的创造性力量作用于文化传统、作用于社会，成为推动社会进步的一种力量。"在理解中所发生的视域交融乃是语言的真正成就。"① 在语文教学中，教师与学生在受到作为文化传统的既有语言力量作用的同时，又以言语活动、言语作品的方式生成新的语言力量，致力于文化传统和社会的变革。思维方式的转换和教学范式的重建，必将激发语文课程与教学新的生命活力！

---

① ［德］汉斯－格奥尔格·伽达默尔：《诠释学Ⅰ：真理与方法》，洪汉鼎译，商务印书馆 2010 年版，第533 页。

/ 主要参考文献 /

一、学术著作

[1] 曹明海：《文学解读学导论》，人民文学出版社 1997 年版。

[2] 曹明海：《语文教学语用论》，广西教育出版社 2016 年版。

[3] 于漪：《于漪与语文教育》，国际文化出版公司 2003 年版。

[4] 干国祥：《破译教育的密码》，长春出版社 2005 年版。

[5] 郭初阳：《言说抵抗沉默——郭初阳课堂实录》，华东师范大学出版社 2006 年版。

[6] 洪宗礼、柳士镇、倪文锦：《母语教材研究》(7)，江苏教育出版社 2007 年版。

[7] 黄厚江：《黄厚江教语文》(中学卷)，语文出版社 2015 年版。

[8] 黄厚江：《预约课堂的精彩——著名特级教师黄厚江中学语文教学智慧》，漓江出版社 2015 年版。

[9] 江苏母语课程教材研究所：《当代外国语文课程教材评介》，江苏教育出版社 2004 年版。

[10] 李海林：《言语教学论》(第 2 版)，上海教育出版社 2006 年版。

[11] 李泽厚：《历史本体论·己卯五说》，生活·读书·新知三联书店 2008 年版。

[12] 鲁洁：《道德教育的当代论域》，人民出版社 2005 年版。

[13] 宁鸿彬：《初中语文课堂教学实录选》，教育科学出版社 2000 年版。

［14］潘德荣:《诠释学导论》,广西师范大学出版2015年版。

［15］钱理群:《语文教育门外谈》,广西师范大学出版社2003年版。

［16］钱梦龙:《我和语文导读法》,人民教育出版社2005年版。

［17］任苏民:《教育与人生——叶圣陶教育论著选读》,上海教育出版社2004年版。

［18］申小龙:《汉语与中国文化》,复旦大学出版社2008年版。

［19］石中英:《知识转型与教育改革》,教育科学出版社2001年版。

［20］童庆炳:《文学活动的审美维度》,高等教育出版社2001年版。

［21］王君:《王君语文创新教学十一讲》,长江文艺出版社2020年版。

［22］王开东:《深度语文》,漓江出版社2015年版。

［23］王荣生:《语文科课程论基础》(2014年版),教育科学出版社2014年版。

［24］王荣生:《语文课程与教学内容》,教育科学出版社2015年版。

［25］王崧舟:《语文的生命意蕴:王崧舟诗意语文教学》,长江文艺出版社2016年版。

［26］王元骧:《审美超越与艺术精神》,浙江大学出版社2006年版。

［27］魏书生:《教学工作漫谈》,漓江出版社2014年版。

［28］夏甄陶:《人是什么》,商务印书馆2000年版。

［29］夏之放:《论块垒——文学理论元问题研究》,人民出版社2007年版。

［30］夏之放:《文学意象论》,山东人民出版社2017年版。

［31］肖培东:《我就想浅浅地教语文:肖培东语文课例品读》,长江文艺出版社2016年版。

［32］肖培东:《语文教学艺术镜头》(高中卷),上海教育出版社2019年版。

［33］熊芳芳:《生命语文课堂观察》,漓江出版社2017年版。

［34］叶圣陶:《叶圣陶教育文集》,人民教育出版社1994年版。

［35］叶圣陶:《叶圣陶语文教育论集》,教育科学出版社2021年版。

［36］叶维廉:《中国诗学》(增订版),黄山书社2016年版。

［37］于漪:《于漪全集》,上海教育出版社2018年版。

［38］于永正:《儿童的语文:于永正语文教学思想精义》,上海教育出版社2018

年版。

[39] 于永正:《于永正课堂教学实录 I(阅读教学卷)》,教育科学出版社 2014 年版。

[40] 张华:《课程与教学论》,上海教育出版社 2000 年版。

[41] 张隆溪:《道与逻各斯》,江苏教育出版社 2006 年版。

[42] 张隆溪:《中西文化研究十论》,复旦大学出版社 2005 年版。

[43] 张世英:《哲学导论》(第 3 版),北京大学出版社 2016 年版。

[44] 张曙光:《个体生命与现代历史》,山东人民出版社 2007 年版。

[45] 赵汀阳:《论可能生活》,中国人民大学出版社 2010 年版。

[46] 赵宪章:《文学与形式》,南京大学出版社 2011 年版。

[47] 赵毅衡、傅其林、张怡:《现代西方批评理论》,重庆大学出版社 2010 年版。

[48] 郑桂华、王荣生:《语文教育研究大系(1978-2005)·中学教学卷》,上海教育出版社 2007 年版。

[49] 钟启泉:《课程的逻辑》,华东师范大学出版社 2008 年版。

[50] 钟启泉:《课堂研究》,华东师范大学出版社 2016 年版。

[51] 朱永新:《叶圣陶教育名篇选》,人民教育出版社 2014 年版。

[52] [巴西] 保罗·弗莱雷:《被压迫者教育学》(30 周年纪念版),顾建新等译,华东师范大学出版社 2001 年版。

[53] [比] 乔治·布莱:《批评意识》,郭宏安译,广西师范大学出版社 2002 年版。

[54] [德] 威廉·狄尔泰:《历史中的意义》,艾彦译,译林出版社 2014 年版。

[55] [德] 费迪南·费尔曼:《生命哲学》,李健鸣译,华夏出版社 2001 年版。

[56] [德] 汉斯-格奥尔格·伽达默尔、[法] 德里达等:《德法之争:伽达默尔与德里达的对话》,孙周兴、孙善春编译,商务印书馆 2015 年版。

[57] [德] 汉斯-格奥尔格·伽达默尔:《美的现实性——作为游戏、象征、节日的艺术》,张志扬等译,生活·读书·新知三联书店 1991 年版。

[58] [德] 汉斯-格奥尔格·伽达默尔:《诠释学 I:真理与方法》,洪汉鼎译,商

务印书馆 2010 年版。

［59］［德］汉斯-格奥尔格·伽达默尔:《哲学解释学》,夏镇平、宋建平译,上海译文出版社 2004 年版。

［60］［德］海德格尔:《存在与时间》,陈嘉映、王庆节译,商务印书馆 2017 年版。

［61］［德］海德格尔:《林中路》,孙周兴译,商务印书馆 2015 年版。

［62］［德］海德格尔:《人,诗意地安居:海德格尔语要》,郜元宝译,上海远东出版社 2011 年版。

［63］［德］海德格尔:《在通向语言的途中》,孙周兴译,商务印书馆 2017 年版。

［64］［德］黑格尔:《美学》(第 1 卷),朱光潜译,商务印书馆 2017 年版。

［65］［德］鲁道夫·奥伊肯:《生活的意义与价值》,万以译,上海译文出版社 2005 年版。

［66］［俄］巴赫金:《诗学与访谈》,白春仁、顾亚铃译,河北教育出版社 1998 年版。

［67］［俄］瓦·叶·哈利泽夫:《文学学导论》,周启超、王加兴、黄玫、夏忠宪译,北京大学出版社 2006 年版。

［68］［古希腊］柏拉图:《柏拉图文艺对话集》,朱光潜译,商务印书馆 2013 年版。

［69］［加］大卫·杰弗里·史密斯:《全球化与后现代教育学》,郭洋生译,教育科学出版社 2000 年版。

［70］［加］马克斯·范梅南:《教学机智——教育智慧的意蕴》,李树英译,教育科学出版社 2014 年版。

［71］［加］马克斯·范梅南:《生活体验研究——人文科学视野中的教育学》,宋广文等译,教育科学出版社 2003 年版。

［72］［美］爱因斯坦:《爱因斯坦文集》(第 3 卷),许良英等编译,商务印书馆 2017 年版。

［73］［美］洛林·W. 安德森等:《布卢姆教育目标分类学:分类学视野下的学与教及其测评》,蒋小平、张琴美、罗晶晶译,外语教学与研究出版社 2009

年版。

[74] [美] 戴维·珀金斯:《为未知而教,为未来而学》,杨彦捷译,浙江人民出版社 2015 年版。

[75] [美] 杜威:《民主主义与教育》,王承绪译,人民教育出版社 2001 年版。

[76] [美] 杜威:《评价理论》,冯平、余泽娜等译,上海译文出版社 2007 年版。

[77] [美] 杜威:《我们怎样思维·经验与教育》,姜文闵译,人民教育出版社 2005 年版。

[78] [美] 小威廉·E. 多尔:《后现代课程观》,王红宇译,教育科学出版社 2015 年版。

[79] [美] 格兰特·威金斯、杰伊·麦克泰格:《追求理解的教学设计》(第 2 版),闫寒冰、宋雪莲、赖平译,华东师范大学出版社 2017 年版。

[80] [美] R·M·加涅等:《教学设计原理》(第 5 版修订版),王小明等译,华东师范大学出版社 2018 年版。

[81] [美] 理查德·E.帕尔默:《诠释学》,潘德荣译,商务印书馆 2012 年版。

[82] [美] 林恩·埃里克森、洛伊斯·兰宁:《以概念为本的课程与教学——培养核心素养的绝佳实践》,鲁效孔译,华东师范大学出版社 2018 年版。

[83] [美] 鲁道夫·阿恩海姆:《艺术与视知觉》,滕守尧译,四川人民出版社 2019 年版。

[84] [美] 斯蒂金斯:《促进学习的学生参与式课堂评价》(第 4 版),国家基础教育课程改革"促进教师发展与学生成长的评价研究"项目组译,中国轻工业出版社 2005 年版。

[85] [美] 帕梅拉·博洛廷·约瑟夫等:《课程文化》,余强译,浙江教育出版社 2008 年版。

[86] [美] 威廉·F. 派纳等:《理解课程——历史与当代课程话语研究导论》(上),张华等译,教育科学出版社 2003 年版。

[87] [美] 斯坦利·费什:《读者反应批评:理论与实践》,文楚安译,中国社会科学出版社 1998 年版。

［88］［美］托马斯·库恩:《科学革命的结构》(第4版),金吾伦、胡新和译,北京大学出版社2012年版。

［89］［美］肖恩·加拉格尔:《解释学与教育》,张光陆译,华东师范大学出版社2009年版。

［90］［美］杜威:《艺术即经验》,高建平译,商务印书馆2011年版。

［91］［美］约翰·费斯克:《理解大众文化》,王晓珏、宋伟杰译,中央编译出版社2001年版。

［92］［瑞士］费尔迪南·德·索绪尔:《普通语言学教程》,高名凯译,商务印书馆2017年版。

［93］［苏］什克洛夫斯基:《散文理论》(下),刘宗次译,百花洲文艺出版社2010年版。

［94］［苏］苏霍姆林斯基:《给教师的建议》,杜殿坤编译,教育科学出版社1984年版。

［95］［苏］苏霍姆林斯基:《育人三部曲》,毕淑芝等译,人民教育出版社2015年版。

［96］［英］阿尔弗雷德·诺思·怀特海:《过程与实在》,杨富斌译,中国城市出版社2003年版。

［97］［英］阿尔弗雷德·诺思·怀特海:《教育的目的》,赵晓晴、张鑫毅译,上海人民出版社2018年版。

［98］联合国教科文组织:《反思教育:向"全球共同利益"的理念转变?》,联合国教科文组织总部中文科译,教育科学出版社2017年版。

［99］联合国教科文组织:《教育——财富蕴藏其中》,教育科学出版社2014年版。

［100］联合国教科文组织国际教育发展委员会:《学会生存——教育世界的今天和明天》,教育科学出版社1996年版。

［101］Hans-Georg Gadamer, *Hans-Georg Gadamer on Education*, *Poetry*, *and History*, *Applied Hermeneutics*, Edited by Dieter Misgeld and Graeme Nicholson, Translated by Lawrence Schmidt and Monica Reuss, State University of New

York Press,1992.

[102] Hans-Georg Gadamer, *Philosophical Hermeneutics*, Translated and Edited by David E. Linge, University of California Press, 2008.

[103] Hans-Georg Gadamer, *The Relevance of The Beautiful and other Essays*, Translated by Nicholas Walker, Edited with an Introduction by Robert Bernasconi, Cambridge University Press, 1986.

[104] Paul Fairfield, *Education*, *Dialogue and Hermeneutics*, Continuum International Pub. Group, 2011.

[105] Shaun Gallagher, *Hermeneutics and Education*, State University of New York Press, 1992.

二、期刊论文

[1] 核心素养研究课题组:《中国学生发展核心素养》,《中国教育学刊》2016 年第 10 期。

[2] 黄勇:《解释学的两种类型:为己之学与为人之学》,《复旦学报(社会科学版)》2005 年第 2 期。

[3] 李吉林:《中国式儿童情境学习范式的建构》,《教育研究》2017 年第 3 期。

[4] 王道俊:《知识的教育价值及其实现方式问题初探——兼谈对杜威教育思想的某些认识》,《课程·教材·教法》2011 年第 1 期。

[5] 王竹立:《新知识观:重塑面向智能时代的教与学》,《华东师范大学学报(教育科学版)》2019 年第 5 期。

[6] 任翔:《中小学语文教育改革之意义》,《语文建设》2013 年第 5 期。

[7] 赵毅衡:《论"伴随文本"——扩展"文本间性"的一种方式》,《文艺理论研究》2010 年第 2 期。

[8] 钟启泉:《知识建构与教学创新——社会建构主义知识论及其启示》,《全球教育展望》2006 年第 8 期。

/ 后记 /

　　本书付梓之际，一种如释重负的轻松感、无以名状的幸福感从心底油然而生。好像在过去 20 年的时间里，构思、撰写此书就成为我念兹在兹的一件心事。因工作忙碌不时中断，但又总是难以割舍，捡拾起时间的"边角余料"，经由键盘上的零打碎敲，终于串起这一段相对完整而满含期待的教育情怀。

　　语文是什么、语文教学是什么，不少学者似乎总是热衷于追问其"本真面目"。工具论、言语论、人文论，言语形式、言语内容、言语主体，教教材、用教材教，学生中心、教师中心、知识中心，生命语文、诗意语文、文化语文、本色语文、生本语文等不同的理论主张，似乎都在以实证的思维方式揭示或还原语文教学的"本真面目"。与此相反，"反本质主义"者则认为，所谓的语文或语文教学的"本真面目"是不存在的，为证实一个并不存在的"伪问题"所提出的"我以为""我主张"式的观点，不过是陷入了"本质主义"的思维误区。当然，这两种思维方式都有其偏颇之处，我们既不能以简单、偏执、固化的思维追求语文教学永恒、客观、普适性的"本来面目"，也不能以多元、解构、虚无的态度否认语文教学之所以为语文教学的独特个性。这需要思维方式的转换。

　　语文教学肯定会存在区别于其他课程教学的独特个性，这是语文之为语文、语文教学之为语文教学的根和本。我们可以试着为语文教学下一个方向性、框架性的定义：学生在教师指导下学习和运用语言文字的活动。学生、教师、语言文字（即作为课程内容的广义语文知识）构成语文教学的基本要素，其中学习和运用语言文字是语文教学区别于其他课程教学的独特要素，我们所称谓的"语文性""语文味""语文品质""语文本色"等体现语文教学独特个性但又难以准确界定或描述的东西就内含于语言文字学习和应用之中，内含于广义的语文知识之中。学生、教师等教学基本要素也会因为与这一要素的关系而具有鲜明的"语文个性"，比如以生命形态存在于学生、教师身上的知识经验——言语经验，符合语言文字学习和运用特点的学习方式、教学方式——体验的、审美的、对话的、陶冶的、情境的等。但是，语文教学的这种独特性并非在所有人的理解中都是具有同一面目的，不同的时代，不同的人对学生、语文知识、教师三个基本教学要素及其关系的理解或理解侧重点会有所不同。从这个角度看，语文教学就是一个历史性的概念，是处于动态生成中的概念。每一个时代，都会有这个时代的人对它的认识和思考，也不乏对它的重新界定。正因如此，语文教学的研究和实践才是具有蓬勃生命力的。

如果我们以复杂性、关系性、生成性、辩证性思维来理解语文教学的话，或许更能接近这个时代语文教学的"本真面目"，生成这个时代语文教学的新内涵、新意义。学生、知识、教师构成教学过程的基本要素，三者经由交互作用、循环上升的复杂运行生成语文教学意义。学生以其生活经验、言语经验学习和运用语文知识，将作为文化传统的语文知识内化为自身语文素养，但同时他又以个性化理解、创造性言语实践参与语文知识的更新和扩充；教师通过创设多样化、创新性的言语情境，通过与学生的对话交流承担起学生语文学习、精神发展的引路人角色，但同时他也会因为学生的创造性言语活动而引发对教育教学或语文知识的新思考。真正的教学相长，是学生经验、语文知识、教师引导在交互作用、循环往复中达成视域融合的无限过程。作为语文知识的课程内容，经由教师教学化改造、重组内化为学生的语文素养和精神成长的力量，而学生的言语经验、教师的教学经验作为课程内容的可能组成部分同样会引起语文知识的更新和变化。

对语文教学与社会发展（包括文化影响、时代要求等）关系的思考，是贯穿在本书中的另一条线索。语文教学与社会发展同样存在相互作用、相互适应、交替促进的关系。比如，课程标准、语文教科书的出版及多次修订，既反映文化传统的影响和时代的新要求，也体现出语文教学的内在特征和教学研究的新成果。但同时，语文教学作为以语言文字来启发人的新思维和新精神、培养人的创造力和批判力的活动，又可以在学生心中种下引发传统变革的种子，亦即语文教学以"立言立人"的方式引领社会发展——这是语文教学的文化使命！

本书通过揭示或描述语文教学原本复杂的内在、外在关系，试图打破所谓学生中心、学科中心（知识中心）、教师中心，教学被动适应社会、教学主动引领社会等一些非此即彼的偏执观念和固化思维，以新的理解方式激发语文教学新的生命力。因而，整部书稿从学生经验（侧重学生行动）、课程文本（侧重语文知识）、教学过程（侧重教师引导）、教学对话（侧重相互沟通）、学习评价（侧重教学评一体化）几个方面构建起相对完整、相互联系的语文教学解释学体系，借以推动形成语文教学新范式。当然，这种构想只是初步的，还有待于检验，同时恳请专家学者以及读者的批评指正。

本书有些内容曾经发表过，其中，第二章第三节的部分内容是我在曹明海老师指导下为《语文课程与教学论新编》（张中原、徐林祥主编，江苏教育出版社 2007 年版）撰写的"课程内容"一章，第四章第二节部分内容发表于《中国教育学刊》，第五章第一节部分内容发表于《齐鲁学刊》等，此处不一一列举。在本书出版时，我已对所有发表成果根据语文学科新发展和时代新要求作了全面修订，力求与时俱进。

在本书出版之即，我由衷感谢引领我走上学术道路的三位导师：曹明海先生、夏之放先生、徐继存先生！

语文教学解释学，是曹明海老师指导我确立的一个研究方向。在硕士阶段，曹老师为我提供参与编写《语文教育文化学》《语文教学解释学》等书稿的机会；在博士学习阶段，曹老师安排我为本科生、研究生讲授"语文课程与教学论""文学解读学"等课程。20 多年来，我一直追随曹老师的研究成果和研究方向。当年在他的课上，我参与讨论召唤结构、期待视野、体验教学、对话教学等，一些讨论的题目经过整理已变成发表的论文；教课、写作、研究成为锻炼我、培养我的一种方式，不断加深我对语文教学解释学的理解和思考。从今天的这部书中，我还能在字里行间看到曹老师当年指导过的痕迹，特别是他现在为本书写下的满含鼓励和热切期望的序言，又成为我不断进取的动力。

夏之放老师在课上讲授海德格尔的基础存在论、马克思的社会历史生活本体论，以及内涵于儒释道中的哲学美学、艺术精神，阐发他对文学理论"元问题"的理解等，为我打开了探索文学理论、美学理论的新窗口，让我懂得学术研究所需要的贯通性、开放性思维方式。夏老师肯定我以解释学视角研究中国文学评点、语文教学理论所做的努力，指导我以阐发中国叙事文学评点中的解释学思想为选题撰写博士论文。尽管读书、研究和写作的过程极其艰辛，但让我具有了今后研究语文教学解释学的文学、美学理论基础，以及站在古今中外文化融通的高度阐释语文教学问题的思维方式。事实证明，文学、美学理论基础以及贯穿其中的思维方式同样是语文教学研究不可缺少的基本功。

2009 年，我在徐继存老师的指导下，继续将语文教学解释学作为博士后出站报告的选题方向。徐老师要求极其严格，完成初稿呈递给他审阅时，我有些忐忑不安。他的第一句话是"写得还不错"。待我稍感心安后，他又说，"你所谓的这些理论体系建构究竟要干什么"，我不禁又汗涔涔。我对他的意思作了这样的解读：教学研究决不能为研究而研究、为理论而理论，而是要在服务、指导教学实践中获得根深叶茂的生命力。在后续的研究中我将研究对象定位在"解释学与教学范式重建"上，也正是强调理论与实践的结合。尽管对教学范式的理解不尽相同，但在我这里，"教学范式重建"就是打通理论研究和实践探索的最好方式。所以，我在本书撰写过程中，一再提醒自己，不要在理论框架上兜圈子而是要扎根于教学生活、教学实践，尽可能以代表性的教学案例增强教学实践的启发性。

这些年来，我一直在学校行政管理岗位上工作，加班是一种常态，谈起研究似乎有些奢望，内心时常有无所建树、忝列三位名师门下的惶恐不安。好在在教育改革家魏书生老师的启发下，我学着利用时间的"边角余料"，在满桌、满床、满室、满屏书刊的晨昏相伴中完成本书，完成了自己长久以来的心愿！

我还时常想起在山东省平邑县第一中学教语文、做班主任的那段青春岁月。那个年代，老校长卜昭和先生在每个寒暑假都邀请全国的教育大家、教学名师来校作报告或者举行示范课，我也经常有机会外派参加教学研讨会。潜移默化中，我的教学水平也随之提升。比如，受魏书生老师报告的启发，我将"工作并快乐着，读书并思考着"作为我的座右铭，在追随、模仿、借鉴他的教学方式过程中，真正享受到教书育人的幸福和快乐。我为学生开设"创造性思维训练"课，编写课外读物《开卷》，实施课前演讲、接力日记、班级日报、成语积累、名言展示等活动，开展"构建学案导学模式、培养学生自学能力"的课题研究，打造学生终生受用的学习、生活习惯和精神底子……

我先后有过多次参加教学比赛和举行公开课的经历，每一次都有启发，有反思，有触动。教初中时，以《桃花源记》一课参加优质课大赛，把提问和回答的课堂权利交给学生，整个课堂似乎具有"行于所当行，止于不可不止"的"势"。我把自己所体会到的"势"写进了本书。在全市巡回公开课上，执教《爱莲说》时，我体会到课堂教学的自由状态，至今似乎还能听到听课老师自发而热烈的掌声。后来教高中时，再次参加课堂教学比赛，又多次举行公开课，因顺应学生学习需求、给予学生满满的获得感而受到好评。我经常沉浸在这些幸福的回忆里。但教学同时又是遗憾的艺术，我也因此时常陷入自我反思。那次我被推荐参加全省教学比赛，执教鲁彦的散文《听潮》，因尝试开放式课堂教学却又不能聚焦主要问题而未能出彩。好长一段时间，我一遍遍回忆、反思这次教学比赛的每一个环节，又作出了这样或那样的假设。实际上，这样的反思经常出现在我的教学中，我也因此悟到了"反思伴随教师成长"的道理。

但不管怎样，在中学教课的那段日子是到目前为止我所能体会到的最幸福、最快乐的时光。直到今天，我还经常感慨：好久没有登上语文教学的课堂啦！甚至每隔一段时间，我都会做上一梦，梦回我心爱的语文课堂，和亲爱的同学们在一起！

忆及那段激情燃烧的岁月，我就不由想起带领我走上语文教学幸福大道的教研员厉复东、孙福坤、林清瑞、王士吉等老师，我的老领导卜昭和校长，我的同事和朋友仇德胜、刘成前、陈启胜、朱伟、韩军等老师，在此诚挚地表示感谢！

感谢山东师范大学教育学部唐汉卫教授、高伟教授、魏薇教授、于洪波教授、曾继耘教授在10多年前我答辩时给予的热切鼓励和宝贵意见，本书也因此而得以充实、完善和提升！

感谢济南大学文学院院长张兵教授和刘艳芬教授等各位同仁的支持，聘任我为济南大学硕士生导师，让我有了更多交流研究心得和体会的机会！体现在本书中的一些重要思考就是在与刘艳芬教授共同为研究生上课、相互交流时受到启发产生的。

感谢史洁、张志刚、吕高超、冯宪冬、王方、孙鹏远、张庆桢等同门好友的帮助和支持，时常小聚，相互启发，感受到合作的愉快和亲如兄弟姊妹的情谊！史洁教授为我提供了深入中学课堂听课及同中学教师交流的机会，我和她一起教课、做课题、写论文，切磋琢磨，收获颇丰！其中，本书的第二章第四节是我们共同合作、深入研讨的成果。

此书得到山东女子学院优秀学术著作出版基金和教育学学科建设资金的资助，得到山东人民出版社吕卫卫、李楠两位编辑的支持和帮助，在此一并致谢！

本书源于我当初的一篇硕士论文，后又经历博士后出站报告、全国教育科学教育部重点课题的立项研究，终于成为现在呈现给大家的模样。尽管历经20多年的磨砺、打造、充实、更新，力求与时俱进，但限于学识水平，只能算是我从解释学视角对语文教学问题所作的浅尝辄止的自我理解，疏漏之处还恳请大家批评指正！探索无止境，我将继续前行！

张曙光

2023 年 12 月